U0112294

刘笑伟 著

大陆这十年

百姓眼中的家国（2002-2012）

海风出版社
HAIFENG PUBLISHING HOUSE

十年，历史长河的一瞬间，中国人民用辛勤汗水和智慧激情，实现了一个又一个的梦想。我们有理由相信，在新的十年里，中国民族伟大复兴的中国梦一定会更加灿烂辉煌。

前言

十年，永远载入史册

有许多朋友问我：为什么会写这样一本书？

我想告诉朋友们的是，中国共产党召开十八大后，中国正迎来新的10年。这10年，既有空前的机遇，也有空前的挑战。以习近平为总书记的中共中央，团结带领全国人民，正在迈向实现中华民族伟大复兴的新的征程。这个时候，需要我们去回眸过去的10年，为我们新的10年找到一个可供参照和借鉴的历史。

中华民族是一个有着强烈历史意识的民族，历来有治史的传统。国家有国史，地方有地方志，甚至村子、家族都修自己的谱志。1942年，毛泽东同志在《如何研究中共党史》中告诫全党："如果不把党的历史搞清楚，不把党在历史上所走的路搞清楚，便不能把事情办得更好。"

10年，仅是历史长河的一瞬。这"历史的一瞬"里，无论个人成长，还是国家发展，都可以发生很多"巨变"。回望中国进入2002年来的一个个历史"瞬间"，总给人一种别样的情怀。

2012年7月23日，胡锦涛总书记在省部级主要领导干部专题研讨班开班式上发表重要讲话。他指出，党的十六大以来，我们走过了很不平坦的道路。综观这10年，国际形势风云变幻，国内改革发展稳定任务繁重，我们紧紧抓住和用好我国发展的重要战略机遇期，战胜一系列严峻挑战，奋力把中国特色社会主义事业推进到一个新的发展阶段。

从2002年至2012年党的十八大召开，是十年多的时间。在2002至2012这"历史的一瞬"里，中国取得了新的跨越式进步，与世界的互动也达到了空前密切程度，用"举世瞩目"来形容一点儿也不过分。这一进步来之不易，是抓住了前所未有的历史性机遇，战胜一系列前所未有的国内外重大挑战取得的。

就在我为新世纪中国第一个十年感慨的时候，恰好读到了台湾廖信忠先生的《我们台湾这些年》。作者与我一样是一个70后，他用平凡人的角度描述着自己三十多年所经历的身边的事情，像亲密的朋友一样告诉读者一个普通台湾人眼里的台湾。通过这些未加雕琢的文字，我们了解了台湾的政治、经济、文化、社会，还有那些平常人的平凡生活。

从那时起我就想，自己为什么不写一本给朋友们，特别是不太了解中国发展变化的海外朋友们看的轻松愉快的书？

2002年至2012年中国共产党十八大召开这10多年，对于中国来说太重要了。中国共产党第十八次代表大会的报告中，回顾十年所取得的一系列新的历史性成就时，讲到三个迈上一个大台阶：一是我国的经济总量跃升到世界第二位，社会生产力，经济实力迈上一个大台阶；二是综合国力，科技实力，国际影响力迈上一个大台阶；三是人民生活水平，居民收入水平，社会保障水平迈上一个大台阶。

可以这样说：从2002年到2012年，中国走了不寻常的十多年。

2002年12月5日，刚刚担任总书记的胡锦涛，带领新的中央领导集体，来到了西柏坡，在这里告诫全党："权为民所用，情为民所系，利为民所谋"。十年后回望来时的道路，中国社会经历了巨大变迁。这十年，中国经济总量大幅增长。十年前，中国经济总量为10万亿元，十年后跃升到47万亿元，超过日本，成为世界第二。这十年，建三峡大坝，修青藏公路，举办奥运会，推进南水北调、西气东输工程，实现载人航天、遨游太空的梦想。这十年，迎战非典、雨雪冰冻灾害，汶川、玉树抗震救灾，尽显中国集中力量办大事的体制优势……中国的经济总量大幅增长，社会建设全面加强，城乡人民生活水平显著改善，我国的国际地位和国际影响力显著提升。这是国家走向强盛的十年，是温暖人心的十年，是令世界瞩目的十年，是一步一步实现伟大复兴的十年！

最近，我一直在阅读美国前国务卿基辛格博士的《论中国》一书。这本书在世界上非常畅销。其中有一段话是这样说的："中国十年来的经济发展撼动世界，是世界奇迹。美国和欧洲国家需要经历30—50年的努力，中国仅用10年完成了。中国人了不起，太伟大了"。

实话实说，这十年，也并非没有争议。有人说，我们成为了世界第二大经济体，GDP持续走高，但我们似乎幸福感越来越少了；也有人说，我们树立了"八荣八耻"社会主义荣辱观，而同时我们诚信缺失、道德滑坡严重；还有人说，我们文化事业和文化产业不断做大，但我们的文化软实力却一点都不强……必须要说明的是，对于中国这样一个大国，治国不可能十全十美。13亿，是一个很大的数字，如果你用乘法来算，一个很小的问题，乘以13亿，都会变成一个大问题。如果你用除法的话，一个很大的总量，除以13亿，都会变成一个小的数目。中国的家不好当。作为一个历史的亲历者、观察者和记录者，要把握的是大的方向，要看的是大的趋势。

这十年，不容易。今天，综观国际国内大势，中国发展仍处于可以大有作为的重要战略机遇期。只要我们准确判断重要战略机遇期内涵和条件的变化，全面把握机遇，沉着应对挑战，就一定能赢得主动，赢得优势，赢得未来，确保到2020年实现全面建成小康社会宏伟目标。

十年，历史长河的一瞬间，中国人民用辛勤汗水和智慧激情，实现了一个又一个的梦想。我们有理由相信，在新的十年里，中国民族伟大复兴的中国梦一定会更加灿烂辉煌。

过去的历史中，隐藏着这个国家的未来。中国的史家有编年记史的习惯。作为一名作家，我只是从普通人的视角，以编年体的形式记录了我们国家十年的巨变。需要说明的是，从2002年到2012年党的十八大，是十年多的时间，为了尊重完整性，我实际上写了跨越11个年头的事件。为了给大家一个全面的印象，在每一年的后面，我附上了当年中国和世界的大事，以及当年的流行语。这些，对于大家与我一起回忆这十年走过的历程，或许是能有所帮助的。

让我们一页页地展开过去十年波澜壮阔的画卷。

‖目录‖

2004年

2005年

2006年

2007年

2008年

2009年

2010年

2011年

2012年

十年，给历史留下什么（代后记）

大陆这十年

"民生"中的"民意"

（1月12日，首次全国范围价格听证会举行）

笔者去过欧洲的几个国家，在那边经常发现欧洲人对中国的误解，或者也可以说是偏见：中国老百姓没有民主权利。

作为一位普通的中国老百姓，我要说的是，其实不然。我们这个国家和这个时代，给了我们充分的自由和民主的权利。我可以自由地在网上发表自己的见解而不受任何干涉，我可以发表各类文章，在文章中自由地表达自己的观点。

至于老百姓参与政治的权利，渠道也是广泛的。我可以参加选举人大代表，可以参加政府有关部门举办的各类听证会，等等。

2002年1月12日，"铁路部分旅客列车票价实行政府指导价听证会"在北京铁道大厦举行，因为这是新中国历史上首次由中央政府举办的价格听证会，自然引起了我的关注。我觉得，政府定价从"关门定价"走向公开听证，具有里程碑意义。

在计划经济时代，商品和服务价格基本由政府确定。改革开放后，中国逐步放开了商品和服务价格。中央定价的商品和服务项目越来越少，大部分由市场机制形成。以前，一些垄断行业的价格，仅靠管理部门的一纸"红头文件"便开始执行，消费者、经营者没有多少参与决策的权利。铁路价格听证会第一次在全国性的价格决策中，引入了消费者、经营者和有关方面的意见，这是一个历史性的进步。

　　自从国家计委（这个机构现在叫国家发改委）宣布准备召开铁路价格听证会后，"听证"这个词儿就吸引了众多百姓的目光，新闻媒体也给予高度关注，一时成为社会热点。征集消费者听证代表的消息传出后，向中消协报名的消费者"络绎不绝"，身份从工人、农民、到机关干部，年龄从十几岁到七十几岁，报名者无一不流露出高涨的参与热情。最终，中国消费者协会、北京市消费者协会确定了来自全国的11名消费者代表，还确定了30名消费者旁听代表。

　　从上午8点30分开始，到下午4点30分止，备受各界关注的部分列车实行政府指导价格听证会按计划进行了各项议程。国家计委价格司司长、听证会主持人李德昆说，听证会代表中的大多数原则同意了铁路价格调整方案。这是我国历史上第一个公开召开的全国性价格听证会，33名听证会代表、包括12名消费者代表首次有机会参与铁路春运的价格决策程序。整个听证会长达6个小时，听证会上，铁道部作为申请人代表介绍了铁路价格方案，并且说明了申请理由。社会中介机构说明了对方案及有关材料的评审依据及意见。听证代表就方案及有关材料中涉及的具体问题提问、质询，听证代表进行了极为热烈的自由发言。听证会上，之前一直封锁严密的铁道部调价方案终于撩开神秘面纱，方案明确了实行价格上浮、下浮和上下浮动的条件和幅度以及实施程序。根据方案，春运期间空调列车票价可在20%，其他列车票价可在30%的幅度内浮动。

　　听证代表进行了极为热烈的自由发言。消费者代表对涨价发出了反对的声音。他们敦促铁路部门在调整价格时，一定要关心弱势群体，比如外来打工人员等。新疆代表张晓青称"指导价"不适宜新疆；齐虹代表认为，"削峰填谷"同"假日经济"、扩大内需相违背。中国政法大学教授王卫国为学生请命，称学生享受火车票半价应予坚持。人大代表吴树青说，改革的代价不应落在一部分人身上，我国还处在社会主义初级阶段，人民的收入水平还不高，特别是相当数量的低收入者承受能力还比较低。改革的成本和代价，以及对眼前的影响，应当由社会成员合理地分担，不应落在一部分人身上，制定政府指导价的时候要考虑这一点。

听证会后，按照《政府价格决策听证暂行办法》的有关规定，在规定期限内制定听证会的会议纪要，并送各位代表签字。同时，国家有关部门认真研究代表们提出的意见，按照程序规定开展下一步工作。

这次价格听证会，引来万众瞩目，被媒体炒得沸沸扬扬，赞誉者有之，批评者也有之。听证会正式举行前二十分钟，开放给记者拍照，记者们纷纷涌到三楼会议室抢拍，一时摄像机、大小照相机纷纷亮相。中央电视台、新华网等进行了现场直播，有几十家媒体在现场采访，一时间成了舆论焦点。

我后来了解到，听证作为一项重要的制度写入法律，是在美国。1946年，美国制定《联邦行政程序法》，第一次规定听证程序为行政程序的核心。它的基本精神是：以程序的公正，保证结果的公正。随后西班牙、意大利、德国、日本等也相继制定了统一的行政程序法，其中无一例外地都有听证程序的内容。中国引进听证制度，是二十世纪九十年代以来的事情。1993年，深圳在全国率先实行价格审价制度，是中国价格听证制度的雏形。社会听证制度，是中国公民参与民主决策的四个主要方式之一（另外三个为社情民意反映制度、专家咨询制度、重大事项社会公示制度），主要以举办听证会的形式，让公民积极参与决策机关的决策方案的拟订和修改。在听证会上，公民充分发表意见、提出建议，可以帮助决策机关发现拟定的决策方案存在哪些问题，并加以修正、完善。听证于民是为了决策于民。我想，这是一个很好的制度安排。它是人民民主的生动体现，对于进一步推进社会主义民主法制建设具有重要意义，是实施依法治国方略的一个重大步骤。

新中国成立后不久，毛泽东同志激情洋溢地说："中国人民将会看见，中国的命运一经掌握在人民自己的手里，中国就将如太阳升起在东方那样，以自己辉煌的光焰普照大地，迅速荡涤反动政府留下来的污泥浊水，治好战争的创伤，建设起一个崭新的强盛的名副其实的人民共和国。"民主，是人类文明进步的理想追求，也是近现代中国人梦寐以求的夙愿。1997年，中国共产党的十五大第一次把依法治国、建设社会主义法治国家，作为党领导人民治理国家的基本方略，写进党在社会主义初级阶段的基本纲领之中。今天，基层民主终于开出了绚丽之花，人民踏上了当家做主的康庄大道。

"闭门立法"一去不返，"拍脑袋"决策寸步难行。公共决策社会公示制度、公众听证制度、专家咨询论证制度、民主恳谈制度……随着一系列制度的健全和完善，公民有序政治参与在各个层次、各个领域得到体现，扩大公民有序政治参与成为党委、政府决策时的"规定动作"，包括立法在内的公共决策与公共管理正通过各种方式和渠道向公众敞开大门。

我想，那些说中国老百姓没有民主权利的论调可以休矣。深入了解民情，充分尊重民意，广泛集中民智，让人民群众的意见和建议得到充分表达，民意日益成为中国政府决策时的重要依据。随着互联网的普及，网络不仅是人们获取信息的重要渠道，更是民意表达的重要渠道和参政议政的重要平台。依靠网络吸取民意，实现党委、政府与老百姓的良性互动，已经成为中国的一道动人风景。在不远的将来，中国的基层民主之花一定会结出更加美丽芳香的果实！

春晚，一个团圆的文化符号

（2月11日，中央电视台春节联欢晚会）

2002年2月11日。这一天，我和大家一样，和家人守候在电视机边，等待着中央电视台奉献给全国观众的春晚大餐。在大陆，春晚是一个家喻户晓的词。春晚，代表了团圆、喜庆和欢乐。

今年的春晚，有几个亮点。一个是拓展了空间，除了中央电视台一号演播厅主会场以外，晚会还在深圳"世界之窗"设置了露天的分会场，并在东部、北部、西部3个著名城市——西安、沈阳、上海设立3个"单边注入点"，定时切入这些地方的画面。西安侧重展现古城的全貌，包括大雁塔的夜景，南门城墙上的群众欢庆场面等。沈阳五里河体育场展示的是一座巨大的马形冰雕，以及东北舞狮和扭秧歌为主的表演。上海以黄浦江旁边的高楼大厦作为背景，表现了世界大都市的风貌。

再一个是充分运用了网络，在演播大厅安装大型的信息中枢和技术平台，所有家里有电话、能上网的观众都可以通过央视网站、168声讯电话和中国移动、中国联通手机短信告诉剧组对节目的观感，或参与竞猜游戏。

几个精彩的节目给我留下了深刻的印象：杂技的中国韵味。沈阳杂技团的杂技节目《力量》展现了中华民族团结进取、蓬勃向上的面貌。《力量》的演员章功力曾在2001年的世界大赛中以绝对优势获得了"法兰西共和国总统奖"的第一名，这个节目借鉴了国外的表演经验并利用演员自身扎实的基本功，编排成了具有中国文化韵味的精彩节目。

台湾的中国相声。今年春节联欢晚会的《谁怕贝勒爷》，是在大陆春晚上首次亮相的台湾相声。改编自台湾话剧《千禧年我们说相声》的这个相声小品，从人物造型、演员念白、表演风格到道具服饰都别具一格，具有浓郁的台湾本土风格。大家都说，赖声川的相声比较有品位，看他的相声觉得有很多智慧在里面。

壮观的魔术表演。成群美丽的鸟儿在中央电视台演播大厅上空飞翔——今年的魔术表演别开生面，场面壮观。蓝翎孔雀、白翎孔雀、五彩鹦鹉、白鸽子和灰喜鹊，再加上绚丽华美的服装、变幻莫测的灯光音响效果、宏大出奇的排场、精心的镜头剪切，让电视屏幕前的观众看得津津有味。这个吉利热闹的节目在除夕夜给大家带来了无尽的欢快和祥和。

疯狂的英语普及。中国申奥成功、加入世贸等，使中国人学英语的热情空前高涨。首创"疯狂英语"的李阳，也一下子成了热门人物。在这个春晚，李阳将"疯狂英语"说到晚会现场，"的哥"、警察以及来自北京胡同的数十位大爷、大妈、爷爷、奶奶也将出现在节目现场，跟李阳一起"疯狂"。

另类的说唱音乐。雪村的名字和"上网""FLASH"这些如今最时髦最前卫的词始终联系在一起，春节联欢晚会启用雪村正迎合了如今年轻人的口味。传统的思乡情绪和在网上大行其道的音乐评书的结合，就产出了春节联欢晚会上的《出门在外》。它具有它独特的魅力——它是反叛的、全新的、充满生命力的，也是温情的、怀旧的。雪村的《东北人都是活雷锋》曾让歌坛耳目一新，今年的春节晚会再次成就了这位靠网络蹿红的明星。

春晚这个词的流行，源头是1983年。那一年的除夕晚除了一家人团聚在一起吃年夜饭之外，中国百姓的餐桌上从此又多了一道菜——央视"春节联欢晚会"。1983年，许多人的家里还没有彩电。吃完年夜饭后，很多人是跑到有黑白电视机的亲戚家蹭看，大家围在一起，一边包饺子，一边看春晚，那种感觉无限美好和满足。

大家爱春晚，是因为爱春节。中国节多，中国节大，再多再大也大不过春节。这是中华民族几千年传承下来的，也是所有华人共同的节日。回家和父亲、母亲、妻儿老小团圆，尽情享受节日的欢乐，春晚就是春节这一中华民族传统佳节生出的文化盛宴。大家爱春晚，是因为爱团圆。春晚是什么，是一个年夜饭，是一顿有中国特色的三十晚上的文化大餐，团聚是"皮"，欢乐是"馅"，包出的是团圆的"饺子"。其实，大家看的不是春晚，而是对"年"的美好记忆，一种终于和家人团聚的温情。

其实，1983年央视第一届春节晚会亮相时，还没有专门的主持人，马季、姜昆、王景愚、刘晓庆成了首届春晚的当家，负责串词。演员的服装尽显浓重的时代气息，洋溢着上个世纪80年代特有的质朴笑脸，凸显出蓬勃健康的朝气。一台朴素的联欢会，成为中国电视节目的一座里程碑。

80年代的春晚与思想解放联系在一起，它承载着改革开放初期人们思想意识的启蒙，承载着民众刚刚挣脱精神枷锁后内心的喜悦。1983年，"你的身影，你的歌声，永远印在我的心中。"央视第一届春节晚会亮相，李谷一成为春晚正式登台的第一位歌手，一曲《乡恋》让无数人留下深刻印象。1984年，"宇宙牌香烟誉满全球！"马季的单口相声讽刺的是虚假广告，然而此后黑龙江敏感的企业家从中获得了灵感，真的推出了"宇宙"牌香烟，引起了消费者的极大兴趣。1985年，"十五的月亮，照在家乡，照在边关。宁静的夜晚，你也思念，我也思念。"这一年只红了一首歌，那就是《十五的月亮》，跟着红的还有主唱董文华。1986年，陈佩斯和朱时茂的小品《羊肉串》表演逼真，也让"新疆话"一下子流行起来，如今已成为街头烤羊肉串小贩们招揽生意的绝活。1987年，"你就像那冬天里的一把火，熊熊火焰温暖了我。"有着一半中国血统的歌手费翔立即成为歌星，而且还背上了"制造"不久之后大兴安岭火灾的"黑锅"。1988年，"各位领导，冒号！"相声《巧立名目》中的经典台词，当时牛群还名不见经传，但这一句台词逗坏了观众，在春晚后流行了很久。1989年，"司马缸砸光。"唱了一辈子评剧、演了一辈子配角的赵丽蓉，从小品《英雄母亲的一天》开始成功转型，此后成为小品当红明星。

90年代，市场经济的潮水拍打着中国。国人对春晚的期待，也从80年代的精神解放转向了文化消费层面，同时对节目质量的需求也越来越高。春晚的舞台上，开始大量出现港台歌手；语言类节目增多，杂技、歌舞等在春晚的舞台上受到欢迎。1991年，"我想有个家，一个不需要多大的地方。"一首听了想哭的《我想有个家》让观众熟悉了一身黑装像男孩子的台湾歌手潘美辰，以中性范儿走红的女歌手，潘美辰堪称第一人。1992年，"唐戈儿揍是趔啊趔着走，三步一回头，五步一招手，然后接着趔啊趔着走。"还是赵丽蓉，小品《妈妈的今天》里，她发明的探戈让观众学了一年，也乐呵了一年。赵丽蓉和巩汉林的出色合作也由此开始了这对"母子"搭档的黄金岁月。1993年，"这一张旧船票能否登上你的客船？"毛宁因为一首《涛声依旧》红遍大江南北。1994年，"长大后我就成了你。"宋祖英以委婉的歌声，用教室、黑板、粉笔、讲台等意象深情赞颂了人民教师无私奉献的情怀。1995年，"六月六，六月六，六月六啊六月六！"巩汉林给赵丽蓉进行包装，把评剧唱词改成了RAP（说唱），小品《如此包装》对演艺圈流行的包装热进行了讽刺。1996年，"它为什么这么脆？就是一盘大萝卜。"这次想打工的赵丽蓉碰上了黑心老板巩汉林，她风趣的唐山口音和精湛的演技，不知给多少人带去了欢乐。1997年，"有一位老人在中国的南海边画了一个圈。"董文华唱响了《春天的故事》，邓小平、春天的故事成为中国特区的一个符号。1998年，"来吧来吧相约九八。"《相约一九九八》的成功，除了旋律动听、歌词清新外，还要归功于王菲、那英两位"大姐"级歌手的支撑。1999年，"常回家看看，"它的走红同《一封家书》一样，在于一种对回家和亲情的呼唤。这一时期，春晚渐渐被赋予了反映主流意识形态、与时俱进的宏大主题。每年的春晚，在欢度春节话题下都有了更加深刻的主题和贴近时代的内容。

进入21世纪，随着中国加入WTO、经济高速增长、综合国力日益强大，文化舞台更加丰富多彩，大众娱乐的方式、方法日益增多，人们的娱乐生活越来越丰富，春晚"一枝独秀"的局面就此终结，同时，在观众越来越挑剔的口味下，春晚也开始承受越来越多的恶评。在很多人眼里，春晚甚至已成为一块食之无味、弃之可惜的"鸡肋"。

对于春晚，我有的是一份更加包容的平常心，毕竟，在口味日趋多样化的21世纪，炮制一道各阶层都能津津有味的大餐是不现实的。人们更认同的是，春晚是春节一个必不可少的文化符号。春晚就是一场年夜饭，吃过了就是新的一年。春晚陪伴着我们度过了一个个难忘的夜晚，陪伴我们长大。中国百姓和春晚一起走过改革开放的色彩斑斓的岁月之后，我们惊奇地发现，中国在创造社会经济发展奇迹的同时，也在创造着许许多多亘古未有的文化习俗。春晚，就是中国人民创造的亘古未有的文化习俗之一。我们爱春晚，深入骨髓，不离不弃。

哈罗，布什先生

（2月21日，美国总统布什访华）

2002年美国总统布什访问中国，是给我留下深刻印象的一个大事件。

作为一名普通的百姓，我还是很关注国家和世界大事的。我记得布什来华访问前，我还专门到网上查看了他的资料。乔治·沃克·布什（GeorgeW. Bush），在中国都叫他小布什，1946年7月6日出生于康涅狄格州纽黑文。1968年获耶鲁大学历史学学士学位，1975年获哈佛商学院工商管理硕士学位。1968年至1973年在国家空军警卫队服役，1975年至1986年在德州经营石油和天然气生意，1994年当选得克萨斯州州长，1998年连选连任。2001年当选美国第54届总统，2004年11月获得连任。他和父亲老布什就成为继亚当斯父子近200年后唯一一对当选美国总统的"父子档"，能够连任总统，更是史无前例。布什家族在美国有非常大的影响。自上世纪50年代以来，布什家族"占领"了国会议员、中央情报局局长、副总统、总统、州长等高层职位。布什的曾祖父塞缪尔·布什还当过总统顾问。布什的曾祖父就是制造业大亨，布什的祖母出身于金融巨头之家，布什家族的产业遍及石油、银行、军工企业乃至体育项目，说他的家族财富"富可敌国"，恐怕也不算夸张。

2月21日至22日，应国家主席江泽民的邀请，美国总统乔治·沃克·

布什踏上了举世瞩目的访华之旅。布什是来华访问的第六位美国在任总统，他已是第三次踏上中国的土地了。1976年，在布什总统的父亲老布什担任美国驻华联络处主任期间，布什曾来北京探望父母。2001年10月，布什在上海参加亚太经合组织领导人非正式会议期间，与江泽民主席进行了会晤。

2月21日9时58分，布什总统的专机降落在首都国际机场南停机坪。美国驻华大使雷德、外交部副部长李肇星、中国驻美大使杨洁篪等在机场迎接。布什在走下空军一号，完成了一系列国宾礼仪活动之后，就坐进了一辆黑色凯迪拉克加长总统轿车，开始了他的中国之行。

11时，江泽民主席在人民大会堂北大厅举行隆重仪式，欢迎来访的美国总统布什一行。中午12时20分，江泽民主席在人民大会堂东大厅与布什总统举行正式会谈。13时14分，中美两国元首开始在人民大会堂联合会见350多名中外记者，并回答他们的提问。

下午14时50分，布什总统在他下榻的国际俱乐部饭店参观了美国康明斯天然气发动机样品。

晚上，江泽民主席在人民大会堂西大厅举行宴会，欢迎布什总统一行。我们注意到，在江泽民主席举行的欢迎宴会上，乐队演奏了一首《德克萨斯的眼睛》。这是一首有名的150年多前的美国民乐，来自布什的故乡。乐曲响起时，记者们注意到布什总统随之击节伴奏，曲终时他带头鼓掌并亲自到乐队致意。

22日早上，朱镕基总理在钓鱼台国宾馆与布什总统共进工作早餐。两人就中美关系，特别是两国的经贸合作交换了意见。朱镕基总理还特别指出台湾问题是中美关系中最敏感的核心问题，并阐述了中方和平统一、一国两制解决台湾问题的原则立场。朱总理还与布什总统就亚洲经济形势等问题交换了意见。

上午，国家副主席胡锦涛陪同美国总统布什在清华大学发表演讲。作为清华的老校友，胡锦涛表示很高兴布什总统能在中国最有名的学府之一清华大学发表演讲。布什在演讲中回顾了中美关系的发展历程，指出30年前两国领导人的会见结束了双方几十年的隔绝，奠定了双方交往合作的基础。中国已经踏上崛起的道路，美国希望看到一个强大、和平、繁荣的中国。布什对着礼堂中挤得满满的清华学子们说，随着美中两国间接触日益频繁，两国人民也逐渐加深了对彼此的了解。曾经一度，美国人对中国的认识仅限于其悠久的历史和伟大古老的文明。今天，我们看到中国保持着重视家庭、学业和荣誉的优良传统。同时我们看到，中国正日益成为世界上最富有活力和创造力的国家之一。他说，美国政府一贯支持"一个中国"的政策，美国政府对台湾的政策从未改变。美国希望台湾问题能以和平的方式得到解决。中国已经加入了世界贸易组织，中国有着巨大的潜力。中国发生了翻天覆地的变化，取得了举世瞩目的成就，在开放方面，在企业等方面都是如此，从所有这些进步中可以看到中国有着巨大的潜力。他说，现代化的中国将有完善的法制规范其商业活动，并保护其公民的权利。建设新中国需要中国文化传统中博大精深的智慧。

当天中午，江泽民主席和夫人王冶坪在中南海瀛台与布什和夫人劳拉共进午宴并话别。江主席说，布什总统此次的工作访问日程紧凑、充实高效、富有成果。两人一致同意加强两国在各个领域的交流与合作，推动中美建设性合作关系不断发展。

下午，布什总统和夫人劳拉来到北京西北约70公里的八达岭长城参观游览。攀登过程中，布什总统表现了非常良好的身体素质：他健步如飞，兴趣十足，几次停下来等候他的夫人。因为他爬得实在太快了，连保镖也跟不上他。他对长城的雄伟赞叹不已。最有意思的是，他一边爬，一边问身边的导游，30年前尼克松总统曾经爬到哪里。到北侧的765米高的敌楼，导游说尼克松总统就爬到这里，他说我一定要比尼克松总统爬得高，说完又往前走了几步。在游览长城成为"好汉"之后，布什总统和夫人乘专机离京回国。

布什访华，是中美关系史上的又一件大事。有两个细节值得说一说。一个是时间上的巧合，布什到达中国的日期，和30年前尼克松总统到达北京的日期一致；另一个是，他在去年十月刚访问过上海，美国在任总统在半年之内连续访问同一个国家，这在美国外交史上是非常罕见的，显示了布什个人对中国的重视。这次访问，加强了两国高层之间的相互了解，也确定了未来两国政府之间高层对话的议题和渠道，从而改进了中美两国间的战略信任关系。

我感到，作为百姓，大家对中美关系之所以那么关注。一是因为关系到经济，二是关系到台湾问题。中美建交以来，两国关系走过了曲折的道路，但总的发展趋势是积极的、向前的。尽管双方在一些问题上存在分歧，使得两国关系极其错综复杂、富有挑战性，但毕竟双方共同利益的会合点多。一个健康、稳定的中美关系，有利于两国的根本利益，有利于亚太地区乃至世界的和平与稳定。

快乐足球梦

（6月8日，首次世界杯出线的中国队0：4负于巴西）

就像台湾很多年轻人很熟悉大陆的姚明一样，大陆很多年轻人也非常喜欢20世纪70年代中期从台湾移居到美国的篮球明星林书豪。台湾的许多明星，如跆拳道选手陈诗欣、旅美棒球选手王建民、高尔夫球名将卢建顺、曾雅妮等，在大陆也都有一定数量的"粉丝"。

在大陆，最受关注和欢迎的体育项目应该是足球了。足球气势恢宏，是集体能体力、战斗意志、技巧技术、团体精神于一体的体育之王。进入世界杯决赛，摘下足球的皇冠，既是运动员个人的梦想，也是国家的梦想。

体育是一种精神，代表了一个民族的勇气，坚强和毅力。它所构建的以公平竞争为道德核心的，以和平、进步和团结为目标的价值体系和价值标准，得到了全人类普遍认同。体育对增强中国人民体质、培养意志品质、丰富文化生活、振奋民族精神、增进对外交往等都具有独特的作用。

说到2002年，不得不让人想起那场世界杯足球比赛。

2002年，世界杯终于移师亚洲举行，韩国与日本是第17届世界杯主办国，这是世界杯历史上首次由两个国家联合举办。除了中国外，另外有31支国家参加了本届世界杯。

西归浦体育场位于韩国本土南部的济州岛。济州有著名的汉拿山景点，以及美丽的海滩和壮观的火山喷口。

2002年6月8日，第一次打入世界杯决赛圈的中国与巴西队在这里进行比赛。

此前，中国男足的第四任洋教练米卢带领的中国队在亚洲十强赛6场比赛中，以5胜1平的战绩提前两轮出线，这是中国队首次进入世界杯决赛圈。目睹祖国的足球队进入世界杯决赛圈，那种激动许多人都难以用词汇表达。记得十强赛最后一场，当时是中国打卡塔尔，只要战胜就可出线。当中国队赢得了比赛，终场哨声吹响的时候，电视屏幕上马上出现四个大字——我们赢了！是啊，我们赢了，为了这一刻，我们足足等了几十年！此时此刻，快乐在人们心里像火山一样爆发了，各个城市的马路上汽车笛声长鸣，无数的人挥动着国旗，聚在一起喝着胜利的啤酒！

中国足球终于圆了一个梦。当中国队与巴西、土耳其、哥斯达黎加分在一组时，中国球迷憧憬着能战胜哥斯达黎加、战平土耳其，即便是输给巴西，仍有希望进入16强。中国队进入世界杯决赛圈一下子点燃了中国人对足球的热情，据央视CCTV体育频道的专题报道，那一年的韩日世界杯，共有4万中国球迷去现场看球，世界杯赛场简直成了中国队主场。而且当年，买到票的人和想买但是买不到票的人比例大约是1:10。看直播的盛况就更不用提了，据说中国队三场比赛共有4亿人次观看了现场直播！国内媒体派出大批记者随队采访，在一线进行了采访报道。

其实，中国球迷对于国家队的希望并不高，由于和巴西、哥斯达黎加以及土耳其同分在一组，所以中国媒体希望中国至少能在世界杯赛场上取得一粒进球。可是，足球是公平的，是需要实力的。2002年6月4日，中国队首战0：2负于哥斯达黎加。

北京时间6月8日19时30分，世界杯C组第2轮第1场中国队对巴西队的比赛在西归浦体育场鸣哨。我记得那一天正好是星期六。同事们相约聚在一起观看这场比赛。这场球的看点是：中国队多少分钟被打进第一球？全场被打进几个球？罗纳尔多、里瓦尔多、卡洛斯会不会进球？中国队能否踢进巴西队一个球？如果能踢进，会是谁踢进？……所以，尽管这场比赛强弱悬殊，还是吸引了全国球迷。

我想，这场比赛对中国足球应该具有一个划时代的意义，应该从这场与世界一流球队的"巅峰对决"中，认识到中国足球的不足，从而万众一心、卧薪尝胆地去提高中国足球水平。

比赛开始后仅15分钟，卡洛斯任意球左脚劲射，从人墙中穿过飞入远角得分。第32分钟，小罗纳尔多将球挑到中路，里瓦尔多在门前5米处凌空推射入网。第44分钟，小罗纳尔多直传，罗纳尔多摆脱李玮峰与杜威，在禁区中央被李玮峰拉倒，被判点球，小罗纳尔多操刀命中。第55分钟，卡福从两名后卫之间突破传中，无人盯防的罗纳尔多及时跟进，左脚轻松推射入网。中国队没能踢进巴西队一个球，最接近的，是肇俊哲那记打在门柱上的射门。最后，巴西队以4比0领先。我觉得，这场球最大的收获，是让我们的队员真正看到了自己的差距，从而反思产生这差距的原因。

本届杯赛开始前，国家队定下的目标是"进一球，积一分，胜一场"，最低限度也要进个球，然而在精英尽出之后，才发现自己的实力与世界水准相差如此之大。当时有人评价中国队是"三战三声长叹，九球九曲悲歌"，说出了球迷的心声。

中国的足球也曾辉煌过。上世纪初，现代足球由欧洲传入中国。"看戏要看梅兰芳，看球要看李惠堂。"当时，李惠堂以高超的球艺赢得了"亚洲球王"称号。1976年，联邦德国一家权威性足球杂志组织的评选活动中，李惠堂与巴西的贝利，英格兰的马修斯，西班牙的斯蒂法诺，匈牙利的普斯卡士齐名，被评为"世界五大球王"。

在1915年到1934年，中国获得了远东运动会的九连冠，并于1936年，1948年两次入围奥运会。这时，中国足球在亚洲是当之无愧的霸主。

新中国成立后，中国国家队冲击1958年世界杯决赛圈失败。其后的时间，是漫长的十年"文革动乱"，在一个"政治第一"的年代，足球无疑被禁止了。

改革开放之后，苏永舜率领中国队冲击1982世界杯决赛圈失败。这是中国足球长期封闭，重返国际足联后首次冲击世界杯出线权，实质上它是中国足球现代史的开端。中国足球史上第一次出现一球牵动亿万心的热潮，球星的概念开始形成，冲出亚洲走向世界的口号，至今依然是中国足球几代人奋斗目标。

1985年5月19日，由于中国队在世界杯预选赛中主场败给了香港，失去出线权，在场球迷情绪激昂，演变成打砸抢的街头暴乱。国家队主教练曾雪麟引咎辞职。这意味着中国足球被赋予了沉重的社会使命，保守风气逐渐弥漫了整个中国足坛。中国队在亚洲从极盛转向衰落，逐渐向二流水平滑落。

韩日世界杯后，米卢走了。我们从他那里知道了"快乐足球"的概念，也品尝了冲出亚洲的喜悦。我们应该感谢米卢。

世界杯的一个月来，不管谁输谁赢，全世界的球迷都享受了一个月的"快乐"，这就是"快乐足球"的意义吧，它让不认识的人认识，让认识的人距离更近，让他和她走在一起，不管最终结果如何，这些难忘的记忆将陪伴我们的终生。

新中国成立后，中国体育事业蓬勃发展，取得了辉煌成绩。中国运动员在竞技体育中创造了优异成绩，中国群众体育快速发展，为增强人民体质和促进社会和谐与发展发挥了重要作用。对于普通老百姓而言，体育活动参与人数明显增加，经常参加体育活动人口比例显著增加。体育活动改善了国民身体素质和体质状况，提高人均预期寿命，也成为现代生活方式的重要组成部分。形成了无私奉献、科学求实、遵纪守法、团结协作、集体主义、革命英雄主义等方面的内容，它们与顽强拼搏和为国争光等精神一起，构成了"中华体育精神"的基本内容体系，在中国社会和世界上产生了广泛的影响和作用。它是中华民族精神的重要组成部分，在中华民族伟大复兴的历史进程中，激励和鼓舞着中国人民不断地克服前进中的困难，屹立于世界民族之林。

由此我想到，大力开展海峡两岸各项交流，是两岸同胞的共同愿望。当前，海峡两岸的体育交流合作不断升温，两岸的相关人员往来呈现明显的增长。据我了解，在雅典奥运会上为中华台北队赢得首枚奥运会金牌的跆拳道选手陈诗欣，就曾经在北京的什刹海体校和祖国大陆的选手共同进行过体育训练。

无论如何，两岸民间体育交流持续发展是好事。这种交流，符合两岸民众共同利益和基本需要，是两岸同胞沟通感情、加深了解的重要纽带。我想，如果哪一年两岸中国人共同举办一次世界杯，并且中国队能够挺进16强，甚至8强、4强（冠军目前还真的不敢想），那该有多好啊！

继往开来的新世纪盛会

（11月8日，中国共产党第十六次全国代表大会召开）

历史的车轮进入了21世纪。在这个充满希望、充满机遇和充满挑战的世纪，中国，越来越受到世界的关注。

2002年11月8日，举世瞩目的中国共产党第十六次全国代表大会在北京召开。

党的全国代表大会，是中国共产党最高领导机关。每5年举行一次，由中央委员会召集。中央委员会认为有必要，或者有三分之一以上的省一级组织提出要求，全国代表大会可以提前举行；如无非常情况，不得延期举行。党的全国代表大会的职权是：听取和审查中央委员会的报告，听取和审查中央纪律检查委员会的报告，讨论并决定党的重大问题，修改党的章程，选举中央委员会，选举中央纪律检查委员会。

中国共产党的党代会制度不断从实践的磨砺中汲取养分，得到了充分的发展。

1921年7月23日至31日，中国共产党第一次全国代表大会在上海、嘉兴召开。鉴于当时党员人数少、地方组织尚不健全，决定暂不成立中央委员会，先建立三人组成的中央局，并选举陈独秀任书记，张国焘为组织主任，李达为宣传主任。党的第一个中央机关由此产生。大会通过了《中国共产党第一个纲领》《中国共产党第一个决议》等。

1922年7月16日至23日，中国共产党第二次全国代表大会在上海召开。1923年6月12日至20日，中国共产党第三次全国代表大会在广州召开。1925年1月11日至22日，中国共产党第四次全国代表大会在上海召开。1927年4月27日至5月9日，中国共产党第五次全国代表大会在武汉召开。1928年6月18日至7月11日，中国共产党第六次全国代表大会在莫斯科召开。

1945年4月23日至6月11日，中国共产党第七次全国代表大会在延安召开。第八次全国代表大会1956年9月15日至27日在北京举行，以后代表大会的召开地点均是北京。第九次全国代表大会1969年4月1至24日召开，第十次全国代表大会1973年8月24日至28日举行，第十一次全国代表大会1977年8月12日至18日举行，第十二次全国代表大会1982年9月1日至11日举行，第十三次全国代表大会于1987年10月25日至11月1日举行，第十四次全国代表大会1992年10月12日至19日举行，第十五次全国代表大会1997年9月12日至18日举行。

2002年11月8日这一天，注定与中国共产党第十六次全国代表大会一起载入史册。这次大会应到正式代表2114名、特邀代表40名，共2154名。出席开幕式的代表和特邀代表共2134名，代表了全党6600多万党员。根据中央规定，出席中国共产党第十六次全国代表大会的代表团增加了中央企业系统代表团和中央金融系统代表团，这是中央企业系统和中央金融系统首次单独组团参加党的全国代表大会。与十五大的36个代表团相比，十六大的代表团增加到38个。

这次大会之所以受到关注，是因为这是中国共产党在新世纪召开的第一次代表大会，也是在开始实施社会主义现代化建设第三步战略部署的新形势下召开的一次十分重要的代表大会。

这次中共十六大，引起了全世界新闻媒体的极大兴趣。为便于记者采访，十六大期间在北京设立了大会新闻中心，欢迎中外记者采访。新闻中心安排中外记者采访十六大的活动，组织新闻发布会和记者招待会，并为记者的采访报道提供服务，设有专门的通讯服务室，为海内外记者提供免费上网服务、无线网卡免费出租、国内国际传真业务、多媒体公用电话线和多媒体信息查询业务等服务。十六大共有1371名中外记者报名，为以往历届之冠。

对于老百姓来说，收听、收看十六大的盛况，也是一件大事。我记得，许多单位都设立了十六大开幕式收听、收看现场，组织大家认真收听、收看开幕式实况和江泽民总书记作的报告。党政机关会议室里、大型商场的电视机专柜前、居民楼院里，到处可以看到收听收看十六大开幕式盛况的人们，到处可以看到迎风飘扬的五星红旗。早上，来到北京街头，已经有很多市民围站在大屏幕前，准备收看江总书记的报告。在收听观看现场，洋溢着一派欢乐喜庆的气氛，大家不时爆发出热烈的掌声。

在代表大会上，江泽民同志作了《全面建设小康社会，开创中国特色社会主义事业新局面》的报告，大会还审查通过了中央纪律检查委员会的工作报告，对《中国共产党章程》作了修改，选举产生了朝气蓬勃、奋发有为的新的中央领导集体。这是一次团结的大会、胜利的大会、奋进的大会，极大地统一了全党的思想，极大地振奋了全国人民的精神，进一步树立了我们党坚持改革开放、走中国特色社会主义道路的良好形象，对于确保社会主义中国在风云变幻的国际局势中保持高度稳定和强大生机，确保我们党始终走在时代前列和不断增强创造力、凝聚力和战斗力，确保我们胜利实现社会主义现代化的目标和中华民族的伟大复兴，具有重大的现实意义和深远的历史意义。

党的十六大和十六届一中全会顺利实现了新老交替，选举产生了以胡锦涛同志为总书记的新的党中央。一批德才兼备、年富力强的优秀中青年干部进入中央领导集体。为坚持党的基本理论、基本路线、基本纲领和基本经验，全面贯彻"三个代表"重要思想，实现十六大确定的奋斗目标提供了有力保证。

大家对这次大会还有一个非常关注的地方，那就是把"全面进入小康社会"作为十六大报告的主题，作为重要内容提出来。明确提出了在本世纪头二十年我们党和国家的奋斗目标是全面建设小康社会。提出二十一世纪头二十年，对中国来说，是一个必须紧紧抓住并且可以大有作为的重要战略机遇期。根据十五大提出的到2010年、建党一百年和新中国成立一百年的发展目标，中国要在本世纪头二十年，集中力量，全面建设惠及十几亿人口的更高水平的小康社会，使经济更加发展、民主更加健全、科教更加进步、文化更加繁荣、社会更加和谐、人民生活更加殷实。这是实现现代化建设第三步战略目标必经的承上启下的发展阶段，也是完善社会主义市场经济体制和扩大对外开放的关键阶段。经过这个阶段的建设，再继续奋斗几十年，到本世纪中叶基本实现现代化，把我国建成富强民主文明的社会主义国家。

江泽民同志的报告，更加明确地表达了"寄希望于台湾人民"的殷切期待和实现祖国和平统一的坚定信心，并郑重对台呼吁，在一个中国原则的基础上，暂时搁置某些政治争议，尽早恢复两岸对话和谈判，在一个中国的前提上，两岸什么问题都可以谈，可以谈正式结束两岸敌对状态问题，可以谈台湾地区在国际上与其身份相适应的经济、文化、社会活动空间问题，也可以谈台湾当局的政治地位等问题。表达了祖国大陆对于解决台湾问题一贯坚持的原则立场的同时，充分展现了与时俱进的务实精神。台湾《中央日报》的一篇社评指出，中共的对台战略目标未变，但在战术运用上，将会表现得更加灵活，和更注重实际。《联合报》认为讲话对两岸关系发展将有重要的影响。该报一篇社论说，中共十六大是该党"新世纪第一次"的党代会，对于该党自身的发展，对于大陆经济的发展，以及未来两岸关系的发展，乃至对亚太地区的发展，"都将有重要的影响"。江泽民在报告中提出"在一个中国前提下两岸什么问题都可以谈"，还讲明了三项可以谈的内容，这虽非领导阶层第一次提出，但在十六大报告中第一次提出这三项议题，是一种更正式、更善意的表达。《中国时报》则解读，讲话提出时间概念凸显统一紧迫感。深入解读江泽民的讲话内容就不难发现，报告不是空洞的统一设想，而是一种推动统一的具体方案。在讲话内容中，江泽民也表达了中共遏制"台独"的坚定立场。此外，江泽民在这份重要文件中，还正式写入中共对"一个中国"原则的最新诠释，也就是"大陆和台湾同属一个中国"的"新三段论"。江泽民在十六大作报告后，岛内的统派团体反应热烈。"新同盟会"等统派团体发来贺电，"祝大会成功完成和平统一"；"中华文化经济统一促进会"贺电盛赞江泽民的报告"义切词婉"，并表示要"全力以赴，响应此意义深长的历史召唤"。除此之外，岛内的一些工商业者和学者也纷纷站出来，肯定祖国大陆的善意并对报告的深意进行分析解读。

许多国家和地区的媒体都纷纷予以关注，不少媒体在重要版面或大幅版面对中共十六大的开幕进行了报道，并作积极评价。香港、澳门媒体给予了极大关注。各大电台、电视台不少都现场直播了开幕式，各家报纸都以大版面介绍十六大召开的消息。

美国主流媒体高度重视中共十六大的召开，连日来对会议进行了大量报道。《纽约时报》在报道中说，中共十六大将制定今后数年中国政治经济发展的路线，选举产生新的领导人，是一次极其重要的会议。

法国各主要媒体对中共十六大的召开做了大量报道。认为，这是中共历史上最为重要的会议之一，处在历史转折关头的中国，正在经历着一个重要的历史时刻。《费加罗报》指出，从中共十六大可以看出中国历史性的进步。《世界报》在大会召开前刊载的署名文章称，中国是一个正在发生着巨大变革的舞台，这场变革将对世界经济、文化、政治进行重新定义。

韩国各大媒体8日用大幅版面及时报道十六大开幕的消息和详细介绍江泽民的报告。日本《朝日新闻》和《读卖新闻》8日都在头版刊登了十六大开幕的报道。报道介绍了"三个代表"等十六大报告中的具体内容。日本最大的广播电视机构NHK在当晚的新闻节目中也对十六大的开幕进行了报道。泰国华文报纸纷纷发表社论，祝贺中国共产党第十六次全国代表大会胜利召开。《京华中原报》在题为"举世瞩目，前程似锦"的社论中指出，"十六大"是中国共产党在新世纪召开的第一次全体大会，也是在中国进入全面建设小康社会、加快推进现代化建设时期召开的一次重要会议，这次会议所做的决策，对中国乃至世界局势都至关重要。《亚洲日报》指出，中共十六大的划时代意义，在于它将实现中国领导人由第三代向第四代转移，在于江泽民提出的"三个代表"将赋予中国共产党新的内容、使命，在于它将对中国未来10年、20年的发展提出一个宏伟的目标和规划。

澳大利亚各大报纸对十六大开幕进行了充分报道，并对江泽民总书记所作的报告给予了积极评价。报道说，江泽民的报告为中国今后20年的发展勾画了美好的蓝图，中国将继续坚持走改革开放的道路，大力发展市场经济。报告还显示出中国共产党在建设有中国特色社会主义方面的灵活性和整治腐败的决心。

十六大前后，中共中央和党的领导人共收到外国发来的贺电（函）700多件，发来贺电（函）的有50多位国家元首和政府首脑、140多个国家的300多个政党和组织以及友好人士，其数量之多、层次之高、范围之广、内容之丰富，都是前所未有的。

记得十六大后，我们还畅想了伟大祖国美好的未来，大家都希望今后能够为全面建设小康社会贡献出自己的一点力量，把我们的祖国建设得更加美好、更加繁荣昌盛。

继往开来的新世纪盛会，永远载入中华民族的史册，也永远留存在我们的记忆之中！

中国，融入世界的一个缩影

（12月3日，上海赢得2010年世博会主办权）

2002年12月3日22时10分左右，从著名的旅游胜地蒙特卡洛传来喜讯：在这里举行的国际展览局第132次大会，经投票决定，中国的上海获得2010年世界博览会的举办权！

消息传到上海，夜幕中的浦江两岸一片欢腾，大家内心的喜悦难以抑制，居民们纷纷燃起烟花爆竹。礼花在瞬间向空中升腾，照亮了一张张欢乐的脸，人们激动而忘情地欢呼着。

"申博成功了！""我们赢了！"人们举行各种各样的庆祝活动，来表达内心的喜悦之情。在党的十六大胜利闭幕后不久，这样的好消息将更加激励全体中国人，朝着全面建设小康社会的目标奋勇前进！

在网络上，也是一片欢腾。网友"牛顿第三定律"说，吉星高照，国运昌隆，奥运会、世博会，好戏连台，好运来了，山都挡不住……网友"冷炎"兴奋地说，中国将不可逆转地迈向新型工业化和实现社会主义现代化！并必将实现海峡两岸的政治统一。网友"Sunzhiming"发帖：成功了！终于成功了！为上海欢呼！为中国欢呼！相信2010年的世博会能使上海真正地向国际化的大都市迈进！

让我们把目光投向蒙特卡洛。12月3日投票前，五个申办城市墨西哥的克雷塔罗、俄罗斯的莫斯科、韩国的丽水、波兰的弗洛兹瓦夫，和中国的上海先后作了申办陈述。

陈述结束后，国际展览局89个成员国的代表以无记名方式进行投票。根据规定，如果某城市在首轮投票中获得三分之二的票数则一举当选，否则第一轮投票将淘汰得票最少的城市，并进入第二轮投票。以此类推，直到仅剩两个候选城市时，由得多数票者取得2010年世博会的主办权。投票过程中，各申办国竞争相当激烈，投票先后经历四轮。在首轮投票中，中国以36票居第一，但未获得三分之二票数，韩国28票，俄罗斯12票，墨西哥6票，波兰被淘汰出局。

在第二轮投票中，中国获38票，韩国34票，俄罗斯10票，墨西哥遭淘汰。在第三轮投票中，中国获44票，韩国32票，俄罗斯12票被淘汰。

在中国申博陈述中，中国申博短片秘密揭开，由著名导演张艺谋执导的短片获得了众人的关注，现场一共响起了5次非常热烈的掌声。这部宣传片充分展示了上海的无限魅力和上海市民热切期盼世博的心声。当片中反复响起中国民乐《茉莉花》旋律时，征服了现场的与会成员国代表、国展局官员和众多记者。时任国务院副总理李岚清、国务委员吴仪等进行最后一次陈述，再次肯定了中国政府对于承办2010年世博会的信心与态度。李岚清说，中国是一个有着五千年历史的文明古国，也是当今世界上最大的发展中国家。改革开放二十多年来，中国已成为世界经济发展最快的一支力量。这个文明古国的现代化进程表明，中国已经并将更加敞开她博大的胸怀，与世界各国、各民族交流合作。作为国际大都市的上海，作为中国融入整个世界的一个缩影，当是举办世博会的理想城市。

在最后一轮投票中，中国以54票胜出！

这来之不易的胜利，漫漫申博之路，包含着中国领导人、中国政府和中国人民的多少希冀和努力！

中国如有一份幸运，世界将添一片异彩。

世界博览会，简称世博会，不是一般意义的贸易促销和经济招商的商业性展览会。它的举办期长，影响巨大，是当今世界最高级别的展览活动，是世界各国展示其社会、经济、文化、科技成就和发展前景的盛会。举办一次综合性世博会，是中国人民期盼已久的渴望。1999年，中国政府郑重宣布申办2010年上海世界博览会。

2000年1月25日至2月3日，上海市世博会代表团先后对德国汉诺威2000年世博会、葡萄牙里斯本1998年世博会和法国巴黎国际展览局总部等进行了考察。

2000年5月15日，2010年上海世界博览会申办委员会在北京召开情况介绍会。国务委员吴仪郑重宣布，中国政府全力支持申办2010年上海世界博览会。

2001年5月2日，中国驻法国大使吴建民代表中国政府向国际展览局递交中国举办2010年世博会的申请书。

2002年3月10日至16日，中国作为申办国之一，第一个接受了国际展览局代表团的考察，通过一系列的陈述报告、实地考察，与各界人士交流沟通，国际展览局充分了解到上海的优势、能力、举办条件和各项准备工作。

2002年3月11日，国家主席江泽民亲自会见了国际展览局官员。

2002年9月12日，上海世博会申办委员会在北京举行申办情况介绍会，向各国驻华使节和中外记者介绍中国申办2010年上海世博会的最新情况。

2002年11月25日，《人民日报》发表评论员文章表示，中国政府坚定地支持申办2010年上海世博会，将在财力、参展人员和货物准入以及新闻采访等方面给予全力支持，并希望通过举办世博会，推动世博会事业的发展和扩大世界博览会的影响，为各国工商业界创造"共赢共荣"的商机。中国作为世界上最大的发展中国家申办世博会，将改变世博会历史上综合类世博会绝大多数是在发达国家举办的历史，进一步扩大国际展览局和世博会事业影响的范围和层面。从现在开始的未来20年内，中国全面建设小康社会，神州大地将孕育无限商机。

上海申请世博取得成功的消息，在世界上引起了强烈反响。香港贸发局认为上海世博会将为港带来商机。韩国一家电视台在新闻报道中高度评价中国申办成功，认为这显示了中国经济发展的实力，提高了中国在国际社会上的威望和地位。法国《世界报》发表评论认为中国拿到2010年世博会主办权是众望所归。西班牙《世界报》把上海定为2002年世界最知名城市，其中成功申办2010世博会作为其中关键一条。国际展览局官员评论说，"今天世界诞生了一个伟大的希望"。

是啊，上海这个东方大都市，其现代化、国际化的形象，将会随着众多国际、国内媒体的聚焦而四海传扬。中国这个正在进行改革开放伟大实践的文明古国，将会向世界展示出更加文明、开放、繁荣、富强的形象。重大活动能够提升举办地的形象，也能推动举办地的发展。这或许就是上海举办世博的意义和价值所在吧。

2002年中国大事记

一月

1日，经过历时8个多月的模拟网退网工作，中国模拟移动通信网伴随着2002年新年的钟声全面关闭，中国移动通信从此全面进入"数字时代"。

10日，上海市黄浦江两岸开发建设领导小组成立，标志着广受关注的黄浦江两岸开发建设进入实质性启动阶段。黄浦江两岸开发建设前期启动资金将达1000亿元。

12日，我国历史上首次铁路价格听证会在北京举行。大多数代表原则同意铁道部的价格调整方案。在此基础上，27日，国家计委公布了最终方案，规定涨幅最高上限为35%。

23日至25日，中纪委第七次全体会议在京举行。江泽民在会议上讲话时强调，要努力使领导干部牢固树立正确的权力观。

30日，国务院台办发言人张铭清在例行记者招待会上指出，吕秀莲所谓以"一个中华"取代"一个中国"的提法，实质上是以"一个民族、两个华人国家"对抗一个中国原则，是顽固坚持"台独"分裂立场的表现。

二月

1日，中共中央、国务院在人民大会堂隆重举行国家科学技术奖励大会。江泽民出席大会并为获得"国家最高科学技术奖"的中科院院士、中国工程院院士、北京大学计算机科学技术研究所王选，中科院院士、中科院半导体研究所黄昆颁发证书和奖金。

6日，中国驻阿富汗大使馆举行复馆仪式，由于阿内战关闭了9年的中国驻阿使馆正式恢复办公。

14日，59名外国人在天安门广场地区鼓吹"法轮功"邪教，寻衅滋事，违反了中国有关法律，破坏中国人民欢度春节，被公安机关依法带离。到15日18时许，其中查明身份的53人按中国有关部门的处理全部离境。

17日，中国选手大杨扬在盐湖城进行的第十九届冬奥会短道速滑女子500米决赛中，夺得了中国冬奥会历史上的第一枚金牌，使中国冰雪运动经过50多年的奋斗，终于实现了奥运会金牌"零的突破"。

21日至22日，美国总统布什对我国进行工作访问，江泽民主席与布什总统举行了会晤。布什是访问中国的第六位在任美国总统。

21日，央行降低金融机构人民币存、贷款利率。本次降息是中国人民银行针对我国经济增长速度和消费物价连续数月下降而采取的一项措施。

23日，清华大学学生刘海洋为考证"黑熊嗅觉是否灵敏"，在北京动物园用硫酸泼向黑熊，涉嫌以故意毁坏财物罪，被北京西城公安机关依法刑事拘留一个月。

28日，香港特区第二任行政长官选举候选人提名结束，董建华成为唯一获得有效提名的候选人并自动当选。

三月

13日，全国政协九届五次会议在人民大会堂举行闭幕会。全国政协主席李瑞环发表了重要讲话，称此次政协会议是一次民主、求实、团结、鼓劲的大会。

15日，第九届全国人民代表大会第五次会议在人民大会堂举行闭幕会。在当天上午11时的记者招待会上，国务院总理朱镕基同中外记者见面，并回答记者的提问。

18日至21日，我国北方大部分地区自西向东经历了20世纪90年代以来最强的沙尘天气过程。此次沙尘暴单给北京市区就带来了3万吨的降尘，相当于北京人均分摊3公斤尘土。

22日，香港财政司长梁锦松接受香港有线电视访问时证实，他正与23岁的奥运跳水冠军伏明霞热恋。7月15日，他们在美国夏威夷檀香山举行了婚礼。

25日晚10时15分，"神舟"三号飞船在我国甘肃酒泉卫星发射中心成功升入太空。4月1日16时51分在内蒙古成功着陆，我国载人航天工程第三次飞行试验取得圆满成功，这表明中国完全具备了载人航天飞行的能力。

25日，上海证券交易所、深圳证券交易所宣布，从今年4月1日起，上市公司信息披露的例行停牌时间将由原来的半天压缩为1小时。

31日14时52分，台湾发生7.5级强烈地震，至少导致5人死亡，272人受伤。福建福州和泉州等地有震感。

四月

1日，上海市深水港工程建设指挥部宣告成立，上海国际航运中心深水港建设将进入实质性启动阶段。

9日，中国联通CDMA网开始正式运营，截至前一天，联通该网用户已达到80万。

9日，中国出版集团在京挂牌，这标志着中国出版行业第一次大整合正式开始。

12日至13日，博鳌亚洲论坛首届年会在海南博鳌举行，与会各界人士就加强亚洲经济合作与发展表达了共同的愿望，会议取得了积极成果。

15日，中国国际航空公司的一架波音767客机坠毁在韩国釜山金海机场附近，机上共有155名旅客和11名机组成员。38人幸免于难。中国国际航空公司曾安全飞行了47年，是中国唯一挂载国旗的航空公司，不仅提供国际、国内的客货运输服务，而且承担国家领导人的专机任务。

27日，胡锦涛副主席在访问马来西亚、新加坡之后，前往美国访问。今年3月以来，曾一度回暖的中美关系因台湾问题而急剧降温，胡锦涛此次的美国之行格外引人关注。

五月

1日，《关于调整证券交易佣金收取标准的通知》开始执行，该通知规定，A股、B股、证券投资基金的交易佣金实行最高上限向下浮动制度，证券公司向客户收取的佣金（包括代收的证券交易监管费和证券交易所手续费等）不得高于证券交易金额的3‰。

7日21时许，中国民航北方航空公司的一架麦道82飞机在大连海域失事。机上共有乘客103人和机组人员9人。

8日，5名不明身份者力图强行闯入日本驻沈阳领事馆，中国武警战士竭尽全力阻拦他们的闯馆行动。该事件却遭日本政府和日本媒体的歪曲，称中国警方"非法侵入"日领馆。22日，这5人被中国公安人员送上飞机，前往菲律宾。

20日，中国民用航空总局副局长杨元元被任命为民航总局局长、党委书记，原总局局长刘剑锋因超过任职年龄界限离任。由于此前国内发生的两次重大空难，此次任命引发了广泛关注。

21日，教育部和财政部决定正式设立国家奖学金，以资助家庭经济困难的普通高等学校的全日制本专科学生完成学业。这是中国自1987年以来，首次设立国家奖学金。获得者所在学校将减免该生当年的全部学费。

21日，证监会发出通知，决定恢复向二级市场投资者配售新股的发行方式，当天沪深股市即大涨逾3%。23日《新股发行市值配售实施细则》公布，此举意味着新股配售发行方式即可付诸实施。

25日，台湾华航一架客机在飞往香港途中于澎湖外海坠海，机上乘客和机组人员225人无一生还。据雷达资料显示，华航失事客机在3万多英尺的高空突然分裂成4大块，并朝4个方位散开。

28日上午，中国共产党上海市第八次代表大会闭幕。大会选出了新一届市委、市纪委，通过了关于中共上海市第七届委员会报告等决议。当天下午举行了中共上海市第八届委员会第一次全体会议并选举出了上海市委新班子，黄菊当选市委书记。

30日，中国工程院选举产生新领导集体，徐匡迪当选院长。

31日，江泽民出席了中央党校省部级干部进修班毕业典礼并发表重要讲话。

六月

2日，中央军委在北京举行晋升上将军衔仪式，7名高级军官被授予上将军衔。至此，自中国人民解放军1988年恢复军衔制以来，中央军委共授予81位高级军官上将军衔、警衔。

4日，中国足球队首次亮相世界杯赛场。在此后的"世界杯之旅"中，中国队三战三负连丢九球。同属亚洲的韩国队和日本队却双双杀入十六强。

16日凌晨，北京"蓝极速"网吧突然起火，吞噬了20多条生命。死难者多半是附近大学的学生。18日下午，起火原因查明，系人为纵火，凶手是两名不满15岁的初中生。

20日，黑龙江鸡西矿业集团城子河煤矿发生特大瓦斯爆炸事故。事故共造成115人死亡，死者包括当时正在井下检查工作的鸡西矿业集团公司总经理赵文林。这是一起由于对通风系统管理不严，现场违规操作而引发的责任事故。

20日，北京市朝阳法院认定，歌手红豆猥亵七名男童证据确凿，罪名成立，一审判处其有期徒刑三年零六个月。

23日至6月30日，覆盖全国的鑫诺卫星陆续遭到"法轮功"非法电视信号攻击。

23日，国务院决定：停止通过国内证券市场减持国有股；次日，中国证监会宣布将提高上市公司增发门槛。受双重利好消息刺激，24日沪深股市开盘即出现"井喷"行情。

24日，美军一架P-3侦察机在台湾北部靠近中国大陆海岸的国际领空飞行时，两架解放军歼七战机升空近距离平行拦截，双方最接近时只距约46米。

27日，在2002-2003赛季NBA选秀大会上，获得首轮选秀权的休斯敦火箭在首轮第一顺位挑选了来自上海东方队的中锋姚明，使姚明成为今年的选秀状元。姚明成为了继王治郅和巴特尔之后第三个进入NBA的中国球员。

七月

1日上午，庆祝香港回归五周年大会暨第二届香港特区政府就职典礼在香港会展中心新翼大会堂举行。江泽民主席在会上充分肯定了香港过去五年所取得的成就。

5日，钱其琛在北京会见高清愿、许信良时表示，只要把两岸"三通"看作是一个国家的内部事务，尽早可以实施，可以不涉及一个中国的政治含义。

八月

1日，我国军、民航航空开始实施统一的《飞行间隔规定》。这一规定全面系统地规范了现有的航空器飞行间隔标准，对我国确保空中安全具有重要意义。

3日，陈水扁公然声称"台湾跟对岸中国一边一国"，鼓吹要用"公民投票"方式决定"台湾的前途、命运和现状"。中共中央台湾工作办公室、国务院台湾事务办公室新闻发言人5日就此发表谈话，驳斥其充分暴露了顽固坚持"台独"立场的真面目。

12日，2002式机动车号牌首先在北京、天津、杭州和深圳四城试点。试点工作之所以引起如此广泛关注，皆因车号牌的选择十分"个性化"。但是，21日起，这四个城市停发2002式机动车车牌，有关部门称停发是因为"技术问题"。

20日，全球数学科学最高水平的学术大会第24届国际数学家大会在人民大会堂开幕。国家主席江泽民出席开幕式，并为本届菲尔茨奖获得者洛朗·拉佛阁和弗拉基米尔·沃沃斯基颁奖。

九月

1日，《社会抚养费征收管理办法》开始施行，该办法规定，不符合人口与计划生育法有关规定生育子女的公民，将依法缴纳一定的社会抚养费。

14日，南京汤山发生特大投毒案，300多人因食用有毒食品而中毒，其中42人先后死亡。15日，公安机关在河南郑州将作案潜逃的犯罪嫌疑人陈正平抓获归案。10月14日上午，陈正平在南京市被执行死刑。

23日，由青岛号导弹驱逐舰、太仓号综合补给舰组成的舰艇编队，首次完成环球航行访问回到祖国。舰艇编队总航程33000多海里，远航132天。

28日，中国科学院宣布，我国首款可商业化、拥有自主知识产权、通用高性能的CPU-"龙芯"1号研制成功。

十月

9日，中国篮协正式发表声明，公布了对王治郅的处罚决定，将男篮世锦赛以及亚运会期间离队不归的原中国男篮队员王治郅开除出国家队。

10日至11日，中国和吉尔吉斯共和国联合反恐军事演习在两国边境地区成功举行。这是中国军队第一次与外国军队联合举行的实兵演习，也是在上海合作组织框架内中吉两国首次举行的双边联合军事演习。

11日，联合国安理会正式通过决议将"东突厥斯坦伊斯兰运动"

列入安理会颁布的恐怖主义组织和个人名单。

14日，第十四届亚运会闭幕，中国亚运代表团共夺得150枚金牌名列榜首，并打破13项世界纪录，平5项世界纪录。

22日至25日，中国国家主席江泽民访美，这将是中美首脑在一年中的第三次会晤。10月26日至27日，江主席前往墨西哥参加第10次APEC会议。

24日，新华社发布消息称，中共中央决定：曾庆红同志不再兼任中共中央组织部部长职务；贺国强同志任中共中央组织部部长。丁关根同志不再兼任中共中央宣传部部长职务；刘云山同志任中共中央宣传部部长。

十一月

6日，中国成功地实施了三峡工程导流明渠截流，使得万里长江在著名的三峡地区被全部截断，"截断巫山云雨"的畅想变为了现实。

8日，中国共产党第十六次全国代表大会在北京隆重开幕。江泽民代表第十五届中央委员会向大会作了题为《全面建设小康社会，开创中国特色社会主义事业新局面》的报告。会期11月8日至14日，共7天。十六大闭幕后，召开党的十六届一中全会，选举产生了新一届中央领导机构，胡锦涛同志当选为中共中央总书记。

十二月

1日至3日，应国家主席江泽民的邀请，俄罗斯联邦总统弗拉基米尔·普京对中国进行访问。

3日，中国上海经过4轮投票，战胜强劲的竞争对手韩国丽水，赢得2010年世界博览会举办权。中共中央、国务院和江泽民主席当晚向中国"申博"代表团发去贺电。

9日至10日，中央经济工作会议在北京举行。中共中央总书记胡锦涛就当前国际国内形势，认真贯彻落实党的十六大提出的经济工作的各项任务，明年经济工作的总体要求和主要任务作了重要讲话。

2002年的世界

1月1日，欧元正式进入市场流通。欧元区12国为比利时、意大利、荷兰、芬兰、德国、奥地利、法国、西班牙、葡萄牙、爱尔兰、卢森堡和希腊。

2月12日，伊朗航空公司一架"图-154"民航客机在由首都德黑兰飞往西部洛雷斯坦省的途中坠毁，机上105名乘客和12名机组人员全部遇难。

3月3日，瑞士举行全民公决，决定加入联合国。

3月13日，联合国安理会通过第1387号决议，首次明确提出巴勒斯坦主权国家的概念。

4月1日，荷兰"安乐死"法案法正式生效，荷兰成为世界上第一个允许安乐死的国家。

5月5日，法国总统希拉克在总统选举第二轮投票中以绝对优势击败勒庞，成为第五共和国历史上继戴高乐和密特朗之后第三位蝉联总统。

5月23日至26日，美国总统布什访问俄罗斯。24日，两国签署了削减进攻性战略力量条约和俄美新战略关系宣言。

6月11日至19日，阿富汗大国民会议在喀布尔举行，临时政府主席卡尔扎伊当选阿富汗过渡政府总统并于19日宣誓就职。

6月30日，历时一个月的2002年韩日世界杯足球赛闭幕，巴西队第五次夺冠，德国队获得亚军。

7月9日至10日，非洲联盟（非盟）成立大会暨第一届会议在南非举行，非洲迈向一体化新时代。

9月10日，第57届联合国大会正式接纳瑞士联邦为联合国会员国，从而结束了该国自1815年以来的永久中立国的地位。27日，联大会议接纳东帝汶民主共和国为联合国会员国，联合国会员国达到191个。

10月10日、11日，美国众议院和参议院分别通过决议，授权总统布什"在必要时"使用武力解除伊拉克大规模杀伤性武器对美国国家安全构成的威胁。

十年流行色之一：2002年大陆流行语

小资

小资在青年人眼中是时尚、前卫、名牌、奢侈、享受、精致……这些物质上的代名词，也是意识上和精神上的时尚冠词。"小资"群体，讲究一定情调和品位，注重生活质量，崇尚优雅的事物。他们喜欢温情和颓废，喜欢边缘的时尚和前卫。他们的日常生活喜欢仪式感，对待任何事物都追求精致，吃有吃样、穿有穿样，说话爱掺杂外语。他们没有太多财富和权力，但渴望智慧和品位。

F4

"陪你去看流星雨落在这个地球上……"4个台湾的男孩组成的演唱组F4，成为这一年的明星。他们主演的电视剧《流星花园》成为青少年最喜欢的电视剧。其实，没有意志和男性性格的偶像，是社会走向歧路的标志。

黑哨

裁判受贿是足球市场的污点。一连串的黑哨黑幕，任何人都可能被收买，让为足球狂热的青年人心寒。黑哨这个词语的流行，是对社会现象的嘲笑。

野蛮

韩国电影《我的野蛮女友》突然成为青年人最宠爱的电影，这部电影在韩国连续六周是票房冠军。而"野蛮"这个贬义的词语成了褒义，对传统女性的温柔的形象进行了变更。女主角全智贤成为了男青年的梦中情人。

唐装

服装为争夺消费者来个"个性消费"，装修也打起"个性消费"的牌，在新世纪里，唐装猛然成为追宠的潮流。在这个崇尚个性消费的年代，唐装的流行算是一个嘲讽。唐装虽然有弘扬民族文化的背景，但好像又回到"统一服装"的年代。赶时髦，也是赶走时髦。

空难

接连的空难成为这一年最令人心痛的焦点，国航飞机在韩国釜山坠落、"5•7"空难、台湾华航空难、俄德飞机相撞、乌克兰飞行表演空难……流行的事物很多，空难接连出现，令人揪心。

零距离

一个普通记者采访前中国国家足球队教练米卢之后写的书的名

字，成为青年的时尚用语。在匆忙的世界，是需要人与人之间的这种"无间"零距离。不是满足人们的窥视欲望，而是希望人与人拥有亲密的感情。

个税

税收面临新热点，而个人所得税是一些名人的痛，刘晓庆因为个人所得税成了国人最关注的话题。那些进入财富排行榜、富人名单的名人，确实需要学习个人所得税的课程了。青年人关注他们，他们是"偶像"，但不应该是反面的"教材"。

PCP肺炎

歌手高枫在北京协和医院突然去世，年仅35岁英年早逝，而关于他患的PCP肺炎（肺间质肺炎）也就成为青年人关注的词语。这位给我们留下《大中国》这样优秀歌曲的歌手，也给我们留下PCP肺炎这个词。人不可以漠视自己身体的健康。

孔雀

"孔雀"，是指"自作多情"的意思。同义词还有"老孔"。如果谁说你"孔雀"，你别先忙着高兴，不是说你漂亮，而是说你自作多情。

大陆这十年

贰〇〇叁年

歌影迷的伤感记忆

众志成城的壮丽史诗

电商大潮弄潮儿

高峡出平湖

首遣使者赴太空

小小的邮票不再是乡愁

歌影迷的伤感记忆

（4月1日，香港艺人张国荣自杀身亡）

2003年4月1日，愚人节。当我们正在想着以什么方式来与好朋友开个玩笑时，张国荣用他特有的方式与世人开了一个玩笑，从香港文华酒店跳楼身亡。

我记得当时自己在深圳，很快就看到香港的电视台进行了事件的直播。大家都说，张国荣生前是一个注重形象、追求完美的人。他为什么会选择这样的方式来结束生命呢？

据香港媒体报道：当天中午11点，张国荣先与友人相约晚上一块打羽毛球。从这一细节可以看出，此时的张国荣心情尚好。然后张国荣出门，与朋友在铜锣湾饭店吃午饭。下午四点，张国荣像往常一样，独自来到文华东方酒店24楼的健身室运动。工作人员感觉到，此时的张国荣，心情开始变得焦躁。特别是在露台打完电话之后，张国荣显得非常烦恼。那么，这个电话的细节就非常重要。但是至今为止，并没有任何资料披露当时他到底是在和谁通话。之后，张国荣离开健身房，去到同一层的套房内，然后向侍者要了一杯咖啡，并表示自己要写点东西。

位于文华酒店24楼健身房的露台，是张国荣最后站立的地方。事发后，现场有一张寥寥几十字的遗书。上面写着："多谢各位朋友，多谢麦列菲菲教授。这一年来很辛苦，不能再忍受，多谢唐唐，多谢家人，多谢肥姐。我一生没做坏事，为何会这样？"这张字条只有几行字，意思含糊不清，没有交代他为什么要选择死亡。

关于张国荣之死，人们有各种猜测，有人说是为情所困，也有人说是精神抑郁症，还有媒体猜测是因为不堪压力，甚至怀疑他已身患绝症。

张国荣自杀的原因成了那一段时间里，人们议论最多的话题。说实话，我对于影星、歌星并没有什么兴趣。但我感兴趣的是，各地歌影迷对张国荣这一位艺人的不约而同的悼念。我觉得，这就使单纯的"追星行动"变成了一种可以研究的"文化现象"。

据媒体报道，世界上不少歌影迷齐聚香港东方文华酒店，举行系列悼念活动。而北京、上海、台湾等地也都举行了大规模的纪念会。从歌影迷的泪眼中，我们感到，一代传奇巨星张国荣，从未离开过。

张国荣自杀一周年，香港文华酒店举行一系列悼念张国荣的活动。大陆、台湾、香港的粉丝们分成三个时段入场，可以欣赏到张国荣生前的录像放映和纪念晚会。在北京，2004年3月27日，由"荣门客栈京津版"和"网易娱乐"共同主办的"永远记得"京津荣迷纪念张国荣追思会在国家图书馆举行。在台湾，也有"写情书给哥哥"等纪念张国荣逝世周年活动。

令我感兴趣的是，究竟是一种什么样的力量，使大陆和港澳台地区的人们的情感凝聚、交集在一起？我想，还是文化的力量。

中华文化源远流长、瑰丽灿烂，是大陆和港澳台地区同胞共同的宝贵财富，相互文化交流有深厚的历史必然。比如，我注意到有趣的"一国三译"的现象。以政治人物译名为例：MargaretThatcher内地译为撒切尔夫人，台湾叫奋契尔夫人，香港叫戴卓尔夫人；BillClinton内地译克林顿，台湾叫柯林顿，香港两个译名都用；GeorgeBush内地译布什，台湾叫布什，香港叫做布殊。"一国三译"，透露三地风俗习惯和政治文化不同。例如台湾给奥巴马起名"欧巴马"，因为这个"奥"字在闽南语中是"不好"的意思，所谓"奥步"即阴招、损招也。再如美国前总统克林顿，台湾大概觉得"克"不是好字眼，也不像中国姓氏，所以给他起姓名为"柯林顿"。再有，克林顿夫人HillaryClinton，内地译为"希拉里"，看不出是男人还是女人，香港和台湾觉得人家好歹是个女人，所以就分别翻译为"希拉莉"和"希拉蕊"。我觉得，还是香港译为"希拉莉"似乎更贴切。

我发现，三地之中任何一地的译法如果比较优秀和妥帖，就会逐渐被其他两地借鉴和采纳，这是各地文化互动的一个现象。

网络时代，大陆和港澳台地区相互之间的文化传播和交流的更快了。经常是一个事件或现象出现，各地的评论就同时出现。在网上看看这些评论，我经常心里想，毕竟还是一家人，彼此关注的热点都是相同的，彼此的看法也非常接近。当然，彼此之间的文化交流也存在一定的障碍。比如使用的是简、繁两种不同的字体，当文化交流深入到更为丰富、复杂的层面时，文字、词语会凸显其交流障碍。因此，简、繁体字互通应该提上日程，从文字的交流开始，拓展更为积极的交流，令简、繁体字互通成为相互文化交流的基础。

不管怎样，中华文化是联系大陆和港澳台地区同胞及海内外炎黄子孙的精神纽带。我期待进一步促进和推动文化交流，为弘扬民族精神、推动中华文化的复兴做出新的贡献。这就是我对于大陆和港澳台地区歌影迷共同悼念香港艺人张国荣所产生的联想。

众志成城的壮丽史诗

（4月20日，国家卫生部决定每天公布非典疫情）

　　我至今仍常回忆起2003年全民抗击非典的一幕一幕。为什么？因为我觉得抗击非典疫情，充分展现了中华民族万众一心的精神风貌，充分展现了社会主义制度集中力量办大事的体制优越，集中体现了中国各级政府强大的组织和动员能力。

　　要说起这段历史，还要从4月20日这一天开始。我之所以选择4月20日这一天，因为我认为这一天是一个重要的分水岭，从这一天开始，全国人民抗击非典进入了一个新的阶段。这一天，有几个标志性事件：北京非典确诊病人和疑似病例，较之前一天成倍增加；卫生部决定，原来五天公布一次疫情，改为每天公布；非典被列入我国法定传染病；由于防治非典不力，卫生部长张文康、北京市委副书记孟学农被免职。

　　其实，2002年11月16日，中国广东佛山就发现第一起后来可称为SARS（非典型性肺炎）的病例。2003年2月，也就是春节前后，广东发病进入高峰，但病原不清，而且有家族及医护人员极易被集体传染的特点。我至今还记得，那一天上午，我的爱人专门从单位打来电话，叫我赶紧去门诊部开板蓝根。我也没问为什么，就到门诊部去了，结果医生告诉我：板蓝根断货了！

　　后来我才了解到，这时候有人传言说板蓝根和白醋能预防非典。结果，当时市场上的白醋也被抢购一空。有人还靠倒卖白醋发了笔财。

来势汹汹的非典病毒，因为死亡率比较高，特别是青年人、中年人病患，死亡率更高，所以人们产生了巨大的恐慌心理。当时疫情信息对社会的透明度并不够，也加剧了恐慌，导致了猜测和传言的流行。

3月中旬至4月1日，网上流传的"北京疫情"部分在现实中得到证实，政府对于非典型肺炎的认识和应对措施经历着艰难而痛苦的转变。

无论疾病灾难，无论艰险困苦，中国的领导人用言行表明，他们始终同人民在一起。4月14日下午，在疫情十分严峻的情况下，中共中央总书记、国家主席胡锦涛出现在广州最繁华的商业街——北京路上。广州当时已有1000多人感染非典病毒，总书记的到来，给普通百姓以极大的信心。

4月16日，世界卫生组织在日内瓦宣布，病毒已经找到，正式命名为SARS病毒。

4月17日，中央政治局召开常委会，批准成立北京防治非典型肺炎联合工作小组，北京地区的医院统一归口管辖。

4月18日，北京非典病例的数字第一次汇总出来。温家宝总理当天在视察时说："绝不允许缓报、漏报和瞒报。否则要严肃追究有关领导人的责任。"

4月20日，在国务院新闻办举行的新闻发布会上，媒体记者们并没有看到卫生部长影子。这一天，卫生部和北京市的行政首长双双被免职。新任卫生部常务副部长在新闻发布会上宣布，北京市的非典病例为339例，几乎是5天前公布数字（37例）的10倍！

面对突如其来的非典疫情的严峻考验，在党中央、国务院的坚强领导下，全党、全国人民万众一心，众志成城，抗击非典。

在抗击非典的关键时刻，中共中央总书记、国家主席胡锦涛向全党和全国人民发出号召："我们要大力弘扬万众一心、众志成城，团结互助、和衷共济，迎难而上、敢于胜利的精神。"胡锦涛同志提出了抗击非典的二十四字精神。

这是一场与病毒争夺生命的战役，它考验着党和政府的执政能力：4月21日至4月底，北京非典疫情严峻，最高一天新增病例达150多人。4月22日，王岐山出任北京市代市长。4月24日，北京市中小学开始停课两周；对人民医院实行整体隔离，这是该市第一家被整体隔离的单位。4月26日，国务院副总理吴仪兼任卫生部长。5月1日，经过8天的紧急筹建，北京市第一家专门治疗非典的临时性传染病医院小汤山医院开始接收病人。军方支援北京的医护人员1200余人陆续到位。5月9日，北京新增病例数首次减至50以内；温家宝总理签署国务院第376号令，公布施行《突发公共卫生事件应急条例》。

在抗击非典的斗争中，中央迅速作出一系列重大决策，包括中央财政拨出巨额专款设立非典防治基金；国家安排巨额资金建设全国疾病预防控制机构；及时成立全国防治非典型肺炎指挥部；将非典列入法定传染病依法进行管理；公布实施《突发公共卫生事件应急条例》；迅速建立完善公开透明的疫情报告制度和信息发布制度等。当北京抗击非典斗争进入攻坚阶段，中央军委主席江泽民一声令下，全军1200名医护人员驰援北京；拥有1000个床位，达到一级标准的北京小汤山非典定点医院，从开工到启用仅仅用了7天时间！兄弟省市紧急调配大批防治非典物资，源源不断运往首都；周边地区纷纷打开绿色通道，保障北京物资供应……在不到两个月的时间里，这座全国最大的非典定点收治医院完成了从组建、运转到关闭的全过程，共有672名非典病人在这里获得新生，治愈率超过98.8%。

在抗击非典的斗争中，广大医护人员、科研人员挺身而出。广东省中医院二十余名医护人员不幸被感染，一批后继者又义无反顾顶上去，前仆后继，舍生忘死。中国工程院院士、广州呼吸病研究所所长钟南山昼夜坚守在最前沿，他说："医院就是战场，作为战士，我们不冲上去谁上去？"在抗击非典第一线的广东省中医院护士长叶欣英勇牺牲，以无私的奉献赢得了国际护理界的殊荣。

在抗击非典的斗争中，广大人民群众万众一心，打了一场漂亮的攻坚战。全国上下步调一致，社会各界同心协力，中华民族的向心力和凝聚力再一次得到充分体现！面对严峻形势，举国上下迅速筑起防治非典的牢固防线，全国各地都在构筑抗击非典的堤坝：所有国内航班旅客，在办理登机手续前，必须认真如实填写《健康申报表》，铁路、交通等部门紧急采取措施，对在交通工具上发现的非典病人或疑似病人立即实施隔离……全国各地紧急行动起来，迅速启动公共卫生重大突发事件应急处理机制，建立严密的疫情监测体系，阻断非典在农村扩散蔓延，精心编织农村防治非典"安全网"。一旦发现可疑病例，在报告、接诊、运送、救治等各个环节都有清清楚楚的规定，并得到高效率的执行。

5月30日，内地诞生首块检测非典病毒抗体的蛋白质芯片。6月3日，我国非典疫苗研制取得突破，实验鼠体内测出抗体。6月8日，北京首次实现新增非典病例为零，防非典工作又上新台阶。6月14日，河北、内蒙古、山西、天津解除旅游警告。6月20日，小汤山医院最后18名患者出院。6月23日，世界卫生组织在日内瓦宣布，中国香港特别行政区已被排除在爆发非典型肺炎疫情地区的名单之外。6月24日这天，阳光似乎格外耀眼。北京时间下午3点，世界卫生组织在日内瓦宣布，北京的非典型肺炎疫情明显缓和，已符合世界卫生组织有关标准，因此解除对北京的旅行警告，同时将北京从非典疫区名单中排除。这场春天降临的全球性瘟疫，终于被中国人民送走了。中国，赢得了抗击非典疫情的最后胜利！

一个民族在灾难中失去的，必将在民族的进步中获得补偿。从这场灾难中得到的"以人为本"的启示，融入了执政党的最新执政理念。对于其后十年的中国，这一启示弥足珍贵。中国人民在抗击非典中表现出来许多优秀品质和良好作风，形成了抗击非典精神。许多人在抗击非典的第一战场献出了宝贵的青春和生命，许多人兢兢业业埋头在抗击非典前线，夜以继日，加班加点，忘我奋战，恪尽职守；众志成城，万众一心，成为这个时期我们国家的最强音。

2003年7月28日，在全国防治非典工作会议上，胡锦涛从八个方面对抗击非典斗争积累的经验、获得的启示进行了总结。他说：从长远发展看，要进一步研究并切实抓好促进经济社会协调发展、统筹城乡经济社会发展、加强公共卫生建设工作、推进社会管理体制的建设和创新、加强宣传舆论工作、狠抓依法治国基本方略的落实、增强对外开放条件下做好工作的能力、加强中共的执政能力建设、做好关心群众生产生活工作等九个方面的工作。

社会的组织在这次无硝烟的战争中成熟起来，一个个家属院，一个个单位，一个个社区，一个个村庄，都纳入了规范严格的管理轨道，成了整个社会机体严密组织的一部分。这种严密协调的社会组织将对社会的治安、稳定高效运作产生不可估量的积极作用。新的良好的生活习惯也在这次同非典的斗争中开始形成：随地吐痰已成众矢之的；到户外进行科学的健身运动已蔚成风气；勤洗手脸，搞好清洁消毒已成为众多家庭的自觉行为；清除垃圾，打扫街道，保持良好的环境卫生已在广大城乡形成长效机制……这是公民素质提高的有力表现，这是社会进步的良好开端。有了这种素质的提高、进步，向文明小康社会挺进的步伐就会大大加快，我们对美好理想的实现充满了信心。

　　这场疫情，使我们能够站在全面建设小康社会的高度，思考经济增长与社会全面发展的关系，将非常时期形成的应急机制及时完善、融入平常时期的制度框架，构建社会应急机制、公共卫生体系，以一种更加理性、成熟、自信的姿态，从容应对各种挑战。祝愿我们的国家和人民，能够珍惜这些的进步，弘扬这些美好的东西，使我们民族的伟大复兴更快地向前、向前！

电商大潮弄潮儿

（5月10日，亚洲最大的网络零售商淘宝网诞生）

谁也不会想到，当年在一个不经意的时间里，一个并不太引人注目的事件，许多年之后竟然会产生如此重大的影响。之所以说是重大影响，是因为在今天，网络经济、电子商务，已成为任何人不敢、不能忽视的重要经济现象。

2003年5月10日，亚洲最大的网络零售商淘宝网诞生。当时，对于一个连信用卡都用不习惯的老百姓，怎么可能相信网上购物能够成气候。

笔者当时在深圳和香港两地工作。那时，就连处在改革开放最前沿的我，也并不十分看好网络购物。

但是，阿里巴巴集团就有这样的眼光。淘宝网，顾名思义——没有淘不到的宝贝，没有卖不出的宝贝。淘宝网是国内首选购物网站，亚洲最大购物网站，由全球最佳B2B平台阿里巴巴公司投资4.5亿创办，致力于成就全球首选购物网站。

自2003年5月10日成立以来，淘宝网基于诚信为本的准则，从零做起，在短短的2年时间内，迅速成为国内网络购物市场的第一名，占据了中国网络购物70%左右的市场份额，创造了互联网企业发展的奇迹。

到了2011年，它的交易额为6100多亿元，占中国网购市场80%的份额。特别令人称奇的是，2012年11月11日，也就是大家戏称为"光棍节"那一天，淘宝单日交易额191亿元！

截至2006年12月，淘宝网注册会员超3000万人，2006年全年成交额突破169亿，远超2005年中国网购整体市场总量。根据Alexa的评测，淘宝网为中国访问量最大的电子商务网站，居于全世界网站访问量排名的第22位，中国第7位。

其实，最开始的时候，信用最重要。金庸大师曾说过，"宝可不淘，信不能弃。"淘宝网注重诚信安全方面的建设，引入了实名认证制，并区分了个人用户与商家用户认证，两种认证需要提交的资料不一样，个人用户认证只需提供身份证明，商家认证还需提供营业执照。淘宝网在打造安全高效的网络交易平台的同时，倡导诚信、活泼、高效的网络交易文化，淘宝网也全心营造和倡导互帮互助、轻松活泼的氛围。

眼光决定"钱"途。会员在交易过程中，使用及时沟通工具——"淘宝旺旺"。会员注册之后淘宝网和淘宝旺旺的会员名将通用，如果用户进入某一店铺，正好店主也在线的话，会出现"掌柜在线"的图标，可与店主及时地发送，接收消息。"淘宝旺旺"具备了查看交易历史、了解对方信用情况等个人信息、头像、多方聊天等一般及时聊天工具所具备的功能。2008年4月10日，淘宝网推出B2C业务。2004年4月，淘宝网、21cn缔结盟约联手打造e购物豪门，宣布与2005年贺岁片《天下无贼》全面合作。2005年5月，淘宝携手MSN共拓网络购物市场……

淘宝的商品数目非常丰富，除了服饰、家居用品，甚至电脑、汽车，都可以从网上"淘"到。

思维超前，"钱"景无限。淘宝同样引入了信用评价体系，点击还可查看该卖家以往所得到的信用评价。对于买卖双方在支付环节上的交易安全问题，淘宝推出了名为"支付宝"的付款发货方式，以此来降低交易的风险。当用户支付商品货款的时候，通过淘宝的工行接口付款，用户不用负担汇费。

电子商务作为现代服务业中的重要产业，有"朝阳产业、绿色产业"之称，具有高人力资本含量、高技术含量和高附加价值，和新技术、新业态、新方式的特点。近年来，在全球经济保持平稳增长和互联网宽带技术迅速普及的背景下，世界主要国家和地区的电子商务市场也保持了高速增长态势。以美国为首的发达国家，仍然是世界电子商务的主力军。中国等发展中国家电子商务异军突起，正成为国际电子商务市场的重要力量。

淘宝网的诞生和发展，是中国电子商务发展的一个生动写照。中国的电子商务，始于上世纪90年代初，近几年得到了迅速发展。电子商务凭借其低成本、高效率的优势，不但受到普通消费者的青睐，还有效促进中小企业寻找商机、赢得市场，已成为中国转变发展方式、优化产业结构的重要动力。

1999年，是中国电子商务史上充满机遇性的关键一年。正是从这一年开始，中国电子商务步入实质性的商业阶段。这一年春天，马云在杭州城郊湖畔花园建立了阿里巴巴电子商务网站。在一间用报纸糊墙的简陋房子里，马云对全体员工开始了一番创业演讲："第一，我们要建立一家生存80年的公司；第二，我们要建立一家为中国中小企业服务的电子商务公司；第三，我们要建成世界上最大的电子商务公司，要进入全球网站排名前十位。"

中国的电子商务，渐入佳境。邵亦波和他来自哈佛的校友创办了易趣网。四位来自不同行业的旅游迷——沈南鹏、梁建章、季琦、范敏，创办了提供网上机票和酒店预订服务的携程网；在图书出版行业摸爬滚打了10年的李国庆和他的妻子俞渝创建了中国第一家网上书店——当当网……电子商务网站如雨后春笋般大量涌现。经过一段时间的磨合，各大网站纷纷宣布进入了盈利阶段。

十年磨一剑。从试探、磨合，再到遍地开花，曾经在人们眼中"不太靠谱"的电子商务，已深刻颠覆了人们的生产、生活方式，网络购物已经成为人们生活中不可缺少的生活方式，超过一半的中国网民使用电子商务。2011年，中国电子商务交易总额达到5.88万亿元，其中中小企业电子商务交易额达到3.21万亿元。2012年，中国电子商务市场交易额突破8万亿元，同比增长31.7%，其中跨境电子商务成为新的发展热点。2013年，中国电子商务市场交易规模达到9.9万亿元，同比增长21.3%！

美国有eBay公司，中国有马云和阿里巴巴。我想，高科技催生的电子商务，各国的起跑线应当是差不多相同的，至少差别不大。只要我们大胆抓住机遇，无惧困难挑战，积极参与制定"游戏"规则，中国的电子商务一定会走在世界前列，从而极大地促进中国经济的发展。

高峡出平湖

（6月1日，三峡大坝开始蓄水）

我时常想，三峡工程对于中国来说，究竟意味着什么？是一个充满奇迹的工程？是一个世界之最的骄傲？是一个千年梦想的实现？

三峡是瞿塘峡、巫峡、西陵峡的总称。上起重庆市奉节白帝城，下至湖北宜昌南津关，全长192公里，是世界上著名的山水画廊。三峡景区奇峰竞起，千姿百态，令人目不暇接，是我国十大自然风景区之一。三峡的山山水水，无处不是诗，无处不是画，是中华大地上的一处瑰宝。1999年，笔者进行过一次"告别三峡游"，得以欣赏雄伟险峻的瞿塘峡，幽深秀丽的巫峡。乘船进入两峡峡谷中，真给人以"峰与天关接，舟从地窟行"的感觉。

1956年，新中国的创立者毛泽东在畅游长江之后，写下了一首气势磅礴的诗词：更立西江石壁，截断巫山云雨，高峡出平湖，神女应无恙，当惊世界殊。这是新中国第一个提出修建三峡水利枢纽工程、治理长江水患初步设想的伟人。一个描绘中华民族彻底征服长江的宏伟蓝图，在这位伟人的心中得以呈现。

最早提出三峡工程设想的，首推中国民主革命的先驱孙中山先生。1919年，他在《实业计划》一文中，提出在三峡上"以闸堰其水，使舟得以溯流以行，而又可资其水力"。上世纪30年代和40年代，国民党政府和美国政府曾对三峡工程合作进行过勘测设计和研究工作。

新中国成立后，对三峡工程的研究工作又持续了几十年。1983年，长江流域规划办公室提出正常蓄水位150米的三峡工程可行性研究报告。此后，国内有关部门和关心三峡工程的人士对三峡工程建与不建、早建或晚建以及建设方案，提出了各种不同意见。

面对各种争议，1980年7月，时任中共中央副主席、国务院副总理的邓小平决定亲临三峡进行视察，全面考虑兴建三峡工程的得与失。7月11日，邓小平乘坐"东方红32号"轮从重庆出发，顺江而下。途中他听取了关于三峡工程对生态环境问题、对农业影响问题、长江航运问题、用电问题的详细汇报。他听得很仔细，表现出了对三峡工程的非同寻常的重视。

1986年，中共中央、国务院发出《关于长江三峡工程论证有关问题的通知》，决定进一步扩大对三峡工程的论证，重新提出可行性研究报告。1988年11月，论证工作全部结束。三峡工程研究、论证、设计时间之长，参加专家之多，涉及问题之广泛，为我国大型建设项目中所仅见。论证报告的最终结论是：三峡工程对"四个现代化"建设是必要的，技术上是可行的，经济上是合理的，建比不建好，早建比晚建有利。

1992年，国务院向全国人大七届五次会议正式提出建设三峡工程。1992年4月3日，七届全国人大第五次会议表决通过《关于兴建长江三峡工程的决议》。经最高国家权力机关全国人民代表大会决定一项工程，这在我国还是第一次。

三峡工程的建设也是一个巨大的工程，在中华民族兴修水利的历史上，是绝无仅有的壮举。在三峡大坝建设过程中，曾有三万人同时在工地上工作！

历史，铭记着这样一个个闪亮的瞬间：1993年1月3日，国务院三峡工程建设委员会成立，它是三峡工程的最高决策机构。1993年8月19

日，国务院颁布《长江三峡工程建设移民条例》。1993年9月27日，中国长江三峡工程开发总公司成立，它是三峡工程的业主单位。1994年12月14日，三峡工程正式开工。1997年10月6日，导流明渠正式通航，大江截流前的工程准备已完成。1997年11月8日，大江截流，标志着一期工程完成，二期工程开始。1998年5月1日，三峡临时船闸开始通航。2001年1月15日，国务院颁布了修订后的《长江三峡工程建设移民条例》。2002年5月1日，左岸上游围堰被打破，三峡大坝开始正式挡水。2002年10月21日，泄洪坝段全线浇筑至185米高程，宣告建成。

2003年6月1日，在经过7天试验性的蓄水之后，三峡工程从零点开始正式下闸蓄水。气势恢弘的三峡大坝如同巨臂，紧紧锁揽住奔腾不息的长江水。江水将以每天3米至5米的速度上涨。当天9点20分，三峡电厂中央控制室的电脑显示，大坝底部共有19孔闸门被关闭。此时，水库水位抬升至海拔106米。每分钟都有大片陆地变为"水下世界"。通过电视直播可以看到，即将被淹没的城镇村落早已空空荡荡，一些小动物争先恐后地向高处逃生。有一位现场采访的记者说，站在三峡大坝上下落差达113米的永久性船闸前，个人的渺小与人类改造自然的能力的反差形成强大的冲击，一种强烈的震撼涌上心头……

三峡工程为国家经济建设作出了重大贡献。它具有防洪、发电、航运、水产养殖、发展旅游事业等巨大综合效益，对长江干流地区，乃至全国经济建设的持续发展，将会产生深远的影响。它可以控制长江上游洪水，减免长江中下游广大地区洪水灾害，保障中国经济建设和社会发展。三峡电站的强大电力，正源源不断地送往华中、华东、华南，有力地支持着伟大祖国的经济建设。它使长江上游航运条件显著改善，为万吨级船队直达重庆创造了条件。三峡工程总投资为1800亿元。截至2013年11月30日，三峡电厂累计发电7045亿千瓦时，售电收入达1831亿元人民币，三峡工程已经收回投资成本。

三峡工程为节能减排作出了重大贡献。由于气体排放而产生温室效应，成为全世界都面临的环境问题，水力发电，被称为清洁能源。三峡工程在这方面作出了重大的贡献。它一年发的电量相当于少燃烧四千万吨到五千万吨煤炭，这就意味着少排放一亿到一亿二千万吨的二氧化碳。

三峡工程有力地推动了中国的科技进步。它推动了重大装备的国产化进程，依托三峡工程，通过引进、消化、吸收、再创新，中国的大型水轮发电机组、超高压直流输电系统等技术，迅速跃居国际先进水平。它的建成，表明中国经济实力和工程技术水平跃上了一个新台阶。

三峡工程创造了世界第一。它是当今世界最大的水利枢纽工程，创造了一系列"世界之最"，许多指标都突破了世界水利工程的纪录。它是地球上屈指可数的"世界名坝"，无论单项、总体，都是世界上建筑规模最大的水利工程。

三峡工程创造了伟大的精神力量。巍巍三峡大坝，不仅在世界工程史上有一席之地，更在中华民族精神坐标系中有着自己的位置。三峡是全国人民的三峡，每个中国人都作出了贡献。在全国范围内开展对口支援的伟大创举，是从三峡工程开始的。三峡工程的成败关键在移民。在三峡工程建设中，三峡库区百万移民为了国家建设，迁离故土，重建家园，不讲"价钱"，不言回报，依依惜别世代居住的家园，为了三峡工程早日建成选择了奉献和牺牲。2002年2月14日，百万三峡移民获得了由中央电视台主办的首届"感动中国"年度人物评选颁奖的特别大奖。

现在，有不少人对三峡工程有这样那样的非议。其实我觉得，三峡工程并非尽善尽美，但不能把长江中下游的问题都归罪于三峡，更不能妖魔化。从长远考虑，应重视三峡生态库区屏障建设，以及生态调度等相关措施，将对生态环境的负面影响降至最低。

三峡工程在促进中国经济持续、快速、协调和健康发展，全面建设小康社会的伟大进程中发挥着十分重要的作用，功在当代，利及千秋。它向世人展示了中国综合国力日益增强的大好形势，它向人们展示了社会主义集中力量办大事的优越性，显示出中国特色社会主义事业强大的生命力。三峡工程的成功建设充分证明，只有依靠中国共产党的坚强领导，只有坚定不移地走中国特色社会主义道路，中华民族伟大复兴的宏伟目标，就一定能够实现！

首遣使者赴太空

（10月15日，中国首次成功发射载人飞船神舟五号）

    我亲眼见证过香港同胞热烈欢迎中国首位太空人、航天英雄杨利伟和神舟五号英雄群体的狂热场面。那是2003年10月31日傍晚，杨利伟一行抵达香港，与当地市民进行6天"零距离"接触。那时，我还在香港工作。看着香港同胞像迎接民族英雄一样迎接着神舟五号英雄群体，我流下了激动的热泪。

    2003年10月15日，中国自行研制的"神舟"五号载人飞船在酒泉卫星发射中心由"长征"二号F型火箭发射成功，中国首位航天员被顺利送上太空。这是中国进行的首次载人航天飞行。这件事，标志着中国已经成为世界上独立自主地完整掌握载人航天技术的国家之一，标志着中国人民在攀登世界科技高峰的征程上又迈出了具有重大历史意义的一步，标志着中国从此进入世界太空强国。

    10月15日的上午10时，全中国人民，在电视直播中看到了航天飞船神舟五号成功发射！我们在电视里看到，那个时刻，神州到处都是欢乐喜庆的海洋，喜悦和自豪绽放在每一个中国人的脸上！

    当时，我通过香港的凤凰卫视中文台收看了发射直播。自己的激动心情自然是难以表达，看到火箭成功升空的时候，那种激动和狂喜是无法用语言诉说的。

    让我们用蒙太奇的方式，回顾一下那一个个历史时刻：10月15

日5时20分，航天员出征仪式在航天员公寓问天阁举行。中共中央总书记、国家主席、中央军委副主席胡锦涛等领导同志在此地亲切会见了首飞梯队的3名航天员。5时30分，我国首位航天员杨利伟向中国载人航天工程总指挥李继耐报告，请示出征。8时50分，胡锦涛、黄菊、吴官正等领导同志来到试验指挥楼平台，现场观看飞船发射。9时，火箭腾空而起，飞向太空。9时10分左右，飞船进入预定轨道，杨利伟成为浩瀚太空迎来的第一位中国访客。9时42分，载人航天工程总指挥李继耐宣布："飞船已进入预定轨道，发射取得成功。"指挥控制大厅内一片欢腾！在热烈的掌声中，胡锦涛发表了重要讲话。他指出，十多年来，在党中央、中央军委的领导下，经过广大科技人员和解放军指战员的不懈奋斗，我国载人航天事业取得了举世瞩目的成就，谱写了中华民族自强不息的壮丽诗篇。10时至18时40分，"神舟"五号飞船围绕地球运行了七圈。杨利伟在太空中展示中国国旗和联合国旗。他在距地面343公里的太空中说：向世界各国人民问好，向在太空中工作的同行们问好，感谢全国人民的关怀。经过围绕地球十四圈飞行后，10月16日5时35分，北京航天指挥控制中心成功向正在太空运行的"神舟"五号载人飞船发送返回指令。6时36分，地面搜索人员找到了"神舟"五号返回舱。6时38分，搜索人员报告，杨利伟身体状况良好。6时51分，杨利伟在"神舟"五号舱口向大家招手，神态自若。6时54分，李继耐在北京航天指挥控制中心宣布："神舟"五号载人飞船16日6时23分在内蒙古主着陆场成功着陆，实际着陆点与理论着陆点相差4.8公里。返回舱完好无损，我国首次载人航天飞行圆满成功。7时29分，中央军委主席江泽民给中国载人航天工程总指挥李继耐打电话，祝贺我国首次载人航天飞行获得圆满成功。江泽民说，我国首次载人航天飞行的成功，是我国改革开放和社会主义现代化建设的又一伟大成就，是我国高技术发展的又一里程碑，是中国人民自强不息的又一非凡壮举。在以胡锦涛同志为总书记的党中央正确领导下，充分发挥社会主义制度的优势，自力更生、自主创新，大力协同、集智攻关，我们就一定能够谱写我国航天事业以及整个科技事业更加绚丽的篇章！

美国和苏联比我们早40多年就实现了登天的梦想。苏联是世界上第一个实现载人宇宙飞行的国家。1961年4月12日，苏联宇航员加加林乘坐"东方"1号宇宙飞船在轨道上绕地球一周，历时1小时48分钟，实现了人类进入太空的愿望。1969年7月20日，美国人由阿姆斯特朗操纵"飞鹰"号登月舱在月球表面着陆，当天上午10时他和奥尔德林跨出登月舱，踏上月面。阿姆斯特朗率先踏上月球，成为第一个登上月球并在月球上行走的人类。

中国人虽然晚了一步，但这次载人航天飞行也堪称完美！中国人几千年的"飞天梦"终于实现了，"神舟"五号再次显示了中国人超卓智慧和拼搏精神。

中国"神舟"五号载人飞船发射成功的消息一经对外公布，各大网站便开始"疯狂"转载。各网站几乎都设了关于"神舟"五号的专题，而且都将它放在网页最显眼位置。美联社、路透社、法新社、CNN等西方媒体相继播发稿件进行了报道。

"神舟"腾飞，震惊世界。美联社报道说，中国周三（15日）实施了首次载人航天行动，载有一名宇航员的飞船向着轨道疾驰，继美国和苏联之后，中国成为世界历史上第三个有能力这样做的国家。9点整，神舟五号划破中国西北湛蓝的天空绝尘而去。

路透社报道说，中国第一艘载人飞船在发射10分钟之后进入预定轨道。神州五号在当地时间9点整从戈壁沙漠地区发射升空，她肩负着带领中国跨入由前苏联和美国垄断40多年的太空俱乐部的任务。

法新社报道说，在发射地点60公里外可以看见神州五号伴随白色烟雾直冲云霄，在发射5分钟后仍可以在蔚蓝的天空中看到火箭的白色尾迹。

美国国家航空航天局(NASA)局长西恩·奥基夫发表声明说，这次发射是人类探索历史上一次重要成就。继俄罗斯和美国之后，中国成为了世界上第三个将人类送入太空的国家。中国人民在探索未知事物方面有着悠久而光荣的历史。NASA祝愿中国的载人太空飞行计划能够继续前进！

新加坡《联合早报》当天在头版显著位置配发了中国国旗和首位航天员杨利伟的照片，并报道了中国首次载人航天飞船发射前的一些情况，认为中国航天员乘坐中国自行研制的飞船进入太空是从实践中论证中国古话"一步登天"的真实性。文章说，随着中国第一个名叫杨利伟的"飞天"中国人的选出，中国人从15日上午开始便屏息等待一个完全"中国制造"的事实。

"神舟"飞天为什么引起世界的广泛关注？我认为，因为它和一个拥有五千年历史的伟大民族的复兴紧紧联系在一起。

海峡两岸的中国人都为"神舟"五号成功发射感到自豪。台湾岛内各大传媒都进行全面广泛报道。据统计，台湾"中央社"自上午八时五十分起两小时内一共发出十条有关"神舟"五号升空的消息，数量之多、速度之快十分罕见。台湾各大电子媒体包括《联合新闻网》《中时电子报》《东森新闻报》、TVBS等也立即在头版、头条以专辑、专版、配彩图等形式进行详尽报道。《联合新闻网》接续播发十多条相关新闻，《东森新闻报》十五日上午开辟了"神舟"五号专辑，掀起一股报道"神舟"五号的新闻热潮。

香港特区行政长官董建华代表全香港市民祝贺"神舟5号"飞船成功发射。他说："我国自行设计和制造的'神舟5号'今天成功发射，中国人上了太空，我和香港市民感到无比的骄傲和兴奋，谨此向国家致以最热烈的祝贺。"董建华指出，中华民族凭着坚毅、勇气和智慧，实现了征服太空的梦想，不但显示了我国航天科技的水平，更反映了我国的综合国力和国际地位。他说："我和全体香港市民正等着祖国的英雄胜利归来。"

澳门特别行政区行政长官何厚铧16日早上致电国务院，代表澳门同胞热烈祝贺祖国成功发射并回收"神舟"五号载人太空飞船。贺电说，在刚刚欢度五十四周年国庆之后，又传来祖国成功发射并顺利回收"神舟"五号载人太空船的喜讯，实现了中华民族长久以来的梦想。对此，澳门广大市民深感欢欣鼓舞，光荣自豪。澳门特别行政区政府和全体居民，向再一次取得重大成就的伟大祖国，向成功实现遨游太空壮举的宇航员杨利伟先生，向参与此项航天计划的全体专家、工作人员致以最热烈的祝贺和最崇高的敬意！

香港《文汇报》刊登社评《今圆飞天梦，再赋强国篇》，指出"发射航天飞船成功，反映了中国的经济快速发展、财力加强、国运兴隆的势头。神舟五号能够实现企盼千年的'飞天梦'究竟给我们带来什么启示？二十多年来，中国很好地处理改革、发展、稳定三者的关系，驾驭复杂的局势，保持社会稳定，使改革开放得以顺利进行，经济高速发展。回顾近十几年的历程，我们国家走过的道路很不平坦：一九八九年国内发生严重的政治风波，随后东欧剧变、苏联解体；后来的长江大洪水，我国驻南联盟使馆被炸，中美撞机，台湾地区政坛出现的严重变化，入世谈判的波折，'九·一一'事件的冲击，非典型肺炎爆发，等等。然而，尽管风云变幻，中央领导层始终重视维护社会稳定，坚持以经济建设为中心不动摇，牢牢抓住发展机遇，取得了重大的历史性成就：经济实现了年均百分之九点五的高增长率，年国内生产总值已超过十万亿元人民币，人民生活总体上实现了由温饱到小康的历史性跨越。正是在社会生产力不断跃上新台阶、综合国力空前增强的今天，中国才有能力对包括载人航天在内的科技事业提供更强有力的投入和支持，有能力向太空文明坚实迈进。"

香港《商报》的文章说，随着改革开放的不断深入，国家的国力有了长足进步，投入航天研究的资金也相应增加，中国航天业遇到大好发展机遇。

香港《明报》社论说，身为中国人，我们为这个科技成就感到骄傲、兴奋；我们企盼祖国的综合实力能够达到大国、强国的标准，届时普天同庆的欢腾，将比飞船上天更热烈。

神五惊世界，中华国运隆。"神舟"5号成功发射，是中国人的一大壮举，是人类航天史上又一次"重大事件"，大长中国人的志气，令人鼓舞和振奋，对国家、民族和海外华侨华人都是一个巨大的鼓舞，对于提高我们的国际形象、民族自信心，凝聚国民向心力等，都有积极作用。历史会永远记住这一天，中国人永远会记住这一天，我为自己是中国人而扬眉吐气！

小小的邮票，不再是乡愁

（12月15日，两岸海运直航、空运直航、直接通邮全面启动）

从小，我就读过余光中的诗作《乡愁》："小时候，乡愁是一枚小小的邮票，我在这头，母亲在那头"。"长大后，乡愁是一张窄窄的船票，我在这头，新娘在那头"。多么感人的诗句啊！通过邮票、船票、坟墓、海峡这些具体的实物，把抽象的乡愁具体化了，变成了可以感知的东西。

2008年12月15日，是一个值得两岸同胞纪念和庆贺的日子。这一天，经过两岸各界人士三十多年不懈的努力，终于实现了海峡两岸真正意义上的三通。空中，海上和邮政全面地实现了三通，两岸隔绝的局面完全被打破。

台湾高雄港和大陆的天津港举行两岸海航的首航典礼。两岸实现直航后，将大幅度减少航运时间。出席首航仪式的中共中央政治局委员、天津市委书记张高丽，全国政协副主席郑万通，中国国民党荣誉主席连战，交通运输部部长李盛霖，中共中央台办、国务院台办主任王毅，海峡两岸关系协会会长陈云林，共同按下首航启动仪式按钮。

上午8时许，东方航空公司MU2075航班由上海浦东机场起飞，划破长空驶向台北桃园机场。这标志着"截弯取直"的台湾海峡北线空中双向直达航路正式开通启用。

两岸三通时代来临了！这标志着两岸"三通"基本实现，是两岸关系发展取得的重大进展。这是中华民族的盛事，是人心所向，是历

71

史发展的必然结果。

一大早，我就打开电视，见证这个历史的时刻。两岸的同胞情、同胞意让我深受感动。海峡两岸在多个地点举行通航仪式。通过凤凰卫视，我看到马英九先生亲自参加了高雄的通航仪式。

民族情同胞情，时间割不断，空间隔不断。不论你走到哪里，当你听到闽南乡音时，你就会有一种亲切的感觉，这就是民族情同胞情。三通的实现使我们交流连接的方式更简洁更方便了。大交流，大通航，大融合必将带来两岸关系的大发展。

这个历史时刻来得多么不易啊！

1979年的元旦，全国人大常委会发表《告台湾同胞书》。大陆方面提出了和平统一的方针，并首倡两岸"双方尽快实现通邮、通航"，"发展贸易，互通有无，进行经济交流"，"三通"的概念由此产生。1979年2月，大陆邮电部门率先开办经第三地对台电报业务，3月又开办了对台长途电话业务，5月、6月先后开始受理寄往台湾的平信和挂号信函业务（均经香港邮局转寄）。

1987年，台湾当局终于作出决定，开放台湾同胞赴大陆探亲，受到了大陆方面的欢迎。由此，长达38年之久的两岸隔绝状态终被打破。截至2007年底，台湾居民来大陆累计已超过4703万人次，大陆居民赴台累计超过163万人次。

在通邮方面，1989年，两岸邮件总包互相直封并经香港转运，台湾方面也通过第三地开通对大陆电报、电话业务。1993年，海协会与海基会签署协议，两岸邮政部门正式互办挂号信函业务。1996年，中国电信与台湾"中华电信"建立两岸直接电信业务关系，业务量持续增长……

在海上通航方面，自1988年起，台湾商船间接绕道运输两岸间的贸易货物，大陆方面给予台湾船舶优惠待遇，陆续批准台湾船公司在大陆设立独资及合营公司、航运代表处。1997年，福州、厦门至高雄间的海上试点直航启动，结束了两岸48年来商船不能直接通航的历史。2001年，金门、马祖与福建沿海地区的海上客、货运航线开通……

在空中通航方面，1989年起，两岸民航业界陆续开办了"一票到底""行李直挂"等合作业务。2003年起，两岸空中通航不断取得突破，从台湾航空公司单方执行"春节包机"到两岸航空公司双向、对飞执行"春节包机"，从航机须经停港澳到只需绕经香港飞行情报区，从"春节包机"到"节日包机""周末包机"……

在通商方面，台商不断深耕大陆市场，两岸经贸依存度不断提升，截至今年4月底，两岸间接贸易总额累计已逾7500亿美元。

2008年11月4日，海协会与海基会在台北签署《海峡两岸空运协议》《海峡两岸海运协议》《海峡两岸邮政协议》。根据《海峡两岸空运协议》，两岸货运包机航点双方各两个，台湾为桃园、高雄，大陆为上海、广州，每个月双方各飞30班往返。另外，周末包机还将被扩大为平日包机。

我还清晰地记得，七十年代大陆流行这样一首歌："我站在海岸上，向台湾岛遥望。日月潭的波涛，在我心中荡漾。阿里山松涛，在我耳边震响。台湾同胞，我的骨肉兄弟"。迷人的阿里山，秀色的日月潭，是我们多年梦寐以求想去游览的地方。

今天，从电视上看到两岸终于直接"三通"了，怎么能不让人激动不已呢？人员的往来，必将增进两岸同胞的感情。经济的往来，也必将给台湾经济的发展带来更广阔的空间。

我想，直接"三通"，开了创两岸经济合作的新契机，有利于两岸人员往来和经济、文化交流，符合两岸同胞的共同利益。海运直航后，两岸登记船舶及参与两岸及香港运输班轮的权宜轮行驶两岸，不必再绕行第三地，不必再向日本石垣岛等交巨额"过路费"，每年可节省约7000万美元。航空客运包机每周增加到108个航班，北方航线实现了"截弯取直"，两岸可直接交接航管，飞航时间大大缩短，燃油成本大幅降低，往来两岸更加便捷快速。尤其是空运直航的实现，不仅改写海峡两岸的时空距离，而且将拉近两岸人民的心理距离，让台湾海峡从"咫尺天涯"变为"天涯咫尺"。

直接"三通"，为台湾经济带来动力与活力。台湾曾是亚太地区经济发展最快的经济体，但近年来发展缓慢，竞争力下滑。高雄港集装箱装卸量在世界港口的排名连年下滑，2007年降到第八位，2008年已经掉到十位之外。如今，两岸直接"三通"的基本实现，将在很大程度上改变这一局面，为台湾经济发展带来新的活力、动力与机遇，虽然不是促进台湾经济发展的唯一药方，但对台湾经济恢复与发展绝对有巨大的帮助。

小小的邮票，你不再是乡愁了;窄窄的船票，你也不再是两岸隔绝的象征。只要两岸携起手来，就一定会实现双赢，中华民族就一定会巍然屹立在世界民族之林！

2003年中国大事记

一月

7日至8日，中央农村工作会议在北京举行。

19日，胡锦涛在中纪委第二次全体会议上发表重要讲话指出，要进一步加大惩处力度，依纪依法严厉打击腐败分子；进一步加强和改进党的作风建设，以党风建设带动政风和社会风气的好转；进一步加强思想政治建设，构筑牢固的思想道德防线；进一步深化体制改革，建立健全防范腐败的体制机制；进一步发展党内民主，加强对领导干部行使权力的制约和监督。

二月

24日，国家主席江泽民在北京会见美国国务卿鲍威尔。

24日至26日，中国共产党第十六届中央委员会第二次全体会议在北京举行。全会审议通过了《关于深化行政管理体制和机构改革的意见》。

三月

3日，全国政协十届一次会议在北京举行。会议通过政协十届一次会议政治决议等。贾庆林当选为全国政协主席。

5日，全国人大十届一次会议在京举行。国务院总理朱镕基作《政府工作报告》。会议选举胡锦涛为国家主席，江泽民为军事委员会主席，吴邦国为十届人大常务委员会委员长，曾庆红为国家副主席；温家宝为国务院总理。

21日，新一届国务院第一次全体会议在北京举行。温家宝在会上提出了本届政府总的任务。

四月

1日，中国香港著名歌星张国荣，于香港文华东方酒店跳楼自杀身亡。

14日，胡锦涛在广东省疾病防疫控制中心考察。在考察中，胡锦涛指出，要把防治非典型肺炎的工作，作为关系改革发展稳定大局、关系人民群众身体健康和生命安全的一件大事，切实抓紧抓好。

17日，中共中央政治局常务委员会召开会议，专门听取有关部门关于非典型肺炎防治工作的汇报。

20日，由于防治非典不力，卫生部长张文康、北京市委副书记孟学农被免职。同日非典被列入中国法定传染病。卫生部还决定，原来5天公布一次疫情，改为每天公布。

22日，王岐山出任北京市代市长。

26日，国务院副总理吴仪兼任卫生部长。

五月

11日至14日，胡锦涛就做好非典型肺炎防治工作和促进经济发展进行考察时强调：坚持一手抓防治非典型肺炎这件大事，一手抓经济建设这个中心不动摇，这是中央立足当前、着眼长远作出的重大战略。

22日，联合国安理会以14：0的投票结果（叙利亚没有投票）通过了第1483号决议，解除了联合国对伊拉克长达13年的经济制裁。中国投赞成票。

31日，国家主席胡锦涛在莫斯科会见了日本首相小泉纯一郎。

六月

23日，世界卫生组织在日内瓦宣布，中国香港特别行政区已被排除在暴发非典型肺炎疫情地区的名单之外。

24日，世界卫生组织宣布，北京的非典型肺炎疫情明显缓和，已符合世卫组织有关标准，因此解除对北京的旅行警告，同时将北京从非典疫区名单中排除。这一决定从宣布当天开始生效。

七月

19日，国家主席胡锦涛、国务院总理温家宝在北京先后会见了香港特别行政区行政长官董建华。

八月

16日，卫生部宣布全国非典型肺炎零病例，至此，全国共确诊非典型肺炎病例5327例，死亡349人。

九月

19日，全国农村教育工作会议在北京召开。温家宝出席会议并发表讲话指出，要充分认识农村义务教育在整个国民教育体系中举足轻重的地位。没有农村全面"普九"，没有农民素质的全面提高，就很难实现全面小康。

十月

6日，温家宝出席了在印度尼西亚巴厘岛举行的第七次东盟与中日韩(10+3)领导人会议。

11日至14日，中国共产党十六届三中全会在京举行。全会听取和讨论了胡锦涛受中央政治局委托作的工作报告，审议通过了《中共中央关于完善社会主义市场经济体制若干问题的决定》，审议通过了《中共中央关于修改宪法部分内容的建议》并决定提交第十届全国人民代表大会常务委员会审议。

15日，中国首次在甘肃酒泉卫星发射中心成功发射载人宇宙飞船神舟五号，宇航员杨利伟成中国太空第一人。

30日，胡锦涛在北京会见来华出席中欧领导人第六次会晤的欧洲理事会主席意大利总理贝卢斯科尼、欧盟理事会主席普罗迪和欧盟共同外交与安全政策高级代表索拉纳。

十一月

2日，博鳌亚洲论坛2003年年会在海南省博鳌开幕。温家宝出席年会并发表题为"把握机遇迎接挑战实现共赢"的演讲。

27日，台湾公投法获得通过。2005年1月5日，台"行政院"通过了"公投法修正案"，内容上放弃"制宪公投"。

十二月

26日，毛泽东诞辰110周年座谈会在人民大会堂举行。

31日，中共中央、国务院出台《关于促进农民增加收入若干政策的意见》。《意见》强调，农民收入长期上不去，不仅影响农民生活水平提高，而且影响粮食生产和农产品供给；不仅制约农村经济发展，而且制约整个国民经济增长；不仅关系农村社会进步，而且关系全面建设小康社会目标的实现；不仅是重大的经济问题，而且还是重大的政治问题。

2003年的世界

1月1日，东盟自由贸易区正式启动。

2月1日，美国哥伦比亚号航天飞机在着陆前于得克萨斯州上空解体。机组人员共7人全部罹难。

2月15日，全球反对对伊战争大游行当天在全球600多个城市同步上演，有大约600万人参与，是有史以来最大的反战示威活动。

3月20日，第三次海湾战争爆发。

4月9日，美军部队占领巴格达，萨达姆政权被推翻。

5月26日，欧洲宪法草案公布。

5月22日，阿尔及利亚大地震。

9月14日，爱莎尼亚公决，赞成加入欧盟。

11月25日，俄罗斯人民友谊大学发生火灾，多名外国留学生死亡。

十年流行色之二：2003年大陆流行语

博客

"博客"译自英语blog，即网络个人日记。博客日记解放了写作，纵容了人性，是对传统写作方式的一次颠覆，其自由、自我、自爱，无所顾忌的开放姿态和近乎"残酷"的真实诉求，令网络虚拟社区和现实日常生活之间的壁垒悄然崩塌。

小私

所谓小私，实则是大王主义：我要最贴心的，我要最适合的，我要只属于我的！拥有自己的私人发型师、私人营养师、私人健身教练、私人购衣指导等等，只要价格能接受，什么都可以私。

无感

没有感觉就是最好的感觉——无感。后来这便上升为对理想男人的标准：无感。他必须身材合适，为人细致，体贴，即使女友加班再多、再晚，他也能温柔守护。而且非常听话，总能随着女友情绪的变化而调整心态，他应该给女友一种感觉：他在身边时，好像也不觉得他在，但一旦他不在，会抓狂！

无间

"无间"出自《法华经》等佛经，是佛经故事中八大地狱之一，也是八大地狱之中最苦的一个。是非不分、罪孽深重的人就会被打落无间地狱，无间断地受苦。这个生僻的佛经词语，因为电影《无间道》三部曲而在2003年大热起来，导致现在什么东西都开始"无间"了，"无间体验""无间网""精装无间追女仔"……不知所云，确实时髦。

破马张飞

词出自"药匣子"（《刘老根》中男二号）的口头语，东北方言，"激情燃烧"系列里的人也经常说。当谁和你鼻子不是鼻子、吹胡子瞪眼睛，而你确实理亏的时候，你就说他："看你这个破马张飞的样儿！"这个词里蕴涵着一种调侃和化解的精神。

第四种关系

一生中有几种关系是你不能选择的？你不能选择是谁生的，也不能选择生谁，同学关系也具有某种不可选择性——所谓"同学少年"，远不止一张发黄的毕业合影，同学是一张难得的人际网络，乃至于有可能成为同舟共济的命运共同体。同学关系的价格定律是：MBA同学层次越高，关系网的价值就越高，学费也就越高。

IF一族

即"国际自由人"，这个概念是由"表演英语"创始人刘克亚先生提出的。IF一族是那些在世界范围内根据自己的个性自由地选择工作、居住和旅游度假地的一群人，最大的特点是有能力、有闲钱也有兴趣自由出入各国大门，至少通晓一到两门国际语言，有特殊的时尚脸谱，他们常常拥有不同的装扮格调，融有东西方时尚元素，让外人看了很眼馋。

白骨精

他们是社会的中流砥柱和中坚力量：白领、骨干、精英。白骨精们具备高学历、高素质，白领是他们的最低形态——过着锦衣玉食的生活，用各种最新款数码产品武装自己。

大陆这十年

贰〇〇肆年

人权发展的里程碑

中华儿女永远怀念总设计师

中国人真的飞起来了

联想世界联想未来

人权发展的里程碑

（3月14日，宪法首次明确规定"国家尊重和保障人权"）

　　我曾经去过欧洲，在香港工作过，也去过美丽的宝岛台湾。在国（境）外的时候，总有人问我：你在中国大陆有自由吗？是不是不可以自由地发表言论？每当这个时候，我都会告诉朋友，你听到的是一个被"妖魔化"的中国，真实的中国不是这个样子的。

　　正因为如此，当2004年3月14日，十届全国人大二次会议通过了宪法修正案，首次将"人权"概念引入宪法，明确规定"国家尊重和保障人权"的时候，我深为我们国家在人权方面取得的进步而高兴：这是中国民主宪政和政治文明建设的一件大事，是中国人权发展的一个重要里程碑。

　　不可否认，在新中国成立以后的相当长时期内，我们不仅在宪法和法律上不使用"人权"概念，而且在思想理论上将人权问题视为禁区。特别是"文革"时期，受极"左"思潮的影响，"人权"被当成资产阶级的东西加以批判，在实践中也导致了对人权的漠视和侵犯。我们当时都受过"人权是资产阶级的口号""人权口号是虚伪的"等方面的教育。一提到"人权"二字，很容易使我们有意识无意识地把它和政治联系起来。

　　改革开放后，这种状况得到了改变。1991年11月1日，国务院新闻办公室发表《中国的人权状况》白皮书，这是中国政府向世界公布的第一份以人权为主题的官方文件。

令人振奋的是，白皮书突破了"左"的传统观念，将人权称为"伟大的名词"，强调实现充分的人权"是长期以来人类追求的理想"，是"中国社会主义所要求的崇高目标"，是"中国人民和政府的一项长期的历史任务"，首次以政府文件的形式正面肯定了人权概念在中国社会主义政治发展中的地位，理直气壮地举起了人权旗帜，为中国在对外人权斗争中赢得了主动。

1997年9月，中国共产党的十五大将"人权"概念写入党的全国代表大会的主题报告。江泽民在党的十五大主题报告第六部分"政治体制改革和民主法制建设"中，明确指出："共产党执政就是领导和支持人民掌握管理国家的权力，实行民主选举、民主决策、民主管理和民主监督，保证人民依法享有广泛的权利和自由，尊重和保障人权。"人权概念首次被写入党的全国代表大会的正式文件上，尊重和保障人权被明确作为共产党执政的基本目标纳入党的行动纲领之中。

这次修宪将"国家尊重和保障人权"写入宪法，首次将"人权"由一个政治概念提升为法律概念，将尊重和保障人权的主体由党和政府提升为"国家"，从而使尊重和保障人权由党和政府的意志上升为人民和国家的意志，由党和政府执政行政的政治理念和价值上升为国家建设和发展的政治理念和价值，由党和政府文件的政策性规定上升为国家根本大法的一项原则。这是一种多么巨大的进步啊！

中国是一个拥有13亿人口、人均资源占有率很低、生产力欠发达、经济文化发展不平衡的发展中国家。受自然、历史、文化和经济社会发展水平等因素的影响和制约，中国的人权发展还面临诸多挑战，不断推进人权事业发展任重道远。

尊重和保障人权是中国共产党和中国政府长期追求并为之奋斗的理想和目标，是新时期新阶段党和政府执政兴国和全面建设小康社会的重要理念，是建设社会主义和谐社会的重要内容。

中国政府坚持以人为本，落实"国家尊重和保障人权"的宪法原则，既尊重人权普遍性原则，又从基本国情出发，切实把保障人民的生存权、发展权放在保障人权的首要位置，在推动经济社会又好又快发展的基础上，依法保证全体社会成员平等参与、平等发展的权利。

其实，中国应该让全世界看到自己对人权的关注。很多人不了解中国，他们可能只是来这里观光旅游，没有真正地看到中国的变化。这需要我们大家共同向境外的朋友们去介绍情况，告诉他们一个真实的中国。

中国在全球千年发展目标中所做的贡献，给予再高的评价也是不过分的。如果没有中国的进步，整个世界在减贫方面怎么会取得进步。13亿中国人民的生活总体实现了小康，2.3亿农村贫困人口摆脱了贫困，农村基本普及了九年义务教育。在一个13亿人口的大国，逐渐让老百姓摆脱饥饿和贫困，生活得到改善和提高，这难道不是最好的人权吗？

"没有主权，就没有人权。"这是亿万中国人民用鲜血和生命换来的真理。近代以来，半殖民地半封建的旧中国，受尽帝国主义、封建主义和官僚资本主义的压迫和剥削，中国人民没有人权，没有自由，更何谈尊严。是中国共产党带领全中国各族人民推翻了三座大山，实现了民族独立、人民解放，建立了社会主义新中国，才使全中国人民从"狗"和"鬼"重新变成了人。

中华人民共和国成立以来，中国政府和人民为促进人权和基本自由做出了不懈的努力，取得了举世瞩目的进展：从公民的生存权利和发展权利，公民的政治权利，经济社会权利，文化教育权利，到少数民族权利保障，残疾人的权益，妇女儿童的权益，人权的司法保障与国际交流合作等等，中国人权事业的发展速度超过了中国历史的任何发展阶段。

我一位香港的朋友问我，内地一方面讲尊重人权，另一方面，经常可以在传媒上看到一些明显有悖于公民权利的事件，这你怎么解释？我问他：你是在什么媒体上看到的？他说就是在内地的媒体和网络上。我说，你能看到这些事件本身，就证明了中国的巨大进步。如果在多年以前，你根本看不到这样的批评报道。况且，这一看似矛盾的现象其实并不矛盾，而是政府部门和全社会人权意识普遍增强的结果。政府部门把更多涉及公民权利的事务公开，开门纳谏，使老百姓充分行使管理国家事务和民主监督的政治权利。社会公众和媒体对关系老百姓利益的问题表现出很高热情，政府和执法机关闻过则改、迅速行动，有力地保障了不同人群的权利，这难道不是对"人权入宪"的最好践行吗？另外，中国政府也高度重视刑事诉讼法和行政诉讼法对保障人权发挥的重要作用。因为这两部法律，个人人权将受到更多的保护，普通的中国人在受到侵害后，可以通过法律途径要求国家给予补偿。

当然，我们也看到了自己的问题。比如说，安全事故持续高发，人民生命财产损失巨大；假冒伪劣依然猖獗，食品安全形势令人担忧；公职人员职务行为侵犯公民人身权、财产权的事情还时有发生，等等。但是，我要说的是，这些我们都认识到了，并且在非常认真地加以改进。中国政府意识到经济发展并不等同于全面发展，她致力于让更多人从经济发展的成果中受益，并逐步缩小贫富差距，这本身就是保障人权的具体体现。

值得警惕的是，有一些西方国家经常假以人权之名对别国内政进行干涉，国外一些政治团体，经常罔顾中国人权发展的客观事实，无视中国人权事业的丰硕成就，对中国人权状况进行肆意歪曲和无理指责，这是戴着"有色眼镜"看中国，是极不客观，也是极不公正的。任何不存偏见的国家、组织和人士，都会看到中国政府和人民为促进人权和基本自由做出了不懈努力，使中国人权与中国政治、经济、社会和文化事业得到了同步、协调发展。特别是改革开放以来，中国经济持续快速发展，政治建设、经济建设、文化建设、社会建设和人权事业都取得了举世瞩目的成就，这是有目共睹的。任何组织打着人权的幌子诋毁中国、攻击中国，都有着不可告人的政治目的。

中国坚持尊重和保障人权、促进人权事业的全面发展的鲜明态度和取得的成就，将永载人类发展的史册！

中华儿女永远怀念"总设计师"

（8月22日，邓小平同志诞辰100周年纪念大会隆重举行）

　　2004年8月22日，邓小平同志诞辰100周年纪念大会在北京人民大会堂隆重举行。胡锦涛发表了重要讲话。他说，我们要继续推进邓小平开创的事业，就要学习邓小平的伟大品格、崇高风范，才能沿着中国特色社会主义道路，向着全面建设小康社会的宏伟目标、向着实现中华民族伟大复兴的光辉前景奋勇前进。

　　邓小平是中国改革开放和现代化建设的总设计师，在大陆受到老百姓的普遍拥护。这从人们纪念邓小平同志诞辰100周年的热情中就可以清楚地看出来。除了官方的纪念活动，民间的纪念活动也非常引人瞩目。以影视作品为例，全国各地院线和城乡影院，隆重上映了大型文献电影纪录片《小平，您好》和最新创作的电影故事片《我的法兰西岁月》《邓小平·1928》。与此同时，中央电视台电影频道（CCTV—6）也展播了《百色起义》等多部故事影片。在图书方面，一批纪念邓小平百年诞辰重点图书陆续面市。由中共党史界、思想理论界专家学者编辑的大型纪念丛书《人民之子邓小平》，日前由中央文献出版社出版。全书分四卷，约200万字。内容丰富、史料翔实，以全面、历史、科学、客观的态度记述邓小平的辉煌人生和卓著功勋。中共中央党校出版社近日出版《著名学者回首百年邓小平》一书。该书收录了郑必坚、逄先知、龚育之、邢贲思等理论家阐述邓小平生平业绩、品格风范、思想理论、历史贡献的文章。

众多作家、诗人和艺术家举办了纪念邓小平诞辰100周年诗歌朗诵会，以一首首情真意切的诗歌，道出千百万中国人心底对小平同志的无尽思念。朗诵会上，名人名家们朗诵了《春天》《诗碑与雕像》《致船长——怀念邓小平同志》等讴歌邓小平丰功伟绩的诗篇，还有《小平画像前的三个外省民工》《在餐桌上说起邓小平》《小平呵，我一定努力种好粮食》《看一位伟人打牌》等，都是作家和诗人新近创作的诗歌，赞美了邓小平同志的不朽功勋、崇高品德，尽情抒发人民群众对小平同志的缅怀之情。

由人民日报社和中共中央文献研究室共同主办的纪念邓小平同志诞辰100周年书画展，在中国美术馆开幕。300余幅书画作品错落有致地分列于三个展厅，大多是作者专门为此次展览精心创作的主题作品。展览活动得到了全国各地群众、书画艺术家和海外华侨华人的热忱支持，短短一个月即收到包括港澳台同胞和海外侨胞、外国友人等寄送的作品近万件。其中有百米长卷《万寿图》，还有以小楷抄写的《邓小平文选》三卷，对一代伟人的怀念与崇敬尽现笔墨之间。

特别值得一提的是，香港市民受惠于邓小平"一国两制"的伟大构想，对这位世纪伟人怀有深厚感情，掀起了纪念邓小平热潮，一些机构和团体相继举办各种各样的展览和纪念活动。《香港商报》、香港中国企业协会举办"纪念邓小平一百周年诞辰图片展"。中华文化城、香港《大公报》、特区政府民政事务局、国家博物馆、中华文化总会、凤凰卫视、华润(集团)有限公司等机构，举办了"我是中国人民的儿子——纪念邓小平先生诞辰一百周年展览"。展览分为"戎马生涯""艰辛探索""开创伟业""情系香港""生活情趣"等五个部分，将以历史图片、音像资料和部分实物缅怀邓小平的丰功伟绩。香港传媒推出了不少有关邓小平百年诞辰的专题报道和节目。亚洲电视制作了中国第一部全面描述邓小平与香港关系的大型纪录片《小平与香港》。香港社会人士指出，邓小平是中国改革开放和现代化建设的总设计师，也是"一国两制"理论的创立者。他带领中国走上富强之路。"一国两制"的构思已成功解决了香港和澳门顺利回归问题，证明是可行的，是和平实现两岸统一大业的出路。虽然邓公已离开我们，但是他的中国魂永远存在，历史永远记载他的丰功伟绩。

我们都是邓小平改革开放政策的受益者。我小的时候，对于大陆老百姓生活的穷困有切身的体会。在"文化大革命"的时候，能够吃上一次用猪油拌的大米饭就是很香的了！长期的政治运动，使国家忽视了经济建设。国家太穷了，太落后了。农民和工人的收入增加很少，生活水平很低，生产力没有多大发展。邓小平这样动情地说：我们太穷了，太落后了。老实说对不起人民。我们的人民太好了。外国人议论，中国人究竟还能忍耐多久，很值得我们注意。我们的人民忍耐性已经够了。我们现在必须发展生产力，改善人民的生活条件。

邓小平就是这样一位伟人。他力排众议，冲破加在中国人民头上的枷锁，以坚定的信念、大无畏的气概，开启了改革开放的历史大门，为中国真正的富强和进步打下了基础。可以说，没有邓小平，中国要走出"文革"的阴影可能还需要许多年。

小平同志总是以朴素的语言表达出深刻的道理。他说，"我是中国人民的儿子，我深情地热爱着这片土地。"他还说，我们再也经不起折腾了，我们要把经济建设搞上去。我们不要再作无谓的争论了。他的"猫论""先富论""摸论""不争论"，都是在总结了建国后各种经验教训的基础上提出的真知灼见。

从文革结束后的拨乱反正、重建我党的政治路线、思想路线，到提出完整的中国特色社会主义的理论，发展才是硬道理，到上个世纪末国民收入翻两番等，邓小平为中国改革开放事业指明了方向。

中国的改革是从农村开始的。农村改革所以能成功，靠的是邓小平的支持。1977年7月，邓小平第三次复出后，针对中国农业发展状况，对农村的体制问题进行了深入的思考。1978年12月8日，十一届三中全会召开。会后，中国各地落实全会的精神，积极试行各种形式的责任制。以包产到户，家庭联产承包责任制为特征的农村改革在全国全面铺开。

农村改革取得成功后，1984年10月，党的十二届三中全会做出了《关于经济体制改革的决定》，这个决定启动了以城市为重点的整个经济体制改革，规定了改革方向、性质、任务和各项基本方针。

改革开放是决定中国命运的重大决策。坚持解放思想、实事求是，敢于攻坚、锐意进取，不失时机地推进改革，这就是邓小平给我们留下的深刻启示。

老百姓为什么拥护、支持改革开放？因为大家从日常生活中、衣食住行的巨大变化中感受到了改革开放对于国家和民族的伟大意义。改革开放前，大陆老百姓的衣服，基本上是一个颜色。在我的记忆中，灰色的、蓝色的居多。如今，随便走在哪条街道上，都可以看到各式各样的时装。过去，不论买什么东西，都要票证，我们都用过油票、粮票。到商店买东西，总能看见售货员在打毛衣或者闲聊，你请他拿件东西看看，他说："您没看见忙着嘛，等一会儿！"现在，粮食、蔬菜、牛奶、鸡蛋，等等，物质极大财富，每天吃得都像过年。改革开放前，中国是世界上著名的"自行车王国"，而且买自行车是要"票"的。一个单位一年能分到几张自行车票就是"幸运"。现在发生了历史性的变化，我们已向汽车王国转型。别小看这一转型，在我看来，这是中国从农业国向工业化国家迈进的重要标志。过去，我们住在大杂院、筒子楼，如今，家家都有宽敞明亮的房子，大多数家庭进入了小康水平。

这些，都是邓小平的历史功绩。

就在邓小平同志诞辰100周年前夕，美国前总统乔治·布什接受了新华社记者的书面采访。他说，中国改革开放以来发生的巨变在很大程度上要归功于邓小平，邓小平在中国和世界历史中具有非常重要的地位。布什指出，邓小平所倡导的市场经济改革激发了中国大小企业家的创造性，给中国人民带来了更多的自由和繁荣。他还强调："我相信，邓小平在中国和世界历史中具有非常重要的地位。"中国改革开放之后，布什曾多次访华，并与邓小平多次会面，双方都将对方称为"老朋友"。两人最重要的交往包括：1982年5月，当中美关系因美国向台湾出售武器而面临危机时，布什以美国副总统身份访华，他与邓小平单独会谈了一个小时，终于打破僵局，为中美最终达成"八·一七"公报铺平了道路。1989年2月，刚刚就任总统的布什再次访华，并再次见到了邓小平。布什后来在回忆录中说，邓小平称他为老朋友，这"不只是通常的客套，而是对我了解美中关系的重要性以及维护这一关系必要性的一种承认"。布什还指出，邓小平去世之后，其倡导的改革开放事业在中国新领导人的领导下继续向前发展。他认为中国会继续保持这一积极势头，越来越多的中国人会享受到更加美好的生活。

美国前总统尼克松说，邓小平是"20世纪最杰出的政治家之一"，"中国的第二次革命……是在邓小平的设计指导下实现的"。中国执行改革开放政策以来所发生的翻天覆地的变化，应归功于邓小平。

瑞典前首相卡尔松说，我遇见了一位能掌握住国家局势的领导人。毫无疑问，尽管他年事已高，他是一位声望很高，很有魄力的著名国际政治活动家。邓小平能够代表他的整个国家说话，他流露出绝对的信心，胸有成竹和意志坚强。

联合国前秘书长安南说，邓小平将不仅为其毕生服务的中国人民所怀念，而且将作为中国现代化的总设计师永远活在世界人民的心中。邓小平卓越地领导了中国的改革，使中国人民的生活水平获得了前所未有的提高。

联合国前秘书长加利说："邓小平是中国伟大的领导人，他为中国的现代化建设作出了巨大贡献。"加利说，把中国引上现代化的道路绝不是一件容易的事情。在中国这样一个幅员如此辽阔的国家里，在过去的行政结构的基础上，以稳定与和平的方式实现这样的经济改革，充分显示了邓小平的领导才能和胆识。

英国前驻华大使、邓小平传记作者理查德·埃文斯爵士说，"邓小平是一位伟大的人物，是20世纪下半叶世界上一位伟大的政治家。"他确立了中国持续发展的前进方向。

伊朗著名的中国问题专家奥米德瓦尼亚曾在1971至1982年间作为伊朗驻中国大使馆工作人员常驻中国。他说，邓小平是一位非常伟大的领导人。他说，他至今仍然记得，当时有很多人不清楚中国应该选择一条什么样的道路，但邓小平和其他了解世界、具备长远眼光的领导人毅然选择了以经济建设为中心、实行改革开放的道路，这是相当不容易的。他说，他最欣赏的就是邓小平把自己称作中国人民的儿子。"纵观邓小平的生平，感到他的确无愧于这一称号"。

俄罗斯科学院远东研究所当代中国历史与政治研究中心主任斯米尔诺夫认为邓小平的个人魅力，最主要的是他具有谦虚朴实的品质、杰出的工作才能、过人的智慧和强大的政治意志。总之，一个国家领导人须具备的优秀品质在他身上得到了完美的结合。他说，邓小平是当今时代最伟大的国家领导人，虽然俄罗斯各种政治力量对邓小平的看法不完全一致，但绝大多数俄罗斯人对邓小平是非常崇敬的。可以说，所有俄罗斯人，不管是左派还是右派，都知道邓小平，尊敬邓小平，因为谁都不得不承认他所取得的成绩。

邓小平同志曾经说过："如果从建国起，用一百年时间把我国建设成中等水平的发达国家，那就很了不起！从现在起到下世纪中叶，将是很要紧的时期，我们要埋头苦干。我们肩膀上的担子重，责任大啊！"今天，他的这个伟大构想，正在逐渐变为现实。在邓小平同志诞辰100周年纪念大会上，胡锦涛说："我们这个时代的共产党员、共青团员，全体社会主义劳动者、社会主义事业的建设者、拥护社会主义的爱国者和拥护祖国统一的爱国者，一切热爱祖国的中华儿女，要更加紧密地团结起来，肩负起历史赋予我们的神圣使命，万众一心，众志成城，艰苦奋斗，开拓创新，沿着中国特色社会主义道路，向着全面建设小康社会的宏伟目标、向着实现中华民族伟大复兴的光辉前景奋勇前进！"

在广东省深圳市莲花山公园主峰的山顶广场中央，矗立着一座邓小平同志铜像。铜像高6米重7吨，为青铜铸造，基座高3.68米。塑像的造型是具有动感的、邓小平同志大步向前走路的姿态。如今，山顶广场已成为广大市民和中外游人缅怀一代伟人风采、饱览中心区景色的最好去处。有人说，这座山海拔不高，却镌刻着几代人的精神高度；山顶上的广场不大，却演绎着特区30多年的沧海桑田。

《春天的故事》是一首由蒋开儒和叶旭全作词，王佑贵作曲，董文华演唱的经典歌曲。歌曲描述了改革开放和现代化建设的总设计师邓小平同志南巡的故事："1979年，那是一个春天，有一位老人在中国的南海边画了一个圈，神话般地崛起座座城，奇迹般地聚起座座金山……1992年，又是一个春天，有一位老人在中国的南海边写下诗篇，天地间荡起滚滚春潮，征途上扬起浩浩风帆"。在这首大陆人人耳熟能详的歌曲中，"老人"指的是中国改革开放和现代化建设的总设计师邓小平同志。

　　我在香港、深圳工作过十年时间。深圳就是我的第二故乡。每次回深圳，我都要到莲花山去看一看邓小平的铜像。这里每天都有无数人前来，大家想起的是"春天的故事"，看见的是中国充满希冀的未来。

中国人真的飞起来了

（8月27日，刘翔获得雅典奥运会男子110米栏比赛金牌）

如果以北京时间计算的话，刘翔获得雅典奥运会男子110米栏比赛金牌的时间，已是8月28日凌晨2点40分了。当时，我和大家一样，彻夜未眠，守候在电视机前，观看着这一场激动人心的比赛。

这一天的决赛竞争十分激烈。虽然没有美国老将阿兰·约翰逊，但法国人多库里的实力非常强劲。这场高栏上的巅峰对决，牵动了13亿中国人的神经，也引起数十亿全球电视观众的关注。

第二道上是拉脱维亚名将奥里加斯。奥运会前，他和刘翔6次对决，5胜1负，占据心理优势。第六道上是美国奥运亚军特拉梅尔，最好成绩13秒08。在2003年世界锦标赛上，他战胜刘翔，夺得银牌。第七道上是古巴的奥运冠军加西亚。此人过栏动作快如镰刀割麦，长长的双腿跨栏如履平地。瘦高的多库里，就站在刘翔身旁。这四个人，都是与刘翔实力相当的对手。

对决即将开始，现场的七万观众静静地观看着这激动人心的一刻。

经过两次无效的抢跑后，刘翔第三次走向起跑线。发令枪响，只见刘翔起跑反应速度非常快，快如闪电。身穿红色运动衣的刘翔，形成了一道红色的闪电，以绝对的优势撞向胜利之线！

12秒91！平了世界纪录，打破了奥运会纪录。雅典奥林匹克体育场全场爆发出震耳的欢呼声……收看电视直播的全体中国人沸腾了！

中国选手刘翔创造了中国乃至亚洲的历史，成为第一个获得奥运田径短跑项目冠军的黄种人，这是亚洲运动员首次夺取奥运会田径男子短跑项目冠军，也是中国男运动员首次夺取奥运会田径项目冠军！

赛后，刘翔披着国旗、带着微笑走进新闻发布会现场。刘翔说，"我有很多没想到，没想到自己能够拿金牌，没想到自己的成绩能够突破13秒，我只想着发挥自己的水平，把竞技状态调到最好，我知道我自己的实力，我知道自己肯定能够进入前三名。现在我跑进了13秒，证明了黄皮肤的中国人同样能够跑好短距离项目。我当时觉得是个奇迹，不可思议。但是在我以后的运动生涯中会有更多的奇迹，请相信我，等着我。"一名外国记者问："我知道你以前是练跳高的，是什么原因使你开始练跨栏？你的成绩为什么能够这么好？"刘翔说："我小时候是练跳高的，但那纯属业余爱好，练着玩的。后来一次偶然的机会，我现在的教练孙海平发现了我，开始练跨栏，后来我觉得自己很适合这个项目，对于这个项目的悟性也很高。中国同样也有很好的教练，而且中国的教练和队员包括和领导，各方面配合非常好，管理也是一流的，他们有能力把一个普通的运动员培养成为一个优秀的运动员。另外，我想改变你们一个观念，不要以为中国人或者亚洲人在短距离项目上不如欧美，通过训练，我们同样会做得很好。在接下来的时间里，我会继续和我的教练配合好，我想告诉大家，中国有我，世界有我！"

刘翔是上海人，1983年7月13日出生，身高1米88。刘翔有着一张青春洋溢的脸庞，脸上的笑容甚至还有一些稚气，却又是那么的纯真和清澈。这个上海小伙子是个短跑的天才运动员，一路走来，取得了不俗的成绩：在2000年世界青年锦标赛中，取得男子110米栏第4名；2001年全运、东亚运动会、世界大学生运动会男子110米栏冠军；

2002年，平了世界室内田径大奖赛60米栏亚洲纪录；2002年瑞士洛桑国际田联一级大奖赛，打破男子110米栏亚洲纪录，排名世界第4；2002年，夺得亚锦赛男子110米栏冠军和第14届亚运会男子110米栏冠军；2003年，获得世界室内田径锦标赛男子60米栏第3名；2004年世界室内田径锦标赛，两次打破男子60米栏的亚洲室内纪录并夺得亚军，在大阪田径大奖赛上，刘翔首次战胜美国名将阿兰·约翰逊并夺得冠军，再次刷新了室外110米栏亚洲纪录。

刘翔夺得奥运会男子110米栏金牌后，刘翔的教练孙海平激动地说："刘翔的表现太完美了，这是他憋了好久的劲之后的一次总爆发。"

"……谁说黄皮肤的人，不可以进奥运会前8，今天我就要证明给大家看，我是奥运会冠军！"这是刘翔获得冠军之后，有感而发的一段话。看着电视直播，我泪流满面，他是中国人的骄傲，是中华民族的自豪！

刘翔夺冠后，从28日凌晨2点至中午12点，在这万众振奋的10小时里，新浪奥运频道的网友留言数量一路狂飙，达到了惊人的32000多条，几乎平均一秒钟就有一条网友评论，创下全球互联网网民留言的最高纪录。新浪奥运频道的网友留言总量从8月13日至28日已经达到49万多条，刘翔夺冠使奥运频道留言日平均增加数量比平时扩大了一倍，达到6万多条。刘翔把原本在中国极其"冷门"的田径变成了人人关注的热门项目。

刘翔也成为香港媒体的焦点人物，当天早晨，几乎各大报纸都把刘翔放在头版最醒目的位置，盛赞刘翔为中国乃至亚洲创造了田坛奇迹。许多报纸为刘翔制造"美名"，从"风之子"到"追风少年"，从"跨栏王子"到"世纪新栏王"，从"中国小子"到"亚洲飞龙"，刘翔已经成为偶像级明星。

"中国人首度在奥运田径短跑项目上站起来，亚洲人在奥运短跑上的希望也跟着飞起来"。这是台湾媒体在报道中国选手刘翔在雅典奥运会上夺得110米栏比赛金牌时，所写下的热情洋溢的话语。在刘翔夺冠后，台湾的媒体迅速给予报道。《中时晚报》在头版头条报道了这一消息。报道说，刘翔成为中国第一位在奥运短跑项目上摘金的选手，并超越了台湾短跑女杰纪政在1968年墨西哥奥运会上写下的女子80米栏铜牌的中国人在奥运田径短跑项目中的最佳成绩。这意味着，中国人首度在奥运田径短跑项目上站起来，亚洲人在奥运短跑上的希望也跟着飞起来。

《联合晚报》也在头版头条报道了这一消息。在一张刘翔比赛场景的大幅照片下，该报记者报道称，"今天清晨，雅典奥林匹克运动场产生了田径项目中历年来最受关注的一面金牌"，刘翔夺金，"不但平了世界纪录，这也是中国人、甚至是亚洲人，第一次打败体能极佳的欧美人，在奥运短距离跑步竞技中，跃向世界的顶端"。报道还说，夺金后，刘翔披着五星红旗呐喊绕场，"中国人真的飞起来了"。岛内主要报纸《中国时报》《联合报》《民生报》等都在显著位置报道了刘翔夺金的消息。自雅典奥运会开幕以来，台湾媒体对大陆选手佳绩频传给予了及时充分的报道，在刘翔夺冠的这一天更是达到了高潮。

刘翔之前，中国男子田径选手在奥运会上的最好成绩属于朱建华。1984年洛杉矶奥运会，朱建华夺得跳高铜牌。事后，中央电视台著名主持人白岩松评论说，刘翔的胜利，是中国体育史上最伟大的胜利，这不是感性的表达，而是理性思考后的结果。

在此之前，中国体育史上共有三个伟大的胜利，第一个是五十年代，容国团夺得乒乓球世界冠军，第二个是八十年代初，中国女排夺得世界冠军，第三个是1984年，许海峰夺得中国奥运史上的第一块金牌，但是刘翔来了，成了第四个，而且从某种角度来说，这一个胜利是对历史的一种继承，更是对历史的巨大超越。

容国团的胜利，意义在于这是中国的第一个世界冠军，对一个刚刚从抗战和内战中走出的民族与国家来说，这一个胜利弥足珍贵，更何况他还创造了"人生能有几回搏"这样的名言。而中国女排的胜利，意义在于三大球的突破。第三个伟大的胜利，来自许海峰的神奇一枪，奥运金牌零的突破，必须有人去完成，也一定会有人去完成，最后历史选择了许海峰，许海峰也就成了中国体育史上最具标志性的一个名字。

在这三个伟大胜利的基础上，刘翔横空出世，和前辈相同的是，他同样创造了历史，而和先辈们不同的是，他的突破更具体育性，更有体育本身的伟大意义。首先这是亚洲选手在田径赛场上直道项目中最伟大的胜利，没有人会认为，亚洲人可以在速度上与黑人有一拼，以至于人种论都成了主流，并且亚洲人自己都接受。但是刘翔对此说"不"，因此他的胜利，不仅属于体育，甚至进入生物学，也许，刘翔的金牌不仅属于中国，而且属于整个亚洲。其次，是男子径赛项目的重大突破，这也是非常重要的一个特点，因为在男子径赛项目上，竞争更激烈，人种论更响亮，而在世界上的影响力也更大，但是刘翔赢了，这块金牌自然成为中国体育向全世界发送的最大的一张名片，它在全世界上引起的震动是可以预期的。第三，好成绩并不是在国内的全运会或者其他一些不重要的国际大赛中获得的，而是在世界田径水平最高的奥运上获得的，这种胜利的含金量和其他的胜利不可同日而语。

我想，刘翔获得世界田径项目的金牌，本身就是中国体育巨大进步的一个缩影。这是一个值得所有中国人永远铭记的日子！2004年我在香港工作期间，适逢奥运会金牌选手赴香港访问。在金牌选手们与香港市民见面活动中，我有幸与刘翔合了一张影。刘翔灿烂的笑脸给我留下了深刻的印象。这张合影，我会永远珍藏下去。

联想世界，联想未来

（12月8日，联想宣布收购IBM全球个人电脑业务）

　　2004年12月8日，当看到联想宣布以17.5亿美元收购了IBM的全球PC（个人电脑）业务的时候，我大吃一惊。为什么？因为在当时看来，IBM是一个多么辉煌的象征啊！中国的公司收购美国公司的业务，这放在十年前、二十年前，有谁敢想象啊！但是，联想做到了。

　　2004年12月8日，联想集团有限公司召开新闻发布会，宣布收购IBM公司PC业务部门。此次联想收购IBM公司的PC业务部门的实际交易价格为17.5亿美元，其中含6.5亿美元现金、6亿美元股票以及5亿美元的债务。本次收购完成后，联想年收入规模约120亿，一举进入世界500强企业。

　　这是中国IT产业当时最大一笔海外投资，标志着国产电脑的国际竞争力得到了进一步加强。这次收购IBM公司的全球个人电脑业务，将使联想集团成为全球第三大PC厂商，全球市场占有率从2％上升到了8％左右。联想集团不仅拥有了IBM公司先进的笔记本电脑研发技术，同时还可以使用IBM公司著名的"think"商标、获得了IBM品牌5年的使用权以及IBM公司遍布全球160个国家的庞大的营销网络，以及IBM大批经验丰富的员工。

　　联想的创办和发展，本身就是中国本土企业的一个传奇。1984

年，柳传志带领的10名中国计算机科技人员，仅靠着20万元人民币的启动资金以及将研发成果转化为成功产品的坚定决心，在北京一处租来的传达室中开始创业。他们给年轻的公司取名为"联想"（legend，英文含义为传奇）。这是一个创造中国企业传奇的宏伟梦想。凭借着自己发明的先进技术，联想登上了中国IT业的高峰。从1997年起，联想连续八年占据中国市场份额第一的位置，在中国个人电脑市场占有率超过三成。

1994年，联想在香港联合交易所上市。2003年4月，联想集团在北京正式对外宣布启用集团新标识"Lenovo"，用"Lenovo"代替原有的英文标识"Legend"，并在全球范围内注册。"Lenovo"是个混成词，"Le"来自"Legend"。"novo"是一个假的拉丁语词，从"新的（nova）"而来。这是一个创造新联想、新传奇的尝试。

我用过几部手提电脑，非常喜欢用联想这个品牌。因为这个品牌是中国自己的。而且从我个人的体验看，联想手提电脑的性能比我用过的外国品牌一点都不差，甚至更好。

如果说美国有比尔·盖茨，香港有李嘉诚，台湾有王永庆，那么大陆有柳传志，他是带领联想创造传奇的传奇人物。他之所以取得成功，是因为逐渐探索出了，在中国特殊的社会环境中，一条属于中国企业的高科技产业化道路。在企业做"大"之后，他成功实施了联想的国有股份制改造，初步建立了现代企业制度，使企业做"强"；再有就是，他立足本土市场，积极推进中国企业国际化之路，从而推动了民族IT企业的发展壮大。

在大陆，每一个创业青年都可以怀有这样一个希望——"如果我足够地努力，也可以像柳传志那样地成功。"1944年，柳传志出生在江苏镇江一个富裕的家庭里。柳传志的父亲柳谷书是中国著名的法律专家，把毕生精力奉献给了祖国。从父亲那里继承的爱国与敬业精神是柳传志一生的财富。1966年，他毕业于西安通信工程学院，毕业后就职于中国科学院。文革十年中，柳传志被下放到农场"接受改造"。80年代初期，柳传志回到了中国科学院计算机所工作。1984年，中关村中的人办公司成为一种风气。中科院研究所也有人开始去创办公司。接到创办公司任务的柳传志在兴奋之余，更感到的是压力。在企业创办之初，中国科学院投入了20万元，之后便没有追加过投资。1987年，联想开始代理ASTPC，一个月能销好几百台。打通了销售渠道以后，柳传志要自己生产。1988年，柳传志带领几个人来到了香港，而他们所有的创业资金就是30万港币。柳传志选择了板卡业务，然后打回内地销售，这一选择为今后联想PC的成功奠定了一定的基础。1994年，联想集团的股票在香港证券交易所挂牌，融资近3000万美元。我个人觉得，柳传志创造的传奇有以下几个值得关注的地方：

致力于联想的产业化。中国的一些公司，有"小富即安"的心理。联想最初的业务主要是负责在中国大陆地区"代理"销售惠普(Hewlett-Packard)公司以及东芝(Toshiba)公司的计算机产品，收入颇丰。按理说，联想应该满足了。但联想不甘于一直做这种"为他人做嫁衣"的工作，积极准备自己制造和销售PC的计划。很快，联想自己所制造出"联想"系列PC，并且在全国范围内建立了自己的销售网络，实现了销售量稳步增长。

使联想脱胎换骨，由大到强。联想发展变得越来越好的时候，柳传志开始思考企业所有权的问题。经过他的努力，上级决定每年利润的35%归联想的员工。2001年，国家进一步明确同意联想进行股份制改造，由财政部将联想的资产做了评估，联想员工就拥有了联想公司35%

的股份。经过股权的分配，联想人觉得自己就是企业的主人，自然干劲十足，公司的年轻人也可以有更好的机会进入到管理层。

推动联想走向世界。国内市场激烈竞争让联想意识到必须走出国门寻找新的增长点。事实上，国内竞争激烈，国外市场进入缓慢，这是中国企业普遍面临的问题。他制定了清晰的发展战略，那就是扩大规模，提高核心竞争力，通过走国际化的道路促进公司的发展。联想收购IBM，就是这个战略的具体体现和实际成果。对于联想而言，并购IBMPC资产意味着公司在国际扩张的道路上取得了重大突破。联想已成为首家收购全球驰名品牌的中国国有控股公司。对中国企业来说，这首先在心理上是一次信心跳跃，成为中国企业国际化一个新时代的开端。联想在国际化进程中的表现令人欣喜，很快实现了业绩的增长，为联想从一个北京本地化公司成长为全球性企业发挥了重大作用。4年之后，美国《财富》杂志公布的2008年度全球企业500强排行榜，世界第四大计算机制造商联想集团首次上榜，排名第499位，年收入167.88亿美元。

柳传志是一个创业的传奇。这个传奇的意义，在于他领导的联想由11个人、20万元资金的小公司成长为中国最大的计算机公司，在于他的传奇经历，对许多立志创业的青年人来说，是一个非常激动人心的励志故事。

联想，是中国企业走向世界的一个缩影。柳传志，是中国无数创业者的一个代表。在写完这篇文章的时候，我登陆了联想公司的网页，看到了联想集团校园招聘的广告。广告中写到，校园招聘始于1988年。在此之前，联想集团所有的员工都是中科院的科研工作者，其中最年轻的就是43岁的柳传志。1988年最终录用者的名单中，有现任联想集团董事会主席杨元庆和神州数码集团CEO郭为。19名硕士和

36名学士，这就是联想集团第一次校园招聘的成果。20年来，联想的校园招聘活动从未间断，业已成为公司人才建设的传统工程。联想的发展壮大得益于校园招聘的滋养，应届毕业生将在这方热土上茁壮成长。加入我们，与我们一道开创历史，精彩你的职业人生！联想世界，联想未来！

联想集团有着传奇般的创业史，今天，在中华民族伟大复兴的进程中，它一定会创造出新的传奇。

2004年中国大事记

三月

3日至12日，全国政协十届二次会议召开。

5日至14日，十届全国人民代表大会第二次会议举行。会议通过中华人民共和国宪法修正案。修正案确立"'三个代表'重要思想"在国家政治和社会生活的指导地位，增加推动物质文明、政治文明和精神文明协调发展的内容，在统一战线的表述中增加社会主义事业的建设者，完善土地征用制度，进一步明确国家对发展非国有制经济的方针，完善对私有财产保护的规定，增加建立健全社会保障制度的规定，增加尊重和保障人权的规定等。

18日，胡锦涛主持召开政治局常委会，研究部署进一步学习和贯彻实施《中华人民共和国宪法》，强调要以修改宪法为契机，在全党全国集中开展学习和贯彻实施宪法的活动，进一步动员广大党员、干部和人民群众投身全面建设小康社会的伟大事业。

19日，台湾地区领导人陈水扁、吕秀莲在竞选活动最后一天，于台南市遭到枪击受伤。

20日，陈水扁以微弱多数赢得连任，国民党等反对党提出选举无效和当选无效诉讼。同日，中共中央台湾工作办公室、国务院台湾事务办公室就台湾当局举行公民投票，以及因投票人数未达总投票权人数的一半而无效，发表声明指出："任何把台湾从中国分割出去的企图都是注定要失败的。"

四月

7日，中纪委监察部派驻机构统一管理工作会议召开。吴官正强调，对派驻机构实行统一管理，是中央为改革和完善纪律检查体制作出的重大决策，是加强党内监督的一项重大举措。

30日，纪念任弼时诞辰100周年座谈会在人民大会堂举行。

五月

14日至16日，胡锦涛赴吉林，重点考察实施东北地区老工业基地振兴战略的情况。

28日，胡锦涛主持召开政治局会议，研究健全和完善村务公开和民主管理制度。会议强调，要进一步健全村务公开制度、规范民主决策机制、完善民主管理制度、强化村务管理的监督机制、保障农民群众的知情权、决策权、参与权和监督权，努力推进农村基层民主的制度化、规范化、程序化。

六月

21日，《中华人民共和国企业破产法（草案）》首次提请十届全国人大常委会第十次会议审议。《草案》对破产案件的申请和受理、管理人、债务人财产、债权申报、债权人会议、重整、和解、破产清算以及法律责任等作了规定。

七月

1日,《行政许可法》实施。该法规定,公民、法人或者其他组织对行政机关实施行政许可法,享有陈述权、申辩权;有权依法申请行政复议或者提起行政诉讼;其合法权益因行政机关违法实施行政许可法受到损害的,有权依法要求赔偿。

11日,《中共中央办公厅国务院办公厅关于健全和完善村务公开和民主管理制度的意见》正式发布。

八月

15日,公安部、外交部联合发布《外国人在中国永久居留审批管理办法》。《办法》共29条,分别对外国人申请在中国永久居留的资格条件、申请材料、审批程序、审批权限、取消资格等方面做出了明确规定。

22日,中共中央、全国人大常委会、国务院、全国政协、中央军委在人民大会堂举行大会,纪念邓小平诞辰100周年。胡锦涛发表讲话,强调邓小平理论和"三个代表"重要思想是指引我们前进的旗帜,号召全党全国各族人民不断把中国特色社会主义事业推向前进。

九月

3日至5日,第三届亚洲政党国际会议在北京举行,来自亚洲34个国家的80多个政党和政治组织的代表与会。这是中国共产党首次主办国际性政党会议。会议通过了《北京宣言》。

16日至19日,十六届四中全会在京召开。审议通过《中共中央关于加强党的执政能力建设的决定》。审议通过《中国共产党第十六届中央委员会第四次全体会议关于同意江泽民同志辞去中共中央军事委员会主席职务的决定》和《中国共产党第十六届中央委员会第四次全体会议关于调整充实中共中央军事委员会组成人员的决定》。决定胡锦涛任中共中央军事委员会主席。

20日，中纪委第四次全体会议召开。全会强调，抓紧建立健全与社会主义市场经济体系相适应的教育、制度、监督并重的惩治和预防腐败体系，是当前和今后一个时期反腐倡廉的重大任务。

22日，中共中央发出关于印发《中国共产党党员权利保障条例》的通知。

十月

14日，中共中央、国务院最近发出《关于进一步加强和改进大学生思想政治教育的意见》。

21日，胡锦涛主持召开政治局会议，讨论并决定从2005年1月起在全党开展以实践"三个代表"重要思想为主要内容的保持共产党员先进性教育活动。

十一月

24日，经中央军委批准，解放军总参谋部、总政治部、总装备部近日联合颁布《军队领导干部经济责任审计规定》。

29日，《人民日报》讯，中纪委、中组部、监察部、人事部、审计署近日联合发文，决定自2005年1月1日起，将党政领导经济责任审计范围从县级以下扩大到地厅级。

十二月

8日，中国联想集团宣布收购IBMPC全球业务。

12日，商务部新闻发言人谈话指出，中国政府决定自2005年起对部分纺织品加征出口税。2005年1月1日，长达40年的全球纺织品配额体制将宣告结束，纺织品国际贸易将实现自由化。

24日，100名非公有制经济人士被授予"优秀中国特色社会主义事业建设者"称号。贾庆林会见表彰大会代表。这是中国首次表彰为改革开放和现代化建设作出贡献的非公有制经济人士。

2004年的世界

2月24日，摩洛哥发生地震。

3月11日，西班牙首都马德里发生连环爆炸案，死亡逾200人，伤超过1500人。

3月14日，俄罗斯大选，普京以69%的选票获压倒性胜利，连任总统。

3月15日，新当选的西班牙首相萨帕特罗宣布将撤回人数达1,300人的驻伊拉克西班牙部队。

4月22日，法国关闭最后一个煤矿井，结束了该国约200年的开采煤矿的历史。

8月13日至29日，第28届夏季奥运会在希腊雅典举行。

10月7日，柬埔寨国王西哈努克亲王宣布退位。

10月13日，柬埔寨正式加入世界贸易组织。

12月26日，印度洋大地震引起印度洋沿岸巨大海啸，对印度洋沿岸国家造成巨大破坏，有超过20万人在此次海啸事件中丧生，其中有许多为外国游客。

十年流行色之三：2004年大陆流行语

科学发展观

科学发展观，就是坚持以人为本，全面、协调、可持续的发展观，是中共中央总书记胡锦涛在2003年7月28日的讲话中提出的中国共产党的重大战略思想。在2004年，这一理论得以广泛宣传和贯彻。

执政能力

2004年11月17日，中国共产党第十六届中央委员会第四次全体会议，全面分析了当前的形势和任务，着重研究了加强党的执政能力建设的若干重大问题，通过了《中共中央关于加强党的执政能力建设的决定》。

雅典奥运

第28届夏季奥运会于2004年8月13日至29日在希腊首都雅典举行。中国队以17金、14银、63铜的优异成绩，位列世界第二。

禽流感

2004年，国内各处爆发的疫情再次让禽流感走进视野。以往的禽流感多发生在很局限的地区，而2004年暴发的禽流感，首次出现大范围跨地区、跨国家且高致病性等特征。

中超

中国足球协会超级联赛（官方英文名称：ChineseFootballAssociationSuperLeague，简称为CSL）是由中国足球协会组织的，是中国大陆地区最优秀的职业足球俱乐部参加的全国最高水平的足球职业联赛（中国港澳台有各自的联赛），仿照英格兰足球超级联赛，简称为中超联赛。该联赛开始于2004年，脱胎自原中国足球甲级A组联赛。

刘翔

刘翔（1983年7月13日—　　），世界著名的田径运动员，奥运冠军，中国男子田径队110米跨栏国际级健将运动员，2004年在雅典奥运取得110米栏冠军，成为偶像级人物。

F1

2004年9月26日，F1中国大奖赛在上海国际赛道上演，法拉利车手巴里切罗在昨天抢得杆位后在比赛中一路领先，最终轻松获得了本分站的冠军。

大陆这十年

贰〇〇伍年

感受春天的气息

跨越海峡的握手

人民币正在走向世界

展示捍卫和平的决心

感受"春天的气息"

（1月15日，两岸就台商春节包机达成共识）

我在深圳工作的时候，亲身感受到台商在祖国大陆投资的热情。深圳有很多家台资企业，形成了一种独特的台湾企业"风景线"。

我也到台湾进行过文化交流。最大、最深的感受就是：两岸的语言、风俗、传统等等，都是一样的，真的感觉是一家人。

2005年1月15日下午，海峡两岸民间航空业代表在澳门就2005年台商春节包机业务安排达成共识。双方商定：包机采取双方对飞，飞经香港不落地的方式。包机达成共识的佳音传来，作为最大受惠者的台商们表示热烈欢迎，他们用"喜出望外""兴奋"等词表达自己心中的喜悦。台商们纷纷表示要作为见证者搭乘第一班返乡包机抵达台湾。

是啊，大陆有那么多台商，按照中华民族的传统，春节都要回家团圆。当时，北京有五千多名台湾学生，上海有上万名台湾学生，除此之外，台湾每年有三百万人次到大陆，2004年双方信件来往有1700多万封，通话有4亿8000多万个。然而，因为两岸没有直航，这些台商们要到香港、澳门等地转机，辗转多地才能飞回家。这是多么不合情理啊。

由于台湾当局一再拖延"三通"进程，造成每年春节期间"数十万台商返乡过节，一票难求"的困境。为解决这一难题，台湾"中国台商协会"理事长、民意代表章孝严于2002年10月27日提出"包机直航"方案,提议在春节时段,专案许可岛内航空器,以定点、定时、定对象的方式,往返上海、台北间接运返乡台商。对此,大陆方面积极响应,并提出"直接、双向、互利、互惠"的基本立场。

经过有诚意的谈判,海峡两岸民航业者15日就2005年台商春节包机业务安排达成共识。台湾舆论及各航空公司普遍对此表示欢迎。1月16日出版的各大报纸,纷纷对此事作出了积极而正面的回应。《联合报》16日发表社论说,春节包机不仅事关数十万台商的返乡交通权益,在两岸交流当中也具有不同寻常的意义。社论呼吁台湾当局在处理两岸事务时勿再以"意识形态"挂帅,否则将会使台湾的路越走越窄,"格限台湾的经济发展机会,甚至形成区域不安的来源"。《东森新闻报》同日也发表评论表示,返乡过节的台商们,终于解除机票紧张的危机,多了包机可以坐,而且还是不中停的包机,票价也便宜了许多,"台商及家属们是最大赢家"。

岛内6家航空公司纷纷对此事表示欢迎。一直对今年的春节包机翘首以盼的台湾航空公司,早就开始着手对包机航线作初步规划。如"华航"和"长荣航空"都宣布将在最短时间内向大陆方面提出申请,争取成为首家飞航北京的台湾航空公司;"立荣""华信"及"复兴"航空公司则计划飞航广州航线。"中华航空"的有关负责人认为,"从业者的角度来看,参与重于利润",岛内航空公司均会积极参加包机业务。

从1月29日到2月20日,两岸民航飞机实现了56年来首次双向对飞。

当时,我在香港收看了包机画面的电视直播。包括大陆中央电视台、香港有线电视,英国广播公司BBC、美国有线电视新闻网CNN,以及日本放送协会NHK在内的各大知名电视台,都以重要时段报道了两岸春节包机的新闻。国际媒体纷纷形容,这是两岸56年以来所进行的第一次包机对飞的历史性时刻。

这一重大事件不仅成为两岸媒体的焦点，也是国际瞩目的头条新闻。包括英国广播公司BBC，日本NHK，美国有线电视新闻网CNN等国际媒体都以显著的篇幅报道。此外，路透社和美联社也通过台湾东森新闻台的画面和讯息，将春节包机新闻广发给全世界的媒体。其他知名国际通讯社，也通过岛内电视台的第一手画面，将56年来两岸首次双向对飞的包机消息传递给全世界。

台商春节包机的成功进行，表明两岸包机直航无论在技术上、客源上都是没有任何问题的，符合两岸交流的趋势，是大势所趋。大家都希望在今年两岸包机成功举行的基础上，尽早让两岸包机由春节台商包机发展成为"节日包机""周末包机"或定期航班，让客源从单纯的台商扩展到普通旅客，在飞行航线上实现真正意义的直航，给旅客提供更多的便利。

更令人高兴的是，包机的实现，推动了台北股市的上扬。台股元月份表现一直低迷，但受两岸春节包机启动的影响却全面走高，八大类股全面上扬，终场上涨114.3点，收盘指数5994.23点，成交值近千亿元新台币。

两岸民航包机首次直航多点对飞，一项针对台湾地区民众进行的调查显示，六成三的人支持开放直航，五成六认为有助两岸关系春暖花开，四成七民众则支持扩大包机对象。据《中国时报》二十九日的民调，台湾有五成八的民众目睹两岸民航客机起降的历史镜头，支持春节包机的有六成四，而不太赞成和非常反对的合计只有八个百分点。春节包机破冰，对两岸关系影响，有五成六认为将春暖花开，一成一表示不会造成任何影响。

两岸网民对此反应更是热烈。在大陆，几大主要中文网站的论坛中评论及跟帖不断，对此次春节包机"叫好"之余，更纷纷对两岸关系的未来走向表达了良好的祝愿。"叫好""高兴""庆贺"等语随处可见。在人民网上，网友写道，"不知为什么，我堂堂七尺男儿，此刻，热泪盈眶，我掩饰不住这种感情，我要在这儿和咱们大家一起分享这激动人心的一刻。"央视国际网站上，有网友惊呼：两岸对飞带来了春天的气息！祖国宝岛与大陆的双向对飞确实是震惊中外的大喜事！

台湾奇摩网站论坛中，网友纷纷表示春节包机"是一件可喜的事情"，"赞成春节包机"。

在为春节包机"叫好"之余，两岸网民也十分关注两岸关系的未来走向，并纷纷直抒己见。有大陆网友表示，发展两岸关系，尽快实现"三通"，是两岸民众的共同心愿。乐观的网友表示，"总算跨出了一步，第二步、第三步接着来吧，只要台湾民众有信心，台湾当局有诚意，海峡两岸就会一步一步走起来、热起来、亲起来、统起来、兴起来、富起来、强起来！""两岸同胞绝不满足于达成包机安排，而是期盼两岸能早日开通'三通'，让两岸同胞走亲访友就像亲朋好友串门一样方便，那多好！"

有台湾的网友说："'两岸之道，唯和与合，势之所趋，事之必至'。和解，合作，难道不能从春节包机开始？"还有台湾网友表示，"两岸不仅要一起过年，以后还要一起过日子！"

我在香港还读了不少社评，谈论的都是有关春节包机的话题。《香港商报》的新闻分析指出，虽然今年的春节包机"双向、多点、不经停第三地"，是两岸民间、航空业者不懈争取的结果，但仍只是"曲飞"，航班分散，航点有限，机位不过七千个，且仅限于台商及其雇员、眷属。相对于在大陆的五十万名台商及两倍于此的雇员、眷属，相对于在大陆求学的数千名台湾学生，相对于每年四百万名台湾观光客，"春节包机"尚不能满足两岸民间的往来需求。这至少应是下一步协商来年"春节包机"、甚至"端午包机""中秋包机""常态包机"的突破点。

香港《成报》则从这次包机中读出了更大的联想空间。《成报》在社评中说"愿两岸新局不用再等五十六年",指出这次春节包机虽然只有四十多班,但其突破性的意义将在中国历史上留下珍贵的纪录,因为这次包机安排不仅为日后两岸商议全面直航提供有价值的参考作用,还可以为双方日后加强接触创造契机。

我想,在这个日益全球化的时代,两岸应该更加亲密,携手共创中华民族的伟大复兴。其实,海峡两岸都是中国人,只要大家坚持"一个中国",承认"九二共识",什么事都好谈,什么事都可以商量。两岸的和平统一,是历史潮流,也是历史的必然。

跨越海峡的握手

（4月29日，胡锦涛与连战在北京举行会谈）

我从媒体上看到，2005年的胡连会，被评为台湾当年"十大新闻"之首。这使我想起那一年的5月29日，我在电视机前收看胡连会直播的场面：时隔多年，这个场面还是如此清晰，就如同发生在昨天。

公元2005年4月29日下午3时整，人民大会堂北大厅。中共中央总书记胡锦涛微笑着伸出右手，中国国民党主席连战也微笑着伸出右手，两只手仿佛伸过遥远的台湾海峡和跨越60年的风风雨雨，紧紧地握在一起。

国共两党最高领导的上一次握手，是距离今天已整整60年的1945年。那时，抗日战争刚刚胜利，国共两党举行重庆谈判，谈判时，毛泽东与蒋介石握了手，距今天已过去了60年。

举世瞩目的会晤即将开始，现场变得安静了许多。我紧紧盯着电视，似乎连呼吸都很轻很轻。终于，电视画面上领导人出现了，胡锦涛总书记从南面的帷幕后面走过来，快到红地毯的中心位置时停住了脚步。几十秒后，连战主席从北边的帷幕后面走出来，沿着红地毯走向胡锦涛。距离越来越近时，连战加快了脚步当两人距离三四米时，胡锦涛迈步迎了上去，两人几乎同时向对方伸出了手。中国共产党总书记和中国国民党主席的手，终于握到了一起！国共两党最高领导人的握手，距离上次整整间隔了60年。现场的闪光灯闪个不停，快门的声音此起彼伏。

胡锦涛说："你们的来访是中国共产党和中国国民党关系史上的一件大事，也是当前两岸关系中的一件大事，从你们踏上大陆的那一刻起，我们两党就共同迈出了历史性的一步。"

胡锦涛说，这一步既标志着两党的交往进入了新的发展阶段，也体现了我们两党愿共同促进两岸关系发展的决心和诚意。我们共同迈出的这一步，必将记载在两岸关系发展的史册上。

胡锦涛说，虽然我们两党目前还存在一些分歧，但只要我们双方都能够以中华民族的根本利益为重，以两岸同胞的福祉为重，就一定能够求同存异，共同开创美好的未来。

胡锦涛说，在当前，两岸形势复杂变化的形势下，我们两党都要深入地体察两岸同胞的所愿、所想，深刻地把握两岸关系和世界大势的发展趋向；要以我们积极的作为，向两岸同胞展示两岸关系和平、稳定、发展的前景；要向世界表明，两岸的中国人有能力、有智慧解决彼此的矛盾和问题，共同争取两岸关系和平、稳定、发展的前景，共同开创中华民族的伟大振兴。

为什么举国上下都这么关注这次会见？因为自从1949年以后，国共两党就没有任何公开的接触。在国民党"执政"时期，两岸授权的民间团体曾举行了两次高层对话——1993年的"汪辜会谈"和1998年汪辜上海会晤。但民进党"执政"后，台湾当局加快推动"台独"步伐，两岸的对话谈判已停止多年。

"历史的辛酸让我们曲曲折折，一直到今天才能够见面，所以我说有点相见恨晚的感觉。"连战对胡锦涛说。在刚踏上大陆的土地时，连战就感叹"这是历史性的第一步！"

17时30分左右，在北京饭店举行"中国国民党连战主席和平之旅记者会"，指出两党达成的五点共识：一、在认同"九二共识"的基础上促进恢复两岸谈判；二、促进终止敌对状态，达成和平协议；三、促进两岸在经贸交流和共同打击犯罪等方面建立合作机制，推进双向直航、三通和农业交流；四、促进扩大台湾国际空间的谈判；五、建立国共两党定期沟通平台。之后连战接受了媒体记者采访。

当天晚上，胡锦涛总书记特地在中南海瀛台举行晚宴，期间送给了连战一份特殊的礼物——连战的祖父连横当年要求恢复中国国籍的资料。连战接过去，激动地说，我们一家中国人当定了。

对于连战，大陆的同胞都很熟悉。都知道他是台南人，祖籍福建漳州，1936年8月出生于陕西西安。他的祖父连横在大陆知名度也非常高，其巨著《台湾通史》很多人都知道。《台湾通史》中有一句话，让很多人都非常感动："台湾原本是中国的一部分，台湾人永远是堂堂的中国人。"连战的名字据说就是来自祖父的遗言："中、日必将一战，若生男则名连战。"

连战的父亲连震东在大陆似乎没有连横知名度高。他历任国民党党政要职，曾任台湾省"建设厅长"、台湾当局"内政部长"等。

给大陆同胞留下深刻印象的是，2000年3月，连战作为国民党候选人参与台湾地区领导人选举落败。国民党下野后，李登辉被赶下台，辞去国民党主席之职，连战当选为国民党主席。2004年3月，连战与亲民党主席宋楚瑜搭档，再度参选台湾地区领导人，因为莫名其妙的"枪击案"，最后以微弱的差距落败。

大陆的媒体对连战的大陆行进行了充分的报道。在大陆行的首站南京，连战受到民众的热烈欢迎。4月27日，连战以中国国民党主席身份首次回大陆拜谒党的创始人孙中山先生的陵墓。中山陵特地打开了平日很少开启的中间大门。据一位现场记者的回忆："国民党访问团来啦！国民党主席连战来啦！"很快，这一爆炸性的新闻在南京迅速传播起来。人们奔走相告，从四面八方迅速地汇集过来。他们跑着、追着、欢呼着、高喊着，成千上万的游客汇聚在连战访问团的周围。一时间，哪里有连战，哪里就有无数的民众、游客和众多的记者。据粗略估计，当天来中山陵采访的记者就超过了千人。人们喊道："欢迎国民党访问团！""连主席，你好！""两岸要和平！"一位胖胖的中年妇女挤得满身是汗，双手举着一块手帕大小的标语，上面写着4个字："连哥您好"。连战随后在现场发表讲话，表示自己是以"庄严虔敬"的心情前来向创党总理孙中山先生致意；他提到目前两岸关系严峻，但又以孙中山的遗言来勉励大家"不要忘记和平、奋斗、救中国"，"做一个扬眉吐气的中华民族"，并为中山陵题词"中山美陵"。同日，连战一行还参观了明孝陵、原国民政府总统府、南京天妃宫和夫子庙。

4月28日上午，连战一行离开南京，乘机前往北京。到京后，连战即与中共中央台办在钓鱼台国宾馆举行了工作会谈，并到北京故宫博物院参观，全国政协主席贾庆林在人民大会堂会见了连战一行。随后访问团来到老舍茶馆欣赏戏曲演出。

4月29日10时左右，连战在北京大学行政楼礼堂发表演说并回答师生提问。他发表的演讲题为《坚持和平，走向双赢》。他在演讲中寄语北大学子："为民族立生命，为万世开太平"。并说，以人民为主，幸福优先，这是包括台湾2300万、大陆13亿所有人民共同支持的一个方向。他说："我的母亲在上世纪30年代曾在这里念书，今天来到这里，可以说是倍感亲切。看到斯草、斯木、斯事、斯人，想到我母亲在这儿年轻的岁月，心里感觉非常亲切。她老人家今年已经96岁了。我告诉她我要到这边来，她笑眯眯地很高兴。台湾的媒体说我今天回'母校'——母亲的学校。这是一个非常正确的报道。"连战的幽默，让现场轻松了很多。"台湾走对路才有出路。我们不能一直停留在过去，就像丘吉尔讲的，永远地为了现在和过去在那里纠缠不清的话，那你很可能就失去未来。大家都是将来国家社会乃至于民族的领航员，我又想到，以前美国的里根总统提到的那句很好的话，'假如我们不做，谁来做'。假如现在不做什么时候做。我就是因为这样，所以来到了这里。"演讲结束后，连战收到了北京大学的特殊礼物——当年他母亲在燕京大学读书时的学籍档案和照片。望着母亲的照片，连战十分激动。那一时刻，我看到镜头中的连战，眼睛里充满了感动的泪光。

世界瞩目的胡连会后，连战转赴西安、上海。

4月30日11时25分，访问团飞抵西安咸阳国际机场，开始了连战首次重返出生地西安之行。下午3时，连战重返阔别60余年的小学母校北新街小学（现名后宰门小学）参观并发表讲话、观看"小学长"的演出。随后向该校捐赠《台湾通史》等礼物并为校图书馆捐款。之后，一行人乘车前往秦始皇兵马俑博物馆参观。连战为博物馆题词"游秦冢而悯万民，跨两岸为创双赢"。5月1日，连战祭扫祖母墓，随后连战一行离开西安飞抵上海，与中共上海市委负责人见面，还夜游黄浦江；5月2日，连战看望海峡两岸关系协会会长汪道涵，并在上海地区台商午餐会上发表演讲；5月3日，连战一行返回台湾。

国共两党最高领导人时隔60年后握手，翻开两岸党际沟通崭新的一页。两岸人民福祉与祖国统一的民族大义，让两党再度握手，共同谋求解决历史课题。这种新的沟通机制，为海峡两岸的交流开辟新的道路，也为两岸同胞改善两岸关系的期盼带来新的希望。连战的"和平之旅"，为两岸关系的改善营造了良好的气氛，国共所达成的共识均符合两岸同胞，特别是台湾民众的根本利益。这是两岸关系发展和台海局势缓和的长期利好。

连战来访大陆受到最高礼遇。这样的礼遇，显示了大陆对台湾问题的重视以及对台湾百姓的尊重和善意。中国共产党对朋友一向以诚相待。只要承认一个中国原则，承认"九二共识"，不管政党大小、历史表现，都愿意同他们谈发展两岸关系、促进和平统一的问题。

其实，是大陆的对台政策与岛内民意互相呼应，推动了连战"登陆"。当时，根据台湾民调，赞成连战访大陆的民众比例超过四成，明显高于反对者。

各地媒体对连战大陆行普遍持肯定态度。台湾《中国时报》刊文认为，连战走出历史性一步，是符合台湾人民期待的。香港媒体及社会各界极为关注，高度评价这次"国共"两党会晤。香港媒体纷纷用"连战一小步，国共一大步""两岸大门开了""坚持和平走向双赢"等标题表述此次会晤的意义。香港《明报》指出，胡锦涛与连战在北京实现了历史性的会面。两人双手紧握的那一刻，"其历史意义不仅仅在于国共这一对中国现代政坛上的老冤家终于'相逢一笑泯恩仇'"，更重要的意义在于，"国共两党能够放下历史恩怨，以对民族、历史负责的勇气和魄力，共同为寻求两岸和平之路创造契机"。在两岸关系史上，这次"国共"两党会晤将会是一个重要的里程碑。澳门媒体也对"胡连会"给予高度评价。

海外华侨华人组织和媒体发表声明和文章，积极评价中国国民党主席连战访问大陆和国共两党领导人的历史性会晤。澳大利亚中国统一促进会发表声明说，连战访问大陆和国共两党最高领导人时隔60年的历史性握手，在中华民族的发展史上写下了重要的一页。声明希望这次访问成为国共两党共同反独立、反分裂、促统一、共发展的新起点。统一大业任重道远，望台海两岸领导人共同发挥智慧和力量，早日结束目前分裂对峙的局面，实现中华民族的统一。

罗马尼亚华文报纸《欧洲商报》4日发表评论员文章说，国共两党能坐下来谈两岸的前途就是胜利。胡锦涛总书记和连战主席握手就说明我们两岸的中国人有智慧解决我们自己的分歧，无需外人插足。同是中华民族的儿女，都是炎黄子孙，有什么大不了的事情不能求同存异、共谋发展呢？

泰国《星暹日报》刊文说，连战与胡锦涛会面就两岸和平发展进行建设性对话，将对台海和平稳定产生重大而有意义的影响。新加坡《联合早报》发表社论认为，连战的大陆之行既有利于局势缓和，更有望促进两岸人民进一步相互了解，共同发展。通过连战此行，人们可以断定，"台独"不符合历史潮流。

大陆的网友纷纷发表感言。他们说，胡锦涛与连站的历史性握手，是中国人民团结统一、和平发展历史进程的新开端；中国与世界接轨的新发展。中国大陆台海两岸人民生活水平必将迅速与世界水平靠近，中国人民必定为全世界人民的和平发展事业作出更大贡献，我们期盼这一天的迅速到来。

连战到访大陆，也激发了很多人的创作热情，纷纷写诗赋词表达自己的情感。从这些诗句中，我们可以感受到大陆同胞对台湾同胞的血浓于水的深情。有一个新浪网友写了一首《记住这个日子等待下个日子》的诗："锦上添花真朋友，红艳成词，绿叶成诗。来来往往，鸟宿新枝，莫道楼高花信迟，日照无私，雨露同滋。园林广辟总多姿，见相思，思亲遥绪相依依。不夜城，抬头见，月儿会圆。遥祝兄弟姐妹，合家共婵娟！"

人民币，正在走向世界

（7月21日，中国人民银行发布完善人民币汇率形成机制改革的公告）

2005年7月21日，新华社发布消息，为建立和完善中国社会主义市场经济体制，充分发挥市场在资源配置中的基础性作用，建立健全以市场供求为基础的、有管理的浮动汇率制度，经国务院批准，就完善人民币汇率形成机制改革有关事宜发布公告。主要内容是：7月21日起，中国开始实行以市场供求为基础、参考一篮子货币进行调节、有管理的浮动汇率制度。人民币汇率不再盯住单一美元，形成更富弹性的人民币汇率机制。

1994年以前，中国先后经历了固定汇率制度和双轨汇率制度。1994年汇率并轨以后，我国实行以市场供求为基础的、有管理的浮动汇率制度。企业和个人按规定向银行买卖外汇，银行进入银行间外汇市场进行交易，形成市场汇率。中央银行设定一定的汇率浮动范围，并通过调控市场保持人民币汇率稳定。

1997年以前，人民币汇率稳中有升，海内外对人民币的信心不断增强。此后，亚洲金融危机爆发，为防止亚洲周边国家和地区货币轮番贬值使危机深化，中国作为一个负责任的大国，主动收窄了人民币汇率浮动区间，为稳定亚洲经济做出了重大贡献。

为什么要进行完善人民币汇率形成机制的改革呢？因为这符合中

国的长远利益和根本利益，是缓解对外贸易不平衡、扩大内需以及提升企业国际竞争力、提高对外开放水平的需要。这些年来，中国经常项目和资本项目双顺差持续扩大，加剧了国际收支失衡。2005年6月末，中国外汇储备达到7110亿美元，对外贸易顺差迅速扩大，贸易摩擦进一步加剧。适当调整人民币汇率水平，改革汇率形成机制，有利于增强货币政策的独立性，有利于保持进出口基本平衡，有利于降低企业成本，有利于促使企业转变经营机制，增强自主创新能力，加快转变外贸增长方式，提高国际竞争力和抗风险能力。

用一句形象的话，通过这次人民币汇率形成机制改革，人民币更有"弹性"了。它的汇率不再单一盯住美元，而是由若干种主要货币组成一个"货币篮子"，实行以市场供求为基础、参考一篮子货币进行调节、有管理的浮动汇率制度。同时，根据国内外经济金融形势，以市场供求为基础，参考一篮子货币计算人民币多边汇率指数的变化，对人民币汇率进行管理和调节，维护人民币汇率在合理均衡水平上的基本稳定。

当日，人民币对美元升值2%，1美元兑8.11元人民币。此后，汇率浮动幅度有所扩大，金融市场运行平稳。

在当时，作为老百姓，我们并没有感受到这次改革对自己的生活产生多大影响。

我们可以感受到的是，人民币的影响越来越大了。人民币是中国的法定货币。在国际标准里，其正式的简称为CNY（ChinaYuan），不过更常用的缩写是RMB。到目前为止，中国人民银行总行共发行过5套人民币：第一套发行时间为1948年12月1日，那还是新中国成立前，中国人民银行总行在石家庄成立，这一天，发行了"中国人民银行货币"，简称人民币，即"第一套人民币"。第一套人民币上的行名、年号和面额均出自当时华北区政府主席董必武之手。第一套人民币停止流通时间为1955年5月10日。1955年3月1日，发行了第二套人民币。这是新中国成立以来第一套具有完整货币体系的人民币，首次实行主辅币制，并发行了金属分币，使新中国货币进入纸、硬币混合流通的时代。第三套人民币发行时间为1962年4月20日。这套人民币防伪措施进一步提高，人民币主景和面额文字及衬底花纹都采用了雕刻版，主币采用了五角星满版水印，10元券采用了天安门固定水印。第四套人民币发行时间为1987年4月27日，100元券上突出了毛泽东、周恩来、刘少奇、朱德老一辈无产阶级革命家的侧面浮雕像，开创了新中国成立后人民币中以领袖头像作图案的先河。目前正在流通的是第五套人民币，发行时间是1999年10月1日。2005年，中国人民银行再次发行第五套人民币100元、50元、20元、10元、5元纸币和1角硬币共6种版别，与1999年发行的第五套人民币等值流通，通过人民大会堂、布达拉宫、桂林山水、长江三峡等有代表性的图案，展现伟大祖国悠久的历史和壮丽的山河，具有鲜明的民族性，弘扬了民族文化。这套人民币是由中国人民银行首次完全独立设计与印制的货币，其印制技术已达到了国际先进水平。

1997年，我刚到香港工作时，如果在小商店里使用人民币买东西，店主会拒绝，并请你兑换成港币后再买。随着中国经济的突飞猛进，中国的国际影响逐渐扩大，人民币在香港逐渐成为"硬通货"，很多商家在自己柜台的显要位置摆上了"欢迎使用人民币"的牌子。

笔者作为新闻出版人员，曾到台湾进行过文化交流。在台北市，我发现很多台湾人都愿意收藏人民币，等待其升值，商店也很欢迎以人民币支付。刷银联卡消费，在岛内更渐为常态。我在台北、高雄、台南的商场，都很方便地使用银联卡消费。在台北一家邮局，我还用人民币自由地兑换了新台币。

近年来，随着两岸经贸往来逐渐扩大，岛内民众公开使用人民币的现象越来越普遍。据说在岛内人民币被称为"台湾的第二货币"、"和新台币、美元并列为岛内钱币市场的三大流通币种"。虽然人民币短期内还不可能成为通用货币，但很受欢迎。为满足两岸同胞的需求，2004年1月1日，大陆率先在福建省实施新台币与人民币兑换业务。2004年7月前后，台当局定下金马试办人民币兑换的政策。为解决长期以来金马两地非法兑换人民币的问题，2005年9月28日，台湾行政部门负责人谢长廷宣布从10月3日开始，开放金门、马祖地区金融机构，试办新台币与人民币兑换业务。凡符合"小三通"出入境规定的金马民众、台湾地区人民或大陆旅客，都可向经过许可的金融机构兑换，每次以人民币2万元为限。我想，两岸血浓于水，相互间的交流是任何人、任何团体都无法阻挡的。

当然，对于人民币，也有"捧杀"的。有人甚至耸人听闻地说，中国是世界上最大经济体，是世界上最大的出口国和世界上最大的净债权国，在亚洲，人民币集团已经取代了美元集团。

还有人将人民币的前景与20世纪90年代初日元在亚洲的前景相比得出结论，认为，即使只考虑亚洲因素，到本世纪30年代中期，一个更国际化的人民币贸易区将脱颖而出，如果加上财政和对外部门的配套措施，这一进程则会更快。由于全球金融危机，美国和欧洲的经济一直处于挣扎状态，人民币已日益成为一个参考货币。

当前，人民币在国际贸易和资本市场所上的作用发挥越来越大。被称作"红币"的人民币，其国际化进程已进入提速期。多年以来，人民币结算占中国内地进出口贸易额的比例每年都在迅速增长，离岸人民币资金池规模也变得越来越大。有人预计，到2015年，中国三分之一的国际贸易将以人民币结算，这将使人民币跻身全球三大贸易货币之列。

　　人民币币值因相对稳定坚挺，被誉为亚洲的"美元"。随着中国政府不断开放金融渠道，人民币双向跨境流动正不断增强。我期待着能够有那么一天，我们手里的人民币能够像美元一样，在世界各地都是"硬通货"。我想，到了那一天，中华民族伟大复兴的目标，是不是就算实现了呢？我盼望这一天早日到来！

展示捍卫和平的决心

（8月18日，"和平使命-2005"中俄联合军事演习正式开始）

　　中俄两国的关系，也不可谓不复杂。近代历史上，俄国给了中国带来过巨大的创痛。一个个不平等条约的签订，一次次领土的割让，给中国人民留下了深刻的记忆。中国"改革开放"的总设计师邓小平同志在与前苏联领导人见面时，讲到历史上中国在列强压迫下遭受损害的情况，特别是谈到历史上沙俄通过不平等的条约侵占中国的土地，超过150万平方公里。他说："得利最大的是沙俄，以后延续到苏联。"

　　中苏关系正常化后，在江泽民、胡锦涛等领导人的直接关怀下，经过两国人民的不懈努力，中俄关系得到迅速改善和发展，建立了战略协作伙伴关系，政治上高度互信，各领域务实合作日益深化，世代友好的思想在两国更加深入人心。可以说，两国关系正沿着健康、稳定发展的快车道加速前行。

　　进入新世纪，国际格局发生了自冷战结束以来最为剧烈的变化。在这样的背景下，产生了上海合作组织，"上合组织"的前身是"上海五国"会晤机制。1996年4月26日，中国、俄罗斯、哈萨克斯坦、吉尔吉斯斯坦、塔吉克斯坦五国元首在上海举行会晤。自此，"上海五国"会晤机制正式建立。如今，上海合作组织每年举行一次成员国国家元首正式会谈，定期举行政府首脑会谈，轮流在成员国举行。

时代呼唤一种新型的安全观以指导国际关系。安全合作是上海合作组织的重点合作领域，核心是打击恐怖主义、分裂主义和极端主义"三股势力"。上海合作组织倡导以相互信任、裁军与合作安全为内涵的新型安全观，并以此为指导积极参与推动上海合作组织框架内的地区安全合作。

此次军演，正是在上合组织框架内进行的一次两国联合军事演习，标志着中俄两军间互信与合作达到的新高度。中国人民解放军派出陆海空军多支精锐部队参加了此次演习。

俄罗斯海军太平洋舰队的3艘战舰，海军陆战队第55师1个连，空军包括苏-27SM歼击机、图-95MC战略轰炸机和图-22M3"逆火"式远程轰炸机在内的17架战机，第76空降兵师1个连，共计1800名官兵参加了此次演习。

8月18日至25日，一场展示中俄两军应对传统与非传统安全威胁、维护世界及地区和平决心的联合军事演习，在两国辽阔的地域、海域和空域内展开。

8月18日、19日是演习第一阶段，在俄罗斯符拉迪沃斯托克举行，主要演练战略磋商与战役筹划。当地时间上午9时，中国人民解放军总参谋长梁光烈上将与俄罗斯联邦武装力量总参谋长巴卢耶夫斯基大将，在俄罗斯太平洋舰队司令部共同宣布："和平使命-2005"中俄联合军事演习正式开始。军事演习导演部中俄双方总导演向参演部队下达了演练课目、提出演练要求。导演部双方参谋长向参演部队介绍战略战役初始态势、宣布作战时间。

20日至22日是第二阶段，主要演练内容是兵力投送与展开、调整并定下决心、组织战役协同。从第二阶段开始，演习移师到中国境内举行。8月20日上午，联合指挥部双方指挥员范长龙中将、费奥多罗夫海军上将分别向总导演葛振峰上将和莫尔坚斯科伊上将报告，第二阶段演练正式开始。通过分析判断敌情，双方定下战役决心，组织协同动作，面对共同的威胁，两军很快达成共同的战役企图。定下决心后，两国陆、海、空军和空降兵、海军陆战队等数十支作战分队有序进入作战地域。

23日至25日是第三阶段，进行的是实施交战的演练。这一阶段主要演练海上封锁作战、两栖登陆作战和强制隔离作战三个实兵课目。8月23日上午11时开始，两军进行了实弹演练。引人注意的是，中国军队的反潜直升机从"哈尔滨"号导弹驱逐舰上迅速起飞，海上编队中的中国海军驱逐舰和俄罗斯海军反潜舰发射了48枚火箭和深水炸弹，海上掀起了冲天的巨浪。8月24日上午，两国军队展开了两栖登陆演练。双方投入了步兵、空降兵、特战队员、海军陆战队员，战斗场面颇为壮观。从俄罗斯本土起飞的战略轰炸机以远程导弹精确攻击，拉开了联合火力打击的序幕。之后，一架中国新型轰炸机从60公里外发射一枚制导导弹，准确命中了"敌"指挥所。面对严重的"敌情"，两国军队密切合作，取得了战役的胜利。

"和平使命——2005"中俄联合军事演习吸引了众多媒体的关注。上百名中外记者前往演习现场进行采访，展开了一场没有硝烟的"新闻大战"。

2005年9月7日，俄罗斯总统普京"高规格"接待了来访的中国国防部部长曹刚川上将。正式会晤后，普京特意挽留曹刚川在总统官邸的露台上喝啤酒。期间宾主用俄语相谈甚欢。普京用"圆满成功"来形容刚刚结束的中俄联合军事演习。

此次演习中国邀请了上海合作组织成员国和观察员观摩演习，但拒绝了美日作为观察员的要求。针对有关国家的担心，外交部发言人表示：中俄联合军演的目的是应对地区安全新威胁，增进两国的互信。演习不针对第三方。

"和平使命——2005"圆满结束后，很多网友在网上欢欣鼓舞，表示热烈的祝贺。他们为"和平使命——2005"叫好，称赞中俄军演展示的是和平的力量与信心，是为世界和平送上一束鲜花。

这是一次成功的演习，这是一次展示中国力量的演习，这是一次展示中俄维护地区和世界和平的力量的演习。军演的成功，真实体现了中俄两国军队的高水平素质。它成功之处在于，高层沟通支持有力，战略目标清晰，组织、指挥、协调严密有效，战术协同有序。

中俄军演成功，不仅是军事上的，更重要的是表现在政治上，表现在增加两国人民的友谊上。两国的军队在一起演习，互相学习，互相了解，这本身就是和平宣示，就是和平的实证。

"和平使命——2005"结束了，但维护世界和平的任务任重道远。我想，只有实力才能带来永久的和平。为了世界和平，为了祖国经济社会的发展，中国军队还需要继续努力，朝着建设一支听党指挥、能打胜仗、作风优良的人民军队的目标坚定前行。

2005年中国大事记

一月

5日至6日，中央保持共产党员先进性教育活动工作会议在北京举行。

二月

4日，西部大开发五周年座谈会在北京举行。胡锦涛在会上肯定了五年来西部大开发的成绩，强调要进一步转变观念、着力深化体制改革。

19日，中共中央举办的省部级主要领导干部提高构建社会主义和谐社会能力专题研讨班在中央党校开班。胡锦涛在开班式上指出，构建社会主义和谐社会，是党提出的一项重大任务。要建设的和谐社会是民主法制、公平正义、诚信友爱、充满活力、安定有序、人与自然和谐相处的社会。

三月

3日至12日，全国政协十届四次会议在北京举行。

4日，胡锦涛在看望参加全国政协十届三次会议的民革、台盟、台联界委员时，就新形势下发展两岸关系提出了四点意见：坚持一个中国原则决不动摇；争取和平统一的努力决不放弃；贯彻寄希望于台湾人民的方针决不改变；反对"台独"分裂活动决不妥协。

5日至14日，全国人大十届三次会议在北京举行。会议通过了《反分裂国家法》。

12日，国务院颁布第433号令，批准董建华辞去香港特区行政长官职务的请求。根据《中华人民共和国香港特别行政区基本法》和香港特区《行政长官选举条例》的有关规定，香港特区须在7月10日选举新的行政长官。

四月

6日，香港特区政府署理行政长官曾荫权，以政务司司长身份在立法会就新的行政长官任期发表声明，宣布向国务院提出报告，请求国务院提请全国人大常委会，在本月下旬的全国人大常委会会议上，就基本法第53条有关新的行政长官任期作出解释。

23日，胡锦涛会见联合国秘书长安南时表示，中国支持联合国进行改革，中国也支持安理会扩大，赞同优先增加发展中国家的代表性，主张提高安理会的工作效率和权威。

27日，十届全国人大常委会第十五次会议通过《中华人民共和国公务员法》。这是我国第一部干部人事管理的法律，是干部人事管理科学化、法制化的重要里程碑。

29日，胡锦涛与中国国民党主席连战在北京举行会谈，这是60年来国共两党最高领导人的首次正式会谈。

五月

8日，胡锦涛抵达莫斯科，出席俄罗斯纪念卫国战争胜利60周年庆典。

六月

6日至7日，全国农村税费改革试点工作会议在北京召开。温家宝在会上强调，农村税费改革将进入新的阶段，巩固农村税费改革成果，积极稳妥推进以乡镇机构、农村义务教育和县乡财政体制为主要内容的综合改革试点。

13日，中共中央举行陈云诞辰100周年纪念大会。同月，《陈云传》《陈云文集(1－3卷)》由中央文献出版社出版发行。

21日，曾荫权得到中央政府正式任命，并在6月24日上午9时在北京人民大会堂正式宣誓就职，成为第2任香港特别行政区行政长官。

30日，温家宝在全国做好建设节约型社会近期重点工作电视电话会议上强调，加快建设节约型社会，事关现代化建设进程和国家安全、人民群众福祉和根本利益、中华民族生存和长远发展。

七月

21日，中国人民银行发布完善人民币汇率形成机制改革的公告，宣布自当日起，我国开始实行以市场供求为基础、参考一篮子货币进行调节、有管理的浮动汇率制度。

八月

19日，马英九接任中国国民党主席。

26日，中共中央政治局召开会议，研究进一步做好西藏工作。9月1日，西藏各族各界二万多人隆重集会，热烈庆祝西藏自治区成立40周年。

九月

3日，纪念中国人民抗日战争暨世界反法西斯战争胜利60周年大会在北京举行。

十月

1日，新疆维吾尔自治区成立50周年庆祝大会在乌鲁木齐举行。中共中央、全国人大常委会、国务院、全国政协、中央军委向庆祝大会发出贺电。罗干率中央代表团出席庆祝大会。

15日，世界海拔最高的青藏铁路全线贯通，预计2006年7月份投入试运行，届时将结束西藏无铁路的历史。

8日至11日，中共十六届五中全会在北京举行。审议通过了《中共中央关于制定国民经济和社会发展第十一个五年规划的建议》。

12日至17日，我国自主研制的"神舟"六号载人航天飞行获得圆满成功。11月26日，中共中央、国务院、中央军委在北京举行庆祝"神舟"六号载人航天飞行圆满成功大会，胡锦涛出席并强调要大力弘扬"载人航天精神"。

15日至16日，第七届20国集团财长和央行行长会议在北京举行。

28日至11月2日，胡锦涛应邀正式访问朝鲜、越南。

十一月

18日，中共中央举行座谈会纪念胡耀邦诞辰90周年。曾庆红在会上发表讲话，称胡耀邦为久经考验的忠诚的共产主义战士，伟大的无产阶级革命家、政治家，我军杰出的政治工作者，长期担任党的重要领导职务的卓越领导人。

十二月

28日至29日，中央农村工作会议在北京召开。会议讨论了《中共中央、国务院关于推进社会主义新农村建设的若干意见(讨论稿)》，充分肯定了十六大以来党和政府的农业和农村工作。

2005年的世界

1月1日，土耳其发行新货币新土耳其里拉。

1月6日，2005年国际消费电子展在美国拉斯维加斯举行。

1月12日，欧洲议会通过欧盟宪法条约。

1月16日，一名66岁的罗马尼亚妇女产下一女，成为世界上最高龄的产妇。

1月18日，全球最大客机空中客车A380在法国隆重面世。

1月19日，汉城的中文名改为首尔。

2月16日，限制全球温室气体排放量的"京都议定书"经过近8年争拗后，终获得120多个国家确认正式生效。

2月20日，西班牙以绝对多数赞成票通过欧盟宪法条约。

2月27日，《烟草控制框架公约》在最早批准该条约的40个国家生效。

4月18日，Adobe系统公司以34亿美元并购Macromedia公司。

4月27日，世界上最大的客机空中客车A380进行处女航。

5月31日，美国水门事件的深喉身份曝光，被证实就是时任联邦调查局副局长的马克·费尔特。

7月6日，伦敦获得2012年夏季奥运会举办权。

7月26日，美国发现号航天飞机在肯尼迪航天中心发射升空。

8月29日，卡特里娜飓风侵袭美国路易斯安那州、密西西比州，纽奥良八成被浸在水里，造成重大经济损失。

8月30日，纽约原油价格冲上每桶70.85美元的历史新高。

10月8日，巴基斯坦北部发生里氏7.6级地震，至少2.5万人在地震中遇难。

11月11日，沙特阿拉伯获准加入世界贸易组织。

十年流行色之四：2005年大陆流行语

节约型社会

针对中国严峻的能源危机，国家号召全民共建节约型社会。

贝晶欢迎妮

2008北京奥运会5个吉祥物的名字。

千手观音

2005央视春晚一大亮点，在网络被演绎出诸多版本。

飘移

车还能开成这样，电影《头文字D》让有车族们彻底疯狂了一把。

海选

这种全新的模式给了每一个平凡人成为明星的机会。

PK

湖南卫视"超级女声"选拔选手所用的方法，被广泛引用于双人对决。此外，评委柯以敏评价超女的口头语"veryverygood"，再配上夸张的表情，被网友们形容一个人的表现非常优秀。

亮剑

本年度，随着电视连续剧《亮剑》热播荧屏，一个"缺点"太多的军人形象李云龙由此深入人心，受到观众的真心喜爱。

苏丹红

这种人工合成的红色染料被用于辣椒酱等食品。事件频繁被媒体披露后，引起了人们对大陆食品安全的担心。

××很生气，后果很严重

这是本年度很受观众欢迎的电影《天下无贼》的经典台词，成为风行一时的幽默用语。

大陆这十年

中国农民的天大喜事

（1月1日，《农业税条例》正式废止）

在很多人眼里，中国是一个农业大国。"面朝黄土背朝天"，一直是人们心中农民的形象。"10亿人口，8亿农民"的概念，我们叫了很多年。农业的确在中国经济中占有重要地位，新中国成立最初几年，农业收入一度占国家财政收入的40%。

历史的车轮前进到2006年，刚刚进入第一天，中国农民就听到了《农业税条例》正式废止的喜讯。我认为，这是一个重大的历史事件，它标志着9亿中国农民依法彻底告别延续2600年的"皇粮国税"，是中国在缩小城乡差别、减轻农民负担方面迈出的历史性一步。

施行48年之久的《农业税条例》正式废止，意味着与税费改革前的1999年相比，农民每年减负总额将超过1200亿元，人均减负140元。为了保证乡镇机构在免征农业税后正常运转，2005年中国的中央财政为此安排转移支付662亿元，用于补助地方财政。2006年起每年将安排转移支付782亿元。

全面取消农业税，具有重大的政治、经济和社会意义。一个是，完善和规范了国家与农民的利益关系，可以更好地维护九亿农民的根本利益，促进城乡居民共同富裕，实现更大范围、更高水平的小康。再有就是，降低了农业生产经营成本，提高农业效益和农产品市场竞争力，调动种粮农民积极性，增强粮食综合生产能力，维护国家粮食安全，把农业农村发展纳入整个现代化进程，让亿万农民共享现代化成果。同时，可以使亿万农民的潜在购买意愿转化为巨大的现实消费需求，将进一步提高农村消费水平，从而拉动整个经济的持续增长，盘活国民经济的全局。

历史的沧海桑田，显示出这样一串串轨迹：公元前594年鲁宣公实施的"初税亩"，是中国历史上记载的最早的农业税，也是中国最早的税种。尽管中国历史上出现过"两税法""一条鞭法""摊丁入亩"等改革，以扩大纳税面，让有地产、有钱财的人多纳税，但由于吏治腐败，负担最终转嫁到农民头上。到了2006年，整整是2600年！我平常读史的时候，也读到过封建统治者短暂减免税收的记录。比如《汉书·文帝纪》中记载：（十三年）六月，诏曰："农，天下之本，务莫大焉。令廑身从事，而有租税之赋，是谓本末者无以异也，其于劝农之道未备，其除田之租税。"《通典》也曾记载：文帝十三年，"其除田之租税。孝景二年，令民半出田租、三十税一。"可见，汉文帝十三年，统治阶级就曾暂时免收过农业租税。

农业曾经是中国社会最重要的生产部门，田赋也成为国家财政收入的主体。

新中国成立后，中国农民为社会主义建设事业做出了巨大贡献。从1949年至2000年的52年间，农民给国家缴纳了7000多亿公斤粮食，农业税也一直是国家财力的重要支柱。从1949年到2003年，全国累计征收农业税达3945.66亿元。正是依靠农业的哺育作用，新中国从"一穷二白"的起点上，建立起比较完整的工业体系。

中国改革开放后，情况已经大不相同。随着工业、商业的发展，农业在中国国民经济中的比重不断下降。世界各国工业化成长过程中，工农关系大致要经历三个阶段：以农养工的工业原始积累阶段；

农业、工业自我积累、自我发展的农工自养的工业化中期阶段；工业积累支援农业，被称作"反哺农业"的工业成熟阶段。

上世纪90年代后期以来，"三农"问题开始超越农村的层面，越来越成为影响中国社会经济的重大问题。当时，中国已步入工业化的中期阶段，却面临着农业效益低、农民收入少、城乡差距不断扩大等问题。"三农"已成为整个国民经济发展的一块"短板"，到了非解决不可的地步。

当一个国家经济发展到一定程度，无一例外地要对农业实行零税制，并给予相当的财政补贴。进入新世纪以来，中国开始了以减轻农民负担为中心，取消"三提五统"等税外收费、改革农业税收为主要内容的农村税费改革。取消这一税种也经历一个酝酿和试行过程。2000年，安徽进行税费改革试点。2003年，税费改革全国推开，中央财政拿出305亿元用于税费改革专项转移支付。2004年，取消牧业税和除烟叶外的农业特产税；农业税税率每年降一个百分点以上。2006年1月1日，《农业税条例》的正式废止标志着这一延续了2600年历史的古老税种的终结。

取消农业税是一个终点，也是一个新的起点。如果说城市改革的成功为中国工业化奠定了基础的话，那么农业税的取消、新的农村生产经营模式的转换，将意味着中国农业现代化建设开始进入了快车道。在此基础上，国家不断加大对农业的投入，切实帮助农民改善生产生活条件。粮食直补、农资综合直补、良种补贴、退耕还林补助、合作医疗补助、购置农机补贴、义务教育免费等越来越多惠农政策为农民带来了更多实惠。

在网上，网民们大声为废止农业税政策叫好。一位网民为此专门写了一诗："新春未到搭台忙，寨寨村村锣鼓狂，试问农家何事乐？

'从今不再缴公粮'！"

不收农业税，说明中国完全可以依靠工业和其他行业的税收运行机制了；说明中国正在快速地向工业化国家迈进了；说明中国的粮食已经作为商品进入市场运作机制了。这事证明中国确确实实在进步，农民确确实实在走向幸福。我们的国家现在好了，有经济条件了，就应该好好报答报答我们可歌可敬的、苦难辛劳的衣食父母——农民。

一位新华网的网友说：这是一个非常重要的日子，必将成为我中华牢牢铭刻在史册的日子！因为表决，我国的立法机关在我的心中神圣起来！作为芸芸众生中的一黎民百姓，我只关心与人最基本生存有关的东西。因为我有了更大生存的空间，我就会更爱我的国家，爱我的同胞，并为我的祖国而奋斗！

网友"同在天涯"说：国家颁布实施免费九年义务教育的决定，局部地区高中教育也将免费，从西部开始，很快就会惠及全国。其他政策还有：统一城乡户口开始试点，新型农村医疗制度将覆盖全国农村，农村城镇化建设步伐加快，民工权益将立法予以保障，这表明我国农村正经历一场波澜壮阔的发展时期。这些惠民政策必将为缩小城乡差别，改善农村面貌，促进全社会的和谐发展起到巨大推动作用！

大家都说，取消农业税已经成为一个标志性的事件，它意味着中国开始经济发展模式的转变，反哺农业的政策已经初露端倪，有利于缩小城乡差别，体现社会公平，维护社会稳定。这是件了不起的大事！不仅农民高兴，全国各族人民也为之高兴！让历史记住这一天！

神奇的"天路"

（7月1日，青藏铁路全线建成通车）

　　大陆女歌手韩红有一首很流行的歌叫《天路》："清晨我站在青青的牧场，看到神鹰披着那霞光，像一片祥云飞过蓝天，为藏家儿女带来吉祥。黄昏我站在高高的山岗，看那铁路修到我家乡，一条条巨龙翻山越岭，为雪域高原送来安康。那是一条神奇的天路，把人间的温暖送到边疆，从此山不再高、路不再漫长，各族儿女欢聚一堂。黄昏我站在高高的山岗，看那铁路修到我家乡，一条条巨龙翻山越岭，为雪域高原送来安康。那是一条神奇的天路，带我们走进人间天堂，青稞酒酥油茶会更加香甜，幸福的歌声传遍四方……"这首旋律优美、婉转柔情的歌曲，就是为庆祝青藏铁路建成而写的。

　　2006年7月1日，青藏铁路全线建成通车。庆祝大会在青海省格尔木市和西藏自治区拉萨市同时隆重举行。中共中央总书记、国家主席、中央军委主席胡锦涛专程前往格尔木市出席庆祝大会并发表重要讲话。胡锦涛强调，建设青藏铁路的成功实践再次向世人昭示，勤劳智慧的中国人民有志气、有信心、有能力不断创造非凡的业绩，有志气、有信心、有能力屹立于世界先进民族之林。他号召中国各族人民学习和弘扬"挑战极限、勇创一流"的青藏铁路精神。

　　记得当天上午，我参加一个纪念活动，没有看到电视直播。晚上，我专门收看了新闻。那一天的格尔木，成了欢乐和喜庆的海洋。

火车站站前广场上，鲜花竞放，彩旗飘扬，鼓乐喧天，鲜艳的气球飘浮在半空。参加庆祝大会的各族各界群众身着节日盛装，迎接那个激动人心的时刻。

伴随着长长的汽笛，格尔木至拉萨首趟旅客列车，载着600多位劳动模范代表、各族各界代表和普通旅客，缓缓驶出格尔木车站。胡锦涛向乘客们挥手致意，目送列车渐渐远去。

西藏自古以来就是中国领土不可分割的一部分。1951年，中央人民政府和原西藏地方政府签订了"十七条协议"，西藏实现了和平解放，结束了封建农奴制，进入了社会主义社会。1959年，西藏实行了民主改革。1965年，西藏正式实现了民族区域自治。西藏自治区成立之后，维护了西藏的稳定，促进了西藏经济和社会的快速发展。

建设青藏铁路是几代中国人梦寐以求的愿望。进入新世纪，中国共产党从推进西部大开发、实现各民族共同发展繁荣的大局出发，作出了修建青藏铁路格尔木至拉萨段的重大决策，提出了建设世界一流高原铁路的目标。

青藏铁路西宁至拉萨全长1956公里。其中，西宁至格尔木段814公里已于1984年投入运营。2001年6月开工修建的格尔木至拉萨段，全长1142公里，海拔4000米以上的地段达960公里，最高点海拔5072米，经过连续多年冻土地段550公里，是世界铁路建设史上最具挑战性的工程项目。这不仅是中国铁路建设史上的伟大壮举，也是世界铁路建设史上的一大奇迹。

经过10多万筑路大军历时5年的艰苦奋战，青藏铁路格尔木至拉萨段建成，至此世界上海拔最高、线路最长的高原铁路青藏铁路全线胜利建成通车。

青藏铁路沿线高寒缺氧，地质复杂，冻土广布，工程十分艰巨。

修建这样一条铁路，不仅是对中国综合实力和科技实力的检验，也是对人类自身极限的挑战。在5年的建设过程中，全体参建人员始终牢记党和人民的重托，顽强拼搏，勇克难关，破解了多年冻土、高寒缺氧、生态脆弱三大世界性工程技术难题，使这一钢铁大动脉提前一年建成通车，创造了多项世界铁路之最，在条件异常艰苦的雪域高原上，以惊人的毅力和勇气战胜了各种难以想象的困难，用自己的心血和汗水谱写了人类铁路建设史上的辉煌篇章。参加建设的工人说，在海拔4000米以上地段铺架，羽绒服在这里都透风，根本没有用！

在青藏高原腹地修建铁路，这在过去是"连做梦都不敢想的"，如今在中国共产党领导的新中国变成了现实。青藏铁路的开通大大缩短了西藏同胞同祖国内地的距离，给西藏的社会、经济和人民带来"千载难逢的历史的发展机遇"，是一条西藏各族人民的"幸福线"。

青藏铁路还是青藏高原各族人民的经济线、团结线、生态线，是中国共产党坚持执政为民、造福各族群众的又一座不朽丰碑。

青藏铁路的开通将开启西藏走向文明、走向现代的新纪元，将极大地促进西藏经济社会的快速发展和民族团结。青藏铁路作为"西藏经济的大动脉"，西藏各族人民将通过铁路运输解决西藏经济活动中的远距离运输问题，大幅提升进出藏货物量，促进旅游业走向了快车道，将从根本上提升西藏的自我发展能力，促进西藏经济从供给型、输血型向市场型、造血型转变。从而使得西藏与内地的联系更加紧密，藏汉一家、民族相亲的历史又翻开了新的历史一页。

"出国容易进藏难"的历史结束了。向往西藏的内地民众现在可以很方便地到西藏来；西藏百姓到内地旅游、学习的费用也将大大降低，更加便利。有关专家认为，青藏铁路即将开启中国铁路旅游的新时代。世界海拔最高、线路最长的高原铁路的开通运营，串起了青藏高原上的众多景观，无疑会对广大游客产生极大的吸引力。青藏铁路穿行于平均海拔4000米以上的青藏高原腹地，全长1956公里。从青海西宁到西藏拉萨，青藏铁路沿线分布着青海湖、可可西里自然保护区、念青唐古拉山、布达拉宫等世界或国家级旅游资源。在青藏高原上，你会看到茫茫的戈壁滩、巍峨的雪山、幽深的大峡谷、碧波荡漾的神湖……

收看了电视新闻后，我感慨万千，浮想联翩。这一天，正逢中国共产党欢度85岁生日。同一天，中国人圆了一个50多年的梦。这是一个值得纪念、值得书写的一天啊！

《人民日报》发表了社论《弘扬挑战极限勇创一流的青藏铁路精神——热烈庆祝青藏铁路全线建成通车》。社论说，挑战极限，勇创一流的青藏铁路精神，饱含着爱国主义的豪情壮志，饱含着顽强拼搏的英雄气概，饱含着自主创新的精神，饱含着团结协作的优秀品质。这种精神，是以爱国主义为核心的民族精神的传承和升华，是以改革创新为核心的时代精神的延伸和拓展，是激励我们56个民族、13亿中国人民奋勇前进的强大动力。社论指出，青藏铁路这一举世瞩目的伟大工程提前一年建成通车，她彻底结束了占全国八分之一国土面积的西藏自治区不通铁路的历史，几代人的梦想终于实现，是我国在建设全面小康社会的征程中取得的辉煌成果，对于中国经济社会发展、西藏的发展以及民族团结和国防建设都具有深远的战略意义，是中华民族的骄傲，世界也为之惊叹。

国际舆论对中国修建青藏铁路予以了高度关注，纷纷肯定中国敢于迎接挑战。美国俄勒冈州立大学著名冻土专家文森教授说："青藏铁路是21世纪工程建设领域最伟大的成就之一"。英国《卫报》说，

"这条铁路正是中国的'敢为'精神的最佳例证。从更广阔的范围着眼，青藏铁路通车不仅将推动中国西部地区的发展，也有利于中国与周边国家的经贸交流"。正如一位印度商人所言："青藏铁路不仅是中国的大事。"这一过程，是青藏高原经济融入国际经济循环、更加开放的过程，也是藏文化自身发展交融以及与多种文化不断碰撞的过程，它将有助于南亚各国发展经贸关系。

新加坡《联合早报》发表社论说，由青藏"天路"的开通看到了中国共产党脚踏实地的治国思维。文章指出，这是继三峡大坝之后又一叫人惊叹的壮举，充分展现中国令人敬畏的国力，秦皇汉武也莫过于此。文章认为，带领中国人民造出高峡平湖、开辟雪域天路的中国共产党，眼前的最大挑战，其实还是在普罗大众的生活琐事上，在就业、上学、住房、求医等等问题上。文章回顾了中国的历史，称中国共产党带领人民经过艰苦卓绝的奋斗推倒了"三座大山"，又干了两件"大事"——在一穷二白的基础上建立独立的比较完整的国民经济体系，以及大幅度提高综合国力和人民生活水平。文章指出，国家的伟大成就，终究必须落实到老百姓生活中。中国领导人在这个问题上显然越来越有深刻的认识，不论是"以人为本"还是"科学发展观"，都让人看到脚踏实地的治国思维。

直到现在，我还常常唱一唱《天路》这首歌。我用自己的歌声，纪念青藏铁路可歌可泣的建设历史；我用自己的歌声，祝愿青藏铁路在为实现西藏经济社会跨越式发展、推动祖国边疆的社会进步、实现中华民族复兴的壮丽史诗中放射出夺目的光芒！

执政能力的巨大飞跃

（10月11日，中共中央全会审议通过构建和谐社会的决定）

在中国，当家很难。再大的数字，如果除以13亿，都会变得很小；再小的事情，如果乘以13亿，都会变成天大的问题。

改革开放后，中国的全面建设取得了巨大的进步。很多国家的发展经验表明，当一个国家人均GDP跨入1000美元门槛后，可能出现两种前途、两个命运：一种是较好地化解了社会潜在风险，实现持续多年的快速增长，经济社会再上新的台阶；另一种是失业率居高不下，贫富差距过于悬殊，引起社会的动荡不安。到了2005年，中国人均国内生产总值超过1,700美元，中国社会总体上是和谐的，但也存在不少影响社会和谐的矛盾和问题。比如，城乡差距、地区差距仍在进一步扩大，居民收入鸿沟扩大，低收入群众生活比较困难，分配不公矛盾凸显。再有是老百姓对上学难、看病难、住房难、就业难等问题反映比较强烈。一些地方社会治安不佳，黄赌毒危害严重，重特大安全事故接连出现。再有就是资源约束和环境压力加大，已经成为影响社会发展主要矛盾之一。群体性事件也不少，成为社会矛盾在某些领域显化、激化的突出体现。

中国共产党和中国政府，必须面对这些问题，也必须解决好这些问题。

正因为如此，当我看到中共十六届六中全会做出构建和谐社会的重大决定后，为之激动、为之喝彩！

中共十六届六中全会于2006年10月8日至11日在北京举行，全会全面分析了当前的形势和任务，提出新世纪新阶段中国共产党要带领人民抓住机遇、应对挑战，把中国特色社会主义伟大事业推向前进，必须坚持以经济建设为中心，把构建社会主义和谐社会摆在更加突出的地位，审议并通过了《中共中央关于构建社会主义和谐社会若干重大问题的决定》。

这是可以载入中国史册的一天。这一天，我认为标志着中国共产党执政能力有了一个新的飞跃，表明中国共产党的执政理念、治国理念和治理社会的理念有了新的进一步的发展和完善。

和谐社会是人类孜孜以求的一种美好社会。中国共产党作为马克思主义政党，理所当然地将构建和谐社会作为不懈追求的理想。

构建社会主义和谐社会的提出，经历了紧密相连的几个阶段。

2004年9月，党的十六届四中全会《决定》提出了执政能力的五大任务，其中构建社会主义和谐社会的能力，作为党的执政能力。

2005年2月19日，中央举办和谐社会高级干部专题研讨班，胡锦涛总书记作了重点讲话。

2005年2月21日，中央政治局组织第20次集中学习，重点研究和谐社会的问题。

2005年3月，全国人大三次会议提出，各级党委政府要加强和改善对构建和谐社会各项工作的领导，指导构建社会主义和谐社会摆在全局工作的重要位置，建立有效的领导机制和工作机制，认真研究解决重大问题和突出问题，不断认识和把握新形势下和谐社会建设的特点和规律。

党的十六届六中全会通过的《决定》，第一次鲜明地提出和阐述了"构建社会主义和谐社会"这个科学命题，并把它作为加强党的执政能力建设的五项任务之一提到全党面前。一些学者提出，构建社会主义和谐社会是我们党理论创新的一个重大成果，具有重大的意义。《决定》把构建社会主义和谐社会与我们党的奋斗目标紧密联系起来，提出构建社会主义和谐社会是建设富强民主文明和谐的社会主义现代化国家的内在要求。这是一个新论断，也是文件的一个重大理论创新。

《决定》指出："社会和谐是中国特色社会主义的本质属性。"这是中国共产党总结中国社会主义建设长期历史经验得出的基本结论，是党对中国特色社会主义本质的新认识，也是这次全会文件立论的重要理论基础。构建社会主义和谐社会，应该是民主法治、公平正义、诚信友善、充满活力、安定有序、人与自然和谐相处的社会。《决定》确定了到2020年的阶段性目标：努力形成全体人民各尽其能、各得其所而又和谐相处的局面，实现全面建设惠及十几亿人口的更高水平的小康社会的目标。这一目标振奋人心，催人奋进，充分反映了全党全国各族人民现阶段的共同愿望和美好追求。

我想，构建社会主义和谐社会，还有三点值得说一说。

构建社会主义和谐社会，是对中华传统文化的继承。"和谐"是中国传统文化的核心理念和根本精神。《中庸》有"致中和，天地位焉，万物育焉"的论述，《周礼》则有"以和邦国，以统百官，以谐万民"之说。所谓"执中至和"，就是通过正确方法，实现美好理想，达到事物发展的最佳境界。在人类历史上，没有哪一个多民族国家能够像中华文明这样维持了数千年，至今而不衰。虽然其间有几次周期性的动荡，但总的趋势是稳定的。中华文化中，非常注意人与自然的和谐。我们的祖先便十分重视天时。他们凭着观察日月星辰的四时变化，来审时度节，安排农事。孟子主张"不违农时"。季羡林先生在《东方文化集成》一书的序言中说："东方文化主张人与大自然是朋友，不是敌人，不能讲什么'征服'。只有在了解大自然，热爱大自然的条件下，才能伸手向大自然索取人类衣、食、住、行所需要的一切。也只有这样，人类的前途才有保障。"中华传统文化中，处理人际关系也讲求"和谐"的理论，并且由此放大到社会层面。人与人之间要讲"和谐""家和万事兴"。企业内部、企业与企业之间，要讲"和谐""和能生财"。这种理论，随着时代的进步也在不断地丰富和发展。我想，其实"一国两制"又何尝不是"和谐"思想的产物呢？不赞成马列主义、不赞成社会主义制度不要紧，只要承认中华民族的传统文化，承认自己是炎黄子孙，承认自己是中国人，只要爱国，大家就是一家人。

构建社会主义和谐社会，是解决中国现实问题的需要。中国人均GDP已经超过1000美元，从国际上看，这一时期往往是社会稳定问题非常突出的时期，不能不高度重视构建社会主义的和谐社会。当前，中国正处于"黄金发展期"和"矛盾凸显期"，其错综复杂之程度，已经超出了改革开放以来的任何一个时期。进入改革发展的关键时期，我国经济体制深刻变革，社会结构深刻变动，利益格局深刻调整，思想观念深刻变化。这种空前的社会变革，给中国发展带来巨大动力的同时，也必然带来这样那样的矛盾和问题。就业、社会保障、收入分配、教育、医疗、住房、安全、生产、社会治安等关系群众切身利益的问题日益突出，特别是在土地征收征用、城市建设拆迁、环境保护、企业重组改制和破产、涉法涉诉中群众利益受到侵害、合法权益得不到保障，由此引发的群众上访、群体性事件大量增加，严重影响社会和谐稳定。正是基于解决好人民群众反映强烈的矛盾和问题，中央作出了构建社会主义和谐社会的重大决策部署，并且把解决人民群众最关心、最直接、最现实的利益作为构建社会主义和谐社会的重点。《决定》作出的一系列重大方针政策，都是让人民得到实实在在利益、共享改革发展成果的实际举措。

构建社会主义和谐社会，是对世界和平与发展的贡献。新中国成立以后，一贯奉行和平外交政策。在上世纪50年代，中国政府提出了"和平共处五项原则"；改革开放后，中国政府继续奉行"独立自主的和平外交"；进入21世纪，中国领导人提出"走和平发展道路"，提出"与邻为善、以邻为伴"方针，实行"富邻、安邻和睦邻"政策。中国文化和价值观深处，向往世界和平，坚信世界和平，维护世界和平，"和谐"理念已成为中国的基本价值。这就必然会选择推动和谐社会与和谐世界建设的和平发展道路，决定了中国是一个负责任的、担当信义的大国，在地区稳定、世界和平、多边贸易和人道主义援助等国际事务中，能够发挥重要作用的大国。坚信在这个多样化的世界里，不同国家、不同民族、不同文明之间，可以相互沟通、相互理解、相互取长补短，去创造一个更加美好的人类共同的未来。

一些海外媒体纷纷发表文章，对全会通过《中共中央关于构建社会主义和谐社会若干重大问题的决定》给予积极评价。加拿大《现代日报》说，中共十六届六中全会的意义在于把和谐社会的理念提升到制度化水平上，中国将迎来新一轮改革和创新浪潮。法国《欧洲时报》发表评论员文章说，《决定》开启了一个崭新的、充满希望的时代。和谐社会理念的确立，标志着中国在改革开放的探索之路上找到了解决各种难题和社会矛盾的钥匙。文章说，以中共十六届六中全会为起点的全方位的"和谐论"将在未来创造出一种新文化。这种文化将在中国人民以及广大海外华侨华人心中产生凝聚力，将在中华民族伟大复兴历程中发挥不可忽视的作用。《日本经济新闻》发表文章说，在经济政策方面，《决定》着重强调了确保就业和社会保障体系的重要性，显示了对弱势群体予以关照的鲜明特色。《读卖新闻》的文章说，中共十六届六中全会决定把胡锦涛总书记提出的"构建和谐社会"作为党的基本方针，意在寻求整个社会的协调和持续发展。日本共同社说，中共十六届六中全会发表的会议公报强调了防止区域差别扩大、构建和谐社会的精神，提出了要使人民过上更加富足的生活的目标，目的在于摆脱以往以实现经济增长为最高目标的发展方针。

和谐社会，是中华民族自古以来的美好梦想。我坚信，这一美好梦想，一定会在中国共产党的带领下，通过十几亿勤劳勇敢的中华儿女，在中国美丽富饶、庄严辽阔的国土上得以真正实现！

中国和非洲的"盛大节日"

（11月4日，中非合作论坛北京峰会开幕）

　　我是2006年9月从广州调到北京工作的。记得刚到北京不久，有一天晚上，我在长安街看到张灯结彩的喜庆场面。当时我在想：好像也没过什么节日啊！后来问了问同事，才知道中非合作论坛北京峰会马上要召开了。

　　11月3日，是中非论坛与会领导人抵京数量最为集中的日子，预计有19个国家的领导人先后抵京。我记得首都机场高速公路都采取了临时交通管理措施。北京饭店及周边道路也实行了临时的交通管理措施，长安街沿线、人民大会堂周边道路分时段采取临时交通限行措施。峰会期间，有3500名贵宾出席，分别入住23处宾馆、饭店，涉及行车路线120多条、总长1785公里。

　　11月4日上午，中非合作论坛北京峰会在人民大会堂隆重开幕，吸引了全世界的目光。中国国家主席胡锦涛同论坛共同主席国埃塞俄比亚总理梅莱斯等48个非洲国家元首、政府首脑及国际组织代表出席开幕式。特别值得一提的是，与中国建交的非洲48国都派人参加此次峰会，有人甚至说"非洲被搬到了北京"。参加活动的非洲代表团成员接近1500人，前来采访的媒体记者也将超过1000人！

　　胡锦涛在会上发表了重要讲话。胡锦涛在讲话中强调，为进一步发展中非新型战略伙伴关系，中国愿同非洲国家在以下领域加强合作。第一，深化平等互信的政治关系。保持高层互访和交往势头，建立定期高层政治对话机制，开展战略对话，增强政治互信，加强传统友谊，实现团结共进。第二，拓展互利共赢的经济合作。发挥各自优势，密切经贸联系，拓宽合作领域，支持双方企业合作，提升人力资源开发合作水平，积极探索新的合作方式，共享发展成果。第三，扩大相互借鉴的文化交流。加强人文对话，增进双方人民特别是青年一代的相互了解和友谊，加强教育、科技、文化、卫生、体育、旅游等领域的交流合作，为中非合作提供精神动力和文化支持。第四，推动均衡和谐的全球发展。加强南南合作，推动南北对话，呼吁发达国家切实兑现市场准入、增加援助、减免债务，落实千年发展目标，促进经济全球化朝着有利于实现各国共同繁荣的方向发展。第五，加强相互支持的国际合作。维护联合国宪章的宗旨和原则，尊重世界多样性，促进国际关系民主化，倡导互信互利的国际安全合作，加强磋商和协调，照顾彼此关切，共同应对各类全球性的安全威胁和挑战。

峰会的主题确定为"友谊、和平、合作、发展"。中非领导人围绕这一主题，回顾50年来中非友好合作历程和中非合作论坛成立6年来取得的成果；确立发展中非政治上平等互信、经济上合作共赢，文化上交流互鉴的新型战略伙伴关系；规划未来双方务实合作；就共同关心的重大国际问题交换看法。

峰会前后还安排了一系列活动：11月2日，峰会纪念邮票首发仪式；11月3日，第3届部长级会议召开；11月4日，峰会开幕，中央电视台进行了现场直播；11月5日，北京峰会圆桌会议。

会议通过了《中非合作论坛北京峰会宣言》和《中非合作论坛——北京行动计划（2007－2009）》这两个"凝聚了双方共识"的"纲领性文件"。中非合作论坛既是中非交往深入的结果，也是提升双方关系的重要推动力。峰会的召开，将加快中非新型战略伙伴关系的建立和发展。峰会丰富了建设和谐世界的理论和实践，必将载入中非关系的史册。世界上最大的发展中国家中国，与发展中国家最集中的非洲，发展和谐的友好合作关系，必将为建设和谐世界作出新的更大的贡献！

中国为非洲国家准备了丰厚的礼包，宣布部分减免借给39个非洲国家的100亿美元债务。针对部分西方媒体对中国的举动表现出的忧虑，中国外交部强调，中非合作是为了增进双边友好，不对任何国家构成威胁。

中国是世界上人口最多的国家，也是经济发展最快的国家之一。非洲大陆则是世界第二大大陆，良好的政治、经济环境正在逐步形成。中非之间的合作，正在吸引世界的目光。

中非交往由来已久。早在郑和下西洋时期，中非之间就有了密切的往来。中华人民共和国与非洲的关系发展，可以追溯到上世纪50年代。1956年，中国与埃及建交，正式开启了新中国与非洲的官方往来。上世纪60年代，周恩来总理曾3次访问非洲国家，相继宣布了对非关系五项原则和中国对外经济技术援助八项原则，为中非关系的发展奠定了坚实的基础。

中国改革开放后，双方经贸合作进入空前发展时期。到2005年，以下的数字可以体现出双方的交流成果：互访方面，中国有两位国家主席访问过6个非洲国家，48个非洲国家的84位国家元首先后124次访华；经贸方面，截至2005年底，中国对非直接投资总额已达15.95亿美元，截至2004年，中国已与41个非洲国家签订了双边贸易协定；科教方面，迄今共有15000多名非洲学生先后在中国学习，500多名中国教师曾赴非洲国家任教；卫生方面，共向47个非洲国家派遣医疗队员1.5

万人次，43名中国医疗队员献出了宝贵的生命；文化方面，迄今中非互访团组200多个，举办各类文化、艺术交流活动数百次。在过去50年间，中国已对非洲的900个基建项目提供了超过440亿美元的援助。到目前为止，中国免除了非洲31个国家的到期债务共156笔，总金额约109亿元人民币。

进入21世纪，中国成为非洲的第三大贸易伙伴，仅次于美国和法国。同时，中国对非洲的出口商品结构也不断改善，中国企业在非洲的投资和劳务承包均保持快速增长。2006年，中非贸易额已经突破500亿美元。

本届论坛的新闻中心设在位于东单的新闻大厦酒店。北京的繁华和活力给前来采访的非洲记者们留下了深刻印象。一位记者说，他去过日本、美国等许多发达国家的大都会，北京和这些城市相比毫不逊色。记者们表示，作为一个发展中国家，中国在短短20多年里发生了如此惊人的变化，实在值得非洲国家好好研究和参考。非洲从中国学到的东西还远远不够，特别是没有真正领会中国发展模式的精髓。

一些西方媒体给中国冠以在非洲搞"新殖民主义"的帽子，对中非合作说三道四。其实，中国在政治上一直坚持不干涉别国内政，经济上也没有想要垄断非洲国家的经济，更多的是强调互利合作、互补共赢、共谋发展。而且，中非之间的贸易和投资，都是基于双边的平等谈判，是完全征得非洲国家同意的，有的还是对方主动提出合作意向的。哪里有一点点所谓"新殖民主义"色彩？据来自非洲的记者们介绍，大部分非洲人并没有因为中国人的到来感到恐慌和不安。许多中国企业到非洲国家承包工程，除了管理和技术人员，其他岗位一律雇用当地人。中国纺织品、小商品和家用电器的涌入也给当地老百姓带来了看得见的实惠，它们不仅在价格上具有优势，而且比日本、美国等国家的商品耐用。非洲的当务之急是发展经济，中国在这方面比一些西方国家对非洲的帮助更大。

　　是啊，中非合作的历史潮流，谁也无法阻挡。在我眼中，非洲是神秘而富饶的大陆。我的一位同事曾说过，他去过的世界旅游景点中，最想再次访问的就是非洲。我问他为什么？他说，因为去非洲，可以感受到狂野的大自然和蓬勃的生命力。我想，只要中国与非洲这片充满生命力的土地，携起手来，共创未来，中非合作就一定会给双方都带来更加美好的明天。

2006年中国大事记

一月

1日，《农业税条例》正式废止，并取消除烟叶以外的农业特产税、全部免征牧业税。

5日至6日，中央纪委第六次全体会议举行。胡锦涛在会上讲话。吴官正作《全面履行党章赋予的职责，进一步加大防治力度，不断开创党风廉政建设和反腐败工作新局面》的工作报告。

12日，中国政府首次正式发表《中国对非洲政策文件》。指出：中国政府致力于建立和发展中非间政治上平等互信、经济上合作共赢、文化上交流互鉴的新型战略伙伴关系。

31日，国务院发出《关于解决农民工问题的若干意见》。指出：要逐步建立城乡统一的劳动力市场和公平竞争的就业制度，建立保障农民工合法权益的政策体系和执法监督机制，建立惠及农民工的城乡公共服务体制和制度。

二月

28日，中共中央台湾工作办公室、国务院台湾事务办公室就陈水扁决定终止"国统会"运作和"国统纲领"适用发表声明。指出：坚决反对和制止陈水扁通过"宪改"进行"台湾法理独立"活动，是当前我们最重要、最紧迫的任务。

三月

3月3日至13日，全国政协十届四次会议举行。贾庆林作全国政协常委会工作报告。

4日，胡锦涛在参加全国政协十届四次会议民盟、民进联组讨论时发表讲话，强调要引导广大干部群众特别是青少年树立以"八荣八耻"为主要内容的社会主义荣辱观。

5日至14日，十届全国人大四次会议举行。会议批准《国民经济和社会发展第十一个五年规划纲要》。

14日上午，十届全国人大四次会议表决通过了国务院总理温家宝作的政府工作报告。报告庄严宣布，今年在全国彻底取消农业税，标志着在我国已实行了长达2600年的这个古老税种从此退出历史舞台。

17日，中共中央、国务院转发《中央宣传部、司法部关于在公民中开展法制宣传教育的第五个五年规划》。

四月

2日，中共中央发出《关于认真做好今明两年省、自治区、直辖市党委换届工作的通知》。指出：要按照"明确方向、积极稳妥、突出重点、分步到位"的原则，在精简领导班子职数、减少副书记职数、适当扩大党政领导成员交叉任职等方面取得实质性进展。

14日至15日，两岸经贸论坛在北京举行。大陆宣布采取促进两岸交流合作、惠及台湾同胞的15项政策措施。

15日，中共中央、国务院发出《关于促进中部地区崛起的若干意见》。要求把中部地区建设成全国重要的粮食生产基地、能源原材料基地、现代装备制造及高技术产业基地和综合交通运输枢纽，使中部地区在发挥承东启西和产业发展优势中崛起。

五月

9日，中国当选联合国人权理事会首届成员。

20日，三峡大坝全线建成。大坝全长2309米，达到海拔185米设计高程。

26日，国务院发出《关于推进天津滨海新区开发开放有关问题的意见》。指出：推进天津滨海新区开发开放，是在新世纪新阶段，党中央、国务院从我国经济社会发展全局出发作出的重要战略部署。

六月

15日，上海合作组织成员国元首理事会第六次会议在上海举行。胡锦涛主持会议并发表讲话，指出：要坚定不移地倡导和实践互信、互利、平等、协商，尊重多样文明，谋求共同发展的"上海精神"。六国元首共同签署《上海合作组织五周年宣言》。

29日，十届全国人大常委会第二十二次会议通过修订后的《中华人民共和国义务教育法》。

七月

1日，青藏铁路全线建成通车。铁路全长1956公里，最高点海拔5072米，是世界上海拔最高、线路最长的高原铁路。胡锦涛出席庆祝大会并发表讲话，号召全党全国各族人民学习和弘扬挑战极限、勇创一流的青藏铁路精神。

10日至12日，全国统战工作会议举行。胡锦涛在会上讲话，指出：要正确认识和处理政党关系、民族关系、宗教关系、阶层关系、海内外同胞关系，把统一战线建设成为坚持以人为本、具有强大凝聚力的统一战线，具有空前广泛性和巨大包容性的统一战线。

17日，胡锦涛出席在俄罗斯圣彼得堡举行的八国集团同发展中国家领导人对话会议并发表讲话。

八月

10日，《江泽民文选》出版发行。13日，中共中央作出《关于学习〈江泽民文选〉的决定》。

27日，十届全国人大常委会第二十三次会议通过《中华人民共和国各级人民代表大会常务委员会监督法》和《中华人民共和国企业破产法》。

31日，国务院发出《关于加强土地调控有关问题的通知》。指出：必须采取更严格的管理措施，切实加强土地调控，解决建设用地总量增长过快、低成本工业用地过度扩张、违法违规用地、滥占耕地等问题。

九月

1日至2日，全国农村综合改革工作会议举行。温家宝在会上讲话。

24日，中共中央政治局召开会议，审议中央纪委《关于陈良宇同志有关问题初核情况的报告》。中共中央决定，由中央纪委对陈良宇的问题立案检查，免去陈良宇上海市委书记、常委、委员职务，停止其担任的中央政治局委员、中央委员职务。

8日，胡锦涛会见来访的日本首相安倍晋三。指出：中日双方必须从战略高度和长远角度来审视和把握两国关系，坚持和平共处、世代友好、互利合作、共同发展的大目标，坚定不移地推动中日关系长期健康稳定向前发展。

8日至11日，中共十六届六中全会举行。全会审议通过《中共中央关于构建社会主义和谐社会若干重大问题的决定》。

15日至30日，第100届中国出口商品交易会（广交会）举行。15日，温家宝在开幕式上宣布：从第101届开始，广交会更名为中国进出口商品交易会。

22日，纪念红军长征胜利70周年大会举行。胡锦涛在会上讲话，指出：我们纪念红军长征胜利，就是要激励全党全军全国各族人民在中国特色社会主义道路上继续奋勇前进。

十一月

4日至5日，中非合作论坛北京峰会举行。胡锦涛在开幕式上发表讲话，宣布：中国政府将采取八个方面的政策措施推动中非新型战略伙伴关系发展。峰会通过《中非合作论坛北京峰会宣言》和《中非合作论坛——北京行动计划（2007至2009年）》。

10日至14日，中国文学艺术界联合会第八次全国代表大会、中国作家协会第七次全国代表大会举行。

十二月

14日至15日，首次中美战略经济对话在北京举行。

17日，中共中央、国务院作出《关于全面加强人口和计划生育工作统筹解决人口问题的决定》。

31日，中共中央、国务院发出《关于积极发展现代农业扎实推进社会主义新农村建设的若干意见》。

2006年的世界

1月1日，全世界闰1秒。

1月1日，日本东京三菱银行和UFJ银行合并，成立三菱东京UFJ银行。

3月5日，日本终止零利率货币政策。

3月23日，欧盟批准对中华人民共和国、越南输出的皮鞋征收反倾销税。

3月25日，多达五十万名抗议人士走上美国洛杉矶街头，要求当局特赦非法移民，同时反对国会立法紧缩美国的移民政策。

3月28日，法兰西共和国出现数十年来最大的全国性罢工抗议，至少有上百万民众在各地示威，以敦促政府放弃首次雇用合约法。

7月1日，俄罗斯政府通过了联邦《外汇调节和外汇监督法》修正案草案，宣布卢布可自由兑换。

7月4日，美国宇航局的"深度撞击"彗星撞击器成功击中坦普尔1号彗星的彗核表面，完成了人造航天器和彗星的"第一次亲密接触"。

12月30日，萨达姆被执行绞刑。

十年流行色之五：2006年大陆流行语

网络暴民

从"网络文盲"发展而来，他们往往不懂网络为何物，本身怀有主观恶意，以所谓高尚的道德、民族为旗帜，煽动和纠集人群，经过精心的策划和良好的组织，将网络中的问题带到现实中，寻求解决之道。

相当地

出自宋丹丹在2006年春晚上的小品。在大学里，这个词被广泛应用，和它在社会上的用处"相当地"一致：当我们恭维别人时找不到一个合适的词语时，这个词语就派上了用场。

素质，注意你的素质

这句流行语出于2006下半年热映电影《疯狂的石头》，它也成了一面镜子，让越来越聪明的你反思一下：往大了说，每个人都注意素质了就能促进和谐社会的建设，往小了说，它可以使泼妇变淑女，让痞子变绅士——素质二字，不再是"虚"词，它有时更代表你个人日后立世的能力，或者情商。

你侮辱我的人格，还侮辱我的智商

这句话同样出自《疯狂的石头》，它能够在2006年流行，很大的一个原因就是因为我们知道我们的人格和智商是不能随便被侮辱的——尤其是智商。

农妇／山泉／有点田

广告词当然也能成为流行语，想不到是这句。这词语本身很诙谐，但听完，笑过之后，我们心里泛起的是丝丝酸楚——它确实反映了几年前延续至今的残酷现实：就业形势愈发严峻的今天，恐怕我们的底线只能是"回归乡里，找个农妇成家，寻处山泉，种几亩田地"了。

人不能无耻到这种地步

这句话是2006年电影《无极》的导演陈凯歌说的。《无极》与《一个馒头引发的血案》；陈凯歌与胡戈，引出了一场被人称为"蚁象之争"的口水仗，最终陈导便有了"人不能无耻到这种地步"的激愤。

"你不是一个人……"

黄健翔在2006年下半年那段"灵魂附体"的足球解说，给国人的流行语大餐又加了一道特色鲜明的菜肴。他那段解说词中"你不是一个人"的语句甚至被做成了年度最火爆歌曲，被各大网站做成手机彩铃兜售。

断背

这个词的流行都是美国电影《断背山》在中国热映造成的。经中国导演李安的片子一拍，它的名字就成了"同性恋"的代名词。

草根

2005年，没人知道"草根"具体指代什么，但2006，除了那些早已成名的角儿，几乎每个人都开始自豪地称自己为"草根"。"草根"，最早的含义很浅显，指代山野中最不知名的一棵花花或者草草，现用来指平民出身、没有背景。

顶你个肺

这句话本是广东方言，周星驰、周润发、梁朝伟在电影里都说过，《疯狂的石头》火起来时，正好遇上齐达内的铁头功助兴，这句台词碰出了幽默的火花，"顶"字，在网络论坛里又代表着支持与赞同，这才广为流传。

一树／梨花／压海棠

流行语来历：网络上最近流行尖锐湿疣，赵丽华的诗歌被恶搞，也没经过赵丽华同意，就把她推选为梨花教掌门人。由此也引发了韩寒与诗人的骂战，不为拍砖，只为一点真爱。我们／突然明白了／多按几下／回车键／或者／结结巴巴的说话／就成了诗人。

饿滴神啊

宁财神的《武林外传》使我们的汉语又丰富了好多，惊讶时要说：饿滴神啊。要打架拼命前就说，照顾好我七舅姥爷。

大陆这十年

贰〇〇柒年

大飞机之梦

一国两制的成功实践

敢上九天揽月

中国社会文明的扎实进步

"大飞机"之梦

（2月26日，国务院常务会议批准大飞机立项）

如果没有自己的大飞机，中国只能够是"大"国，不能算是真正意义上的"强"国。在中国航空航天梦中，"大飞机"之梦占据着重要一席。

何为大飞机？是指大型飞机，它的一个必要条件是，起飞总重量超过100吨的运输类飞机，或是150座以上的干线客机。大飞机对于国家的重要作用，是任何一个人都可以想象得到的。大飞机制造业被称为"现代工业之花"，有研究资料显示，向航空工业每投入1万美元，10年后就可以产生50万美元至80万美元的收益。再有，大型飞机技术的突破，将会带动一批新产业的发展。大型客机的零部件数量是以百万计数的，据说波音747-400客机有600万个零部件，而汽车的零部件数量只是以万计的。研制大飞机，需要解决的问题何止千百万。

大飞机可分为民用和军用两种。民用大飞机起码有150个座位，一次飞行的航程在3000公里以上，军用大飞机的起飞重量一般超过100吨。当前，民用航空运输90％以上都是由大型民用飞机完成的。离开大飞机，一个国家的现代民航就无从谈起，军事上的战略打击力量也就不完整。大飞机经过改装，可以变成预警机、空中加油机、海上巡逻机等。

拥有自己的大飞机，是中国航空人长久以来的梦想。如果大飞机研制成功，对振奋民族精神的意义不亚于"两弹一星"！

2月26日，国务院召开常务会议，原则批准大型飞机研制重大科技专项正式立项，同意组建大型客机股份公司。这是一个振奋人心的重大消息，这是一个可以改变历史的重大决定。

湛蓝天空，承载着几代中国人的航空梦。1895年，也就是"甲午战争"失败那一年，12岁的冯如随亲戚远渡重洋，专攻机器制造。经过努力，冯如终于在1909年9月，即世界第一架飞机问世不到6年的时间内，完成了中国人自己设计、自己制造的第一架飞机。

新中国成立后，毛泽东主席说："我国是一个大国，世界上有的东西，我们不能样样都有，但是重要的东西，如飞机和汽车，我们就一定要有。"1958年，我国自行设计的第一架喷气式飞机"歼教1"飞上蓝天。

1980年9月26日，在上海市北郊的大场机场，一架机尾上闪耀着巨大的五星红旗和一个醒目的Y10红色标记的飞机，正式进入人们的视线。运10共187座，最大起飞重量达到了110吨，是我国自主研制的第一架大型客机。

但是，令人心痛的是，"运10"项目因种种原因而搁置。之后，中国尝试以"市场换技术"模式，与麦道、空客两大公司合作制造飞机，但这只是一厢情愿。1997年，波音并购麦道，麦道项目就此仓促结束。1998年，空客终止进行了两年的AE-100项目。上个世纪90年代末，合作生产的梦想破灭了。仰望蓝天，中国人一直盼望着自己的大飞机。1988年，国防科工委组织编制了《我国民用飞机"十五"发展规划》。

2002年2月，国务院召开专门会议，决定集中力量研制出具有世界水平的支线飞机。2002年4月，代表着我国民用航空工业新起点的ARJ21项目正式立项。

2003年，温总理视察北京航空航天大学，语重心长地对同学说："发展我们自己的大飞机担子落在同学们肩上"。2003年，88岁高龄的两院院士王大珩致信温家宝总理，再次提出中国人要有自己的大飞机。随后，温总理到王院士家中专门听取他的意见。2003年12月，我国自主知识产权的支线飞机ARJ21在上海、西安、成都、沈阳四地同时开工制造。《国家中长期科技发展规划纲要》和"十一五"规划中，研制大飞机项目被正式列入其中。

2007年3月18日，中国政府网正式对外公开，温家宝主持召开国务院常务会议，原则批准研制大型飞机正式立项，同意组建大型客机股份公司，并说研制大型飞机是中国作出的"重大战略决策"，也是全国人民"多年的愿望"。

喜悦来得如此之快，国人又一次兴奋了。当然，对于造大飞机，也有不同的声音。有人说，有美国的波音，有欧洲的空客，我们为什么要自己造？去买外国的飞机用不就行了。再说了，在市场经济条件下，造出来的国产大飞机，中国的消费者和航空公司能否接受呢？这就是所谓"造不如买、买不如租"逻辑。然而，我要问的是，尖端的技术你可以买来吗？国家的安全你可以买来吗？

造1架飞机和做8亿条裤子，产生的GDP是一样的。难道中国人就只能为别人制作裤子，就造不出自己的大飞机？毕竟，造飞机的肯定是富国、强国，做裤子的肯定是穷国、弱国！

所以有网友说，这不是一个简单的大型项目上马，而是一个民族崛起，重新捡回自信的标志！还有的网友表示，造大飞机捐一个月工资，造航天飞机捐一年工资！

中国立项造大飞机，一直受到海内外媒体的高度关注。世界普遍认为中国的这一决定是严肃的。美联社报道说，这个"雄心勃勃"

的目标反映出，在中国成功开发出自己的商用客机ARJ－21后，中国官员和国营航空工业的信心正在增强。英国《金融时报》说，中国从未掩饰自己想在航空航天工业中成为一支主要力量的雄心，并认为中国此举对美国波音和欧洲空客在国际大型客机市场的霸主地位发起了"正面挑战"。也有西方专家认为中国实现这一目标需要几十年的时间。美国《航空与空间技术周刊》称，中国必须面对技术、商业和政策三方面的挑战。俄罗斯《观点报》也认为，这一计划的实施将有助于带动中国的科技发展，增强中国的国际竞争力。俄罗斯《商报》在题为"中国准备冲向天空"的文章中说，中国拥有庞大的空中运输潜力。文章引述俄经济学家的话说："中国航空运输业不断增长，特别是在民航领域，2005年已输送旅客近亿人次，未来10年，中国每年客运量平均将增长12％，到2010年中国民航运送量将达1.75亿人次。而到2030年，这一数字将是目前的6倍。这样中国就需要购买大量的客机。"一旦中国能生产出大飞机，国内市场的巨大需求将给国内大飞机厂商吃一颗定心丸。《印度日报》的文章说，中国拒绝波音和空中客车的垄断，自给自足和为自己的技术感到骄傲，将成为下一个100年的主旋律。

有人预计到2020年前，中国自己研制的大型飞机将飞上蓝天，实现中国人民的又一强国之梦！

在大陆，有一首传唱已久的歌曲《我爱祖国的蓝天》："我爱祖国的蓝天，晴空万里阳光灿烂，白云为我铺大道，东风送我飞向前……美丽的长虹搭起彩门，迎接着雄鹰胜利凯旋。水兵爱大海，骑兵爱草原，要问飞行员爱什么？我爱祖国的蓝天"！我想，总有一天，而且这一天应该就在不远的将来，当我们抬头仰望蔚蓝的天空，我们可以看到自己的大飞机，正在展翅翱翔。

"一国两制"的成功实践

（7月1日，香港回归祖国十周年庆典）

2007年7月1日，香港回归祖国十周年。东方明珠香港，沉浸在一片节日的欢乐中，香港同胞们早早醒来，迎接着香港回归祖国10周年这一隆重的纪念日。

就在纪念日的前一天，6月30日，中共中央总书记、国家主席、中央军委主席胡锦涛来到香港，出席香港回归祖国的庆祝活动，出席庆祝香港回归祖国10周年大会暨香港特别行政区第三届政府就职典礼。这体现了党和国家的最高领导人对香港回归祖国十周年的高度重视和美好祝愿。

当时，我们收看了电视里的现场直播。香港会展中心会场气氛庄严而热烈。主席台鲜花吐艳，台上的中华人民共和国国旗和香港特别行政区区旗格外醒目。

当胡锦涛和夫人刘永清在香港特别行政区行政长官曾荫权和夫人曾鲍笑薇陪同下步入会场时，全场起立，热烈鼓掌。

上午9时，庆祝大会和就职典礼在雄壮的国歌声中开始。

胡锦涛走上主席台监誓。香港特别行政区第三任行政长官曾荫权首先宣誓就职，他面对国旗和香港特别行政区区旗，举起右手庄严宣誓。宣誓完毕后，胡锦涛同曾荫权紧紧握手，全场响起雷鸣般的掌声。

接着，由胡锦涛监誓，在曾荫权带领下，香港特别行政区第三届政府主要官员上台宣誓就职。宣誓完毕后，胡锦涛同他们一一握手。

随后，由曾荫权监誓，香港特别行政区行政会议成员宣誓就职。

这是又一个新的任期的开始。

在热烈的掌声中，胡锦涛发表了重要讲话。胡锦涛深情地说，此时此刻，我们不禁回忆起香港回归祖国的历史进程。我们要向创造性地提出"一国两制"科学构想、直接指导中英香港问题谈判和香港特别行政区基本法起草、为祖国和平统一开辟了崭新道路的邓小平先生，表示深深的怀念。向为实现香港顺利交接、平稳过渡和成功落实"一国两制"作出了历史性贡献的江泽民先生，致以崇高的敬意。

胡锦涛回顾了香港回归10年来的情况。他说，中央政府切实贯彻"一国两制""港人治港"、高度自治的方针，严格按照香港特别行政区基本法办事，坚定不移地维护香港繁荣稳定。10年来，在中央政府和祖国内地大力支持下，董建华、曾荫权两位行政长官先后带领特别行政区政府，同广大香港同胞团结奋进，克服了亚洲金融危机冲击、非典疫情等带来的严重困难和挑战，维护了香港社会大局稳定，实现了经济复苏，香港各项事业取得长足进步。10年来，香港同祖国内地的交流合作不断深入，香港从祖国得到更为强劲的支持，也为国家同世界各国进行经济、科技、文化交流发挥了重要纽带和桥梁作用。10年来，香港对外交往日益扩大，继续保持自由港和国际金融、贸易、航运中心的地位。事实无可争辩地证明，"一国两制"方针是完全正确的，香港同胞完全有智慧、有能力管理好、建设好香港，伟大的祖国始终是香港繁荣稳定的坚强后盾。

这是国家最高领导人对香港的高度赞誉。

胡主席讲话结束后，是曾荫权的致辞。他说，香港今天的成就，有赖香港过去几代人的努力，同国家高速发展为我们带来的机会及支持也是分不开的。未来5年，香港要继续把握国家发展一日千里的重要机遇，发挥潜能，提升实力，令香港对国家在全球竞争中作出更大的贡献，也令香港的发展走上一个新台阶。

曾荫权表示，新一届特区政府将按照基本法，贯彻落实好"一国两制""港人治港"、高度自治的方针，全心全意恪守以民为本的理念，建立更开放的政府，建设更民主的制度，推动新经济发展，创造更多就业机会，缔造更优良的生活，推动建设新关怀文化，让更多的民众分享香港经济复苏的成果。

歌舞欢快抒发回归十载情，心潮澎湃祝愿明天更美好。就在6月30日晚上，也是在这个会展中心，举办了庆祝香港回归祖国10周年大型文艺晚会。胡锦涛主席也来到这里观看了演出。

夜幕下的香港，华灯璀璨，流光溢彩。位于维多利亚港湾畔的香港会展中心晚会大厅里张灯结彩，喜气洋洋。

晚会的欢乐气氛，十分让人回味。整台晚会由《傲香江》《炫都市》《奔奥运》《庆回归》《爱中华》5个单元组成，来自内地和香港的演职人员联袂表演。晚会激情飞扬，扣人心弦，营造了祥和喜庆的氛围，引起了全场观众强烈共鸣。晚会开始时，舞台背景上映现出荡漾的海水、美丽的港湾，"香港快乐之星"卡通麦兜与妈妈充满童趣的对话拉开了演出的序幕。音乐剧《酸酸甜甜香港地》、歌曲《狮子山下》和《东方之珠》、舞蹈《舞跃香江》，颂扬了香港这颗"东方明珠"的繁荣与和谐。在精彩纷呈的杂技表演中，内地和香港的著名运动员携手登场，给香港送上最美好的祝福，并齐声朗诵"同一个世界、同一个梦想，零八奥运、京港同心"，表达了对2008年北京奥运会的热切期盼。合唱《始终有你》、独唱《香江明月夜》等节目，表现了中华儿女对香港回归祖国10年的喜悦之情。伴随着高亢的钢琴协奏，芭蕾舞《黄河》撼人心魄，形象地讴歌了中华民族不屈不挠的拼搏精神。

晚会结束时，胡锦涛等还走上舞台，同演职人员亲切握手，并同大家一起高唱《歌唱祖国》，祝愿祖国繁荣昌盛、香港前程似锦。激昂的旋律久久回荡，如潮的掌声响彻大厅，晚会现场成为一片欢乐的海洋。

7月1日，香港市民欢庆香港回归祖国10周年，为香港取得的成就喝彩，为香港的今天欢呼，也为香港更加美好的明天祝福。

香港湾仔跑马地。1日清晨，大巡游队伍开始在这里集结。只见这里彩旗飘扬，人潮不断。参加集会的2万多名各界群众手持国旗、区旗，兴高采烈地等待庆祝活动展开。

上午9点，百人大合唱拉开表演序幕，"狮子山下""永做中国人""团结就是力量"等激昂的歌声显出香港人的自豪感和对祖国的归属感。

人们唱着这些歌曲时，眼里流动着的，是滚滚的热泪；脸上洋溢着的，是自豪的色彩。

随后，歌星演唱、"舞乐天使"的音乐演奏、青海民族歌舞团的"康定情歌"表演等，将气氛不断推向高潮。

解放军驻港部队189名战士身着迷彩服，脚踏军靴，即场表演了拳术、格斗基本功。他们雄壮铿锵的喊声，刚劲有力的动作，引起全场阵阵热烈的掌声。

10时30分，解放军空军"八一跳伞队"表演开始。第一轮伞阵3名跳伞员分别携带国旗、区旗及八一军旗从空中以10秒的间隔一一落地；第二轮伞阵5名跳伞员在空中燃放爆竹礼花，飘摇的彩伞伴随噼啪作响的鞭炮徐徐落地；第三轮表演名为"东方之珠"，4名跳伞员在空中施放为庆祝香港回归10周年特别研制的彩光弹，五光十色的彩弹分别射向彩伞两边，分外耀眼。之后，跳伞员们还表演了"金龙飞舞""香江彩虹""香港之星""紫荆盛开""巧叠罗汉""仙女下凡"等特技项目。

随后，解放军驻港部队陆海空三军仪仗队踏着军乐队奏响的军歌节奏，在军旗的引导下列队行进，向香港市民展示出威武之师、文明之师的风采。

参加巡游的香港福建中学老师黄素花说："解放军跳伞队的表演太出色了。我要告诉学生们，这样出色表现是付出了非凡努力的结果，同学们也要以今天的非凡努力，创出明天骄人的成绩。"

12时许，大巡游队伍开始出发前往修顿球场。"老爷车"及"绵羊仔车队"、潮州大锣鼓、秧歌舞、妈祖巡游、南音社、桑巴舞、12花仙队……沿路众多市民站在马路旁，竞睹巡游阵容。

这是一个多么喜庆、多么热闹、多么壮观的场面啊！

7月1日的香港，成了一片欢乐的海洋。

晚上8点，五彩缤纷的烟花霎时把香港维多利亚港两岸照得璀璨夺目。香港历来规模最大的烟花汇演由此拉开序幕，为香港回归祖国十周年送上一份绚丽的大礼。

整个烟花汇演在"幻彩咏香江"音乐激光表演后进行，历时约23分钟，耗资1600万港元。汇演围绕香港回归祖国十周年的主题，共分为"歌颂祖国""中国人""丝绸之路""明日恩典""奥运梦""美丽花园""渔舟唱晚""东方之珠""始终有你"以及"保卫黄河"等10幕。

在第一幕"歌颂祖国"中，出现在空中的变色牡丹花、紫荆花徐徐绽放，一同为回归日庆祝，为祖国、为香港喝彩。第二幕中的"中"

"国""人"造型烟花字让观赏的人们发出一片惊叹，别致的烟花字表现出全国人民不分彼此，齐步向前，共同开辟新天地的理念。

在第五幕的"奥运梦"中，"2008"数字造型烟花标志着"同一个世界，同一个梦想"，绚丽的烟花也祝愿健儿们能够在明年的北京奥运会上各显所长，再创佳绩。

第九幕"始终有你"中，天空出现红色的"十"字环，寓意香港回归祖国十周年，也展现了香港人无论顺境逆境都积极面对进取精神。

最后一幕"保卫黄河"把汇演带向高潮，"七彩牡丹""千个炸裂""千声雷""大锦冠菊"组成高300米、宽1000米左右的烟花美景，闪耀维多利亚港的夜空。尾声处的400发礼炮则向祖国和香港市民致敬，并祝愿国家昌盛、人民富足！

为了这一天，香港同胞准备了很长时间。据统计，全港十八区在"七一"前后举办了800多项活动，热烈庆祝香港回归祖国10周年。

全港十八区的大型庆祝活动包括：在大埔、荃湾和大屿山天坛大佛前举行盛大的烟火灯光汇演；各区举办花车巡游；大型汇演和嘉年华会；多项文娱表演；海、陆、空缤纷嘉年华会，以及回归十载倒数综合晚会等。

香港多个文艺组织在综合表演和嘉年华会上献艺。不少内地著名艺术团体也应邀赴港演出。香港民众还一睹了在香港仔海滨公园举行的渔家嫁娶示范和中国民间传统手工艺展览。

体育方面，举办了子夜长跑比赛、五人足球比赛、彩艇竞赛和龙舟竞渡等众多喜庆的比赛项目。

为增添欢庆的气氛，香港各区"彩旗设计比赛"冠军的作品还被制作成了彩旗，在所属区内主要街道悬挂1个月。

香港回归具有深远的世界影响。香港回归祖国10周年，还是全球华人共同的节日。

7月1日出版的香港各大报纸纷纷以套红的版面、大篇幅报道庆祝香港回归10周年的各项活动和香港各界喜庆回归的热烈气氛，许多报刊都发表了社论或社评。

舆论认为，10年来，香港与内地共同在中华民族复兴史和世界历史上写下了光辉的篇章，展望未来，香港会总结经验，求同存异、包容共济、齐心协力，创造更大辉煌。

在一篇《"一国两制"获成功人心回归最可贵》的文章中，作者说，香港回归祖国，到今天已整整10年。回首过去，香港栉风沐雨，"一国两制""港人治港"、高度自治的方针得到贯彻落实，稳定繁荣得以保持，香江风采更胜往昔，人心回归的深刻历程逐步展现；特区政府带领各界人士，战胜种种艰险，取得骄人成就，积累了管治经验；中央将保持香港长期繁荣稳定作为治国理政的新课题，确保香港社会沿着基本法轨道运行。今天，港人可以欣喜而自豪地告诉全世界："一国两制"在香港的实践取得了巨大成功！香港与内地共同在中华民族复兴史和世界历史上写下了光辉的篇章！

还有一篇题为《胡主席强调团结包容昭示特区未来》的社评中说，10年于兹，没有强大祖国作为后盾，香港特区不可能克服一次又一次的困难和冲击，出现比过去任何时候都更加繁荣、更加安定、更加和谐的大好局面。

文章说，胡锦涛主席向特区政府主要官员提出了严格按基本法办事、施政以民为本、加强科学决策以及发挥团队精神等四项要求，并且提出，在香港这个多元化社会，要实现社会稳定发展，关键就是要求同存异、包容共济、齐心协力，香港市民都应该在爱国爱港的旗帜下紧密团结起来，在维护国家利益、维护香港整体利益的基础上共同奋斗，坚持不懈地维护和促进香港长期繁荣稳定。

文章说，香港是一个多元化社会，过去10年的大量事实已经证明，任何单一的、片面的、只强调某一方面利益或需要的主张，都难免会在社会上引起争执、造成分化，难以得到落实和推行。

文章认为，当前港人社会，不论什么阶层或界别，什么主义或宗教，爱国爱港都应该、而且已经成为最基本、最广泛的共同准则，成为一切包容和求同存异的核心。胡锦涛主席提出的"求同存异、包容共济、齐心协力"，是在特区迈进又一个10年的新开始之际向全体香港市民提出的，必将成为特区未来发展的重要指导。

《十载不凡路，香江书华章》，这是香港一家报纸文章的标题。在文章中，作者写道：年轻的香港特区，在这10年间，用智慧、勤奋和创造力，书写了一部传世传奇的精彩开篇，将史无前例的"一国两制"伟大构想化为了生动、丰富的实践。如果说，10年前，无论是国际社会，还是在香港本地，都有不少人对"一国两制""港人治港"心存怀疑，今天，所有的疑虑都已经烟消云散。香港10年的非凡成就，证明了"一国两制"的科学构想充满生命力，确实是香港顺利回归和繁荣稳定的最佳制度安排！

2007年7月2日，香港报纸均以大篇幅报道了香港回归十周年的各项庆祝活动。

各大报刊特别关注胡锦涛主席在庆祝香港回归祖国十周年大会暨香港特区第三届政府就职典礼上发表的重要讲话。舆论认为，胡锦涛主席总结了香港回归10年来"一国两制"实践的四点宝贵经验，提出"四个坚持"，这对香港未来推进"一国两制"事业的发展，具有重要的指导意义。

香港《文汇报》在题为《"一国两制"不可偏废，10年经验弥足珍贵》的社评：胡锦涛主席在庆祝香港回归祖国十周年大会暨香港特区第三届政府就职典礼上发表的重要讲话，重点总结了回归10年来"一国两制"实践的四点宝贵经验：一是坚持全面准确地理解和贯彻执行"一国两制"方针；二是坚持严格按照基本法办事；三是坚持集中精力发展经济、改善民生；四是坚持维护社会和谐稳定。

社评说，这四点经验，不仅是对过去10年的深刻总结，而且对未来推进"一国两制"事业的发展，具有重要的指导意义。能否处理好"一国"与"两制"的关系，是"一国两制"能否完整落实的关键。胡锦涛主席讲"一国"是"两制"的前提，表明中央非常重视完整理解、全面贯彻"一国两制"方针，希望切实做到在保障香港特区依法享有的高度自治权的同时，维护中央依法享有的权利。因为，只有"一国"与"两制"的权力都得到尊重落实，"一国两制"的优越性才能充分发挥出来，港人才可能得到实实在在的福祉。

《大公报》在题为《贯彻四点坚持，更好落实"一国两制"》的社评中说，国家主席胡锦涛提出的"四个坚持"，是特区10年实践的经验总结。"一国"和"两制"不能割裂，更不能对立。"一国"就是要维护中央的权力，"两制"就是要保障特区依法享有的高度自治权，二者不能偏废。

社评说，胡锦涛主席1日的讲话，在郑重重申中央将继续坚定不移地贯彻执行"一国两制""港人治港"、高度自治的方针，严格按照基本法办事的同时，还首次非常明确地提出了"一国两制"是祖国内地和香港共同发展繁荣的事业，也是中华民族伟大复兴事业的重要组成部分，需要中央政府、特区政府和港人共同努力，才可能把这一伟大事业继续推向前进。

我不禁想到，在粤语中有一个词叫作"唱衰"，意思是"不看好"的意思。香港回归前，海外有很多人曾经"唱衰"香港。

美国的《财富》杂志就是其中的一家。香港回归前两年，《财富》杂志曾预言"香港已死"。然而事隔12年，美国《财富周刊》不久前向世界承认："香港预言失败！"

《时代》周刊也不得不以封面故事形式，承认自己的姊妹杂志《财富》当年错判香港形势，更直认今日香港比从前更有活力。

回归前，许多人曾预言香港会在回归后将失去言论、新闻、学术、信仰、游行示威、集会结社等自由。回归后，这些悲观的预测都一项接一项地落空。居民享有的自由和权利比回归前还要多，国际社会都认为香港是亚洲最自由的城市。

十年来，香港成功落实"一国两制""港人治港"、高度自治的方针，保持了繁荣稳定的局面，国际社会对此予以了高度评价。

6月28日，也就是香港回归祖国十周年纪念日前夕，欧盟发表声明，对中国香港即将迎来回归祖国十周年纪念日表示祝贺，并称赞"一国两制"成功实践确保了香港的繁荣与稳定。

欧盟轮值主席国德国在代表欧盟发表的这份声明中说，香港回归10年来，"一国两制"总体上得以成功实施，香港仍是"成功之地"。

声明说，欧盟支持中英联合声明和《中华人民共和国香港特别行政区基本法》所规定的对人权和个人自由的尊重，特别是有关对行政、立法和司法机构自治和独立的规定。欧盟相信，联合声明和基本法所确定的香港高度自治将继续保持下去。

声明还说，香港回归祖国以来，欧盟与香港的关系在各领域都保持着良好发展，香港居民获准赴欧盟免签通行，进一步方便了民间交往。欧盟愿继续深化与香港的合作与对话。

英国新任外交大臣米利班德 1 日在纪念香港回归 10 周年的声明中称赞，香港回归 10 年来取得"引人注目的成功"，香港是"21世纪伟大的城市之一"。声明认为，"香港实现了'一国两制'""香港正走向更美好的明天"。

米利班德说，香港拥有优秀、乐观及勤奋的人才，充满活力的经济，传媒享有新闻自由，政府体制及法律制度公正而透明，因此，香港的前途一片光明。他表示，英国期望香港在未来 10 年以至今后继续繁荣发展。

英国《经济学家》周刊 6 月 30 日刊登文章说，香港回归祖国后仍能保留其独特生活方式，这一史无前例的试验迄今可以说是成功的。在香港回归的 10 年间，香港面临亚洲金融危机、网络企业泡沫的破灭和禽流感及非典疫情暴发等严峻挑战，但香港经受住了考验，香港经济现在正处于 20 年来的最好时期。

德国《法兰克福汇报》6 月 30 日刊登文章说，香港回归 10 年来继续保持繁荣稳定，不只是经济环境广受好评，政治生活也保持多元化，仍是充满活力的大都市。

日本《读卖新闻》1 日刊登的文章说，香港回归 10 年来，不但扮演着中国走向世界的"桥头堡"，还担当着中国企业走出去的"试验田"。香港的"一国两制"制度也为中国经济的发展注入了活力。

日本《富士产经商报》6 月 30 日刊登文章说，香港在"一国两制"制度下已步入稳定轨道。随着中国各地观光客的大量赴港，普通话在香港开始迅速普及。百货店和珠宝店自不必说，就连小餐饮店店员的服务语言中也开始夹杂着普通话。在香港的大学毕业生中，更是开始流行到内地找工作。

《印度教徒报》1日报道说，在"一国两制"下，今天的香港民众越来越多地参与政治，香港的政治改革也在继续，而且，香港的经济发展也相当引人注目。

　　香港回归10年来的伟大实践充分证明，"一国两制"伟大构想在香港得以成功落实。我们坚信，只要广大香港同胞同祖国人民心连心、肩并肩，就一定能够创造香港发展的新辉煌，一定能够为实现中华民族的伟大复兴作出新贡献！

敢上九天揽月

（11月26日，中国首次月球探测工程取得圆满成功）

在中国古代浩如烟海的诗词中，有多少歌颂明月的诗句啊！从小时候就熟知的"床前明月光"，到中学时学的"千里共婵娟"，明月寄托了中国人多少情思和畅想！

新中国成立后，毛泽东主席写了一首词："敢上九天揽月，敢下五洋捉鳖"，这是毛泽东主席浪漫主义情怀的抒发，也寄托着中国人的斗志和豪情。如今，经过半个世纪的奋斗，他老人家浪漫的诗句成为了现实。

公元2007年10月24日，我国自行研制的"嫦娥一号"探月飞船于18时05分成功发射升空。

11月26日上午，中国国家航天局正式公布嫦娥一号卫星传回并制作完成的第一幅月面图像。首幅月图的完成和公布，标志着中国首次月球探测工程取得圆满成功。

上大学时，我读过《淮南子》："昔者，羿狩猎山中，遇姮娥于月桂树下。遂以月桂为证，成天作之合"。从这之后，知道了嫦娥奔月的故事。远古时有个名叫后羿的英雄，他射下九个多余太阳，留下一个太阳按时起落，为民造福。后羿妻子名叫嫦娥。一天，后羿求得一包不死药。据说，服下此药，能即刻升天成仙。然而，后羿舍不得撇下妻子，暂时把不死药交给嫦娥珍藏。嫦娥将药藏进梳妆台的百宝匣。三天后，后羿外出狩猎时，一个歹徒持剑威逼嫦娥交出不死药。嫦娥危急之时打开百宝匣，吞了不死药。之后，她身子立时飘离地面、冲出窗口，向天上飞去。由于嫦娥牵挂着丈夫，便飞落到离人间最近的月亮上成了仙。后羿回家后，悲痛欲绝，仰望着夜空呼唤嫦娥，这时他发现，那天的月亮格外皎洁明亮，而且有个身影酷似嫦娥。百姓们闻知嫦娥奔月成仙的消息后，纷纷在月下摆设香案，向善良的嫦娥祈求吉祥平安。从此，中秋节拜月的风俗在民间传开了。

中国给首次探月的卫星取名"嫦娥一号"，是多么美丽而贴切的名字啊！

10月24日18时5分，西昌卫星发射中心。长征三号甲运载火箭喷着烈焰，把嫦娥一号卫星稳稳地托向太空。它的成功发射，标志着中国航天开始了历史上最远的"长征"。

发射后，卫星能否准确进入预定轨道，是判断发射是否成功的重要标志。随着星箭分离成功，嫦娥一号卫星进入近地点约200千米、远地点约51000千米、运行时间为16小时的大椭圆轨道，成为一颗绕地球飞行的卫星。

进入轨道，仅仅是一个开始，还要看可否成功"变轨"。10月25日至29日，卫星进入预定地球轨道后，北京航天飞行控制中心按照预定计划，向在太空飞行的嫦娥一号卫星发出变轨指令，对其实施了1次远地点变轨和2次近地点变轨。3次变轨全部一次成功，使嫦娥一号的飞行轨道逐步抬高，为正式奔月做好了准备！

最关键的时刻到了。经过7天"热身"后，嫦娥一号卫星正式奔月。10月31日，当卫星再一次抵达近地点时，主发动机打开，卫星的速度在短短几分钟之内迅速提高，进入地月转移轨道，真正开始从地球向月球的飞越。

"制动"也很关键。嫦娥一号卫星如期到达第一次近月制动点，已完成姿态调整的卫星接到地面指令，冲着卫星前方的主发动机点火。好像加速行驶的汽车被突然踩了一脚刹车，卫星的速度开始降低……嫦娥一号卫星从地月转移轨道进入近月点200公里、远月点8600公里、周期为12小时的月球椭圆轨道。此时，嫦娥一号卫星才真正成为绕月卫星，标志着绕月探测工程实现了阶段性目标，也标志着中国航天正式开始了深空探测的新时代。

建立月球工作轨道后，嫦娥一号卫星携带的"8种武器"（其实是8种科学试验仪器）开始大显身手，为完成既定的科学目标展开紧张而忙碌的工作。11月20日，卫星有效载荷的公用设备，如一次电源、数据存储器、通信总线等全部打开。随后几天，卫星所搭载的CCD立体相机、微波雷达探测仪等8种科学探测仪器陆续开机，进行性能测试，开始各显神通，展开工作。

还有一个环节，是检验此次探月工程成败的标志，那就是传输。如何从38万公里外将科学探测数据传回地球？从11月20日开始，随着嫦娥一号卫星搭载的CCD立体相机开机工作，地面应用系统获得第一批原始图像数据，经过对接收的图像数据进行技术处理，并对19轨图像进行拼接，完成了"第一幅月面图像"制作。26日上午，中国国家航天局正式公布嫦娥一号卫星传回的第一幅月面图像。第一幅月面图像的完成和公布，标志着中国首次月球探测工程取得圆满成功！

胡锦涛主席说，中国首次月球探测工程的成功实施，进一步显示和提高了中国的经济实力、科技实力和民族凝聚力，极大地激发了全体中华儿女的爱国热情，进一步增强了全党全国各族人民全面建设小康社会、加快推进社会主义现代化的信心和决心。

这是继人造地球卫星、载人航天飞行取得成功之后中国航天事业发展的又一座里程碑，实现了中华民族的千年奔月梦想，开启了中国人走向深空探索宇宙奥秘的时代，标志着我国已经进入世界具有深空探测能力的国家行列！

这是中国推进自主创新、建设创新型国家取得的又一标志性成果，是中华民族在攀登世界科技高峰征程上实现的又一历史性跨越，是中华民族为人类和平开发利用外层空间作出的又一重大贡献。全体中华儿女都为我们伟大祖国取得的这一辉煌成就感到骄傲和自豪！

从上世纪50年代起，随着运载火箭的加速发展，人造地球卫星的上天，人类开启了一个新的时代——空间时代。探月，开始从梦想走向现实。上世纪六七十年代，苏联和美国的探月竞争空前激烈，掀起了人类第一次探月高潮。从上世纪90年代起，新一轮探月浪潮又开始在全球涌动。

美国在1994年恢复探月活动，制定重返月球计划各阶段的主要任务。欧空局早在1994年就开始制定"欧月"2000计划，目的是在月球上进行基础设施建设，开发和利用月球资源。20世纪90年代，俄罗斯曾制订过其第二个探月计划。1990年1月，日本率先打破了美苏的垄断，成功发射了"飞天"探月器，成为第三个探月的国家。印度也希望于2007年末发射首个本土研制的"月球初航"航天器，并将计划在2020年前后将一名宇航员送上月球。

在这方面，中国人是不甘于落后的。1970年4月24日，我国用自行研制的长征一号运载火箭成功地将东方红一号人造地球卫星送往太空，动听的《东方红》乐曲传遍全球。

从上个世纪90年代开始，中国围绕探月的各项工作有序展开。2000年11月22日，我国政府首次公布了航天白皮书——《中国的航天》，正式提出要"开展以月球探测为主的深空探测的预先研究"。

2004年初，随着月球探测工程正式开始实施。这是中国人勇攀科学高峰的一次新的尝试，这是中华民族和平利用太空的一次新的探索。

2004年2月25日，绕月探测工程领导小组召开第一次会议，通过《绕月探测工程研制总要求》，同时给探月工程起了一个美丽的名字——"嫦娥工程"。

到了2006年，完成了"嫦娥一号"正样星的总装、测试和试验，完成了"长征三号甲"的总装与测试和测控、发射场和地面应用系统的设备研制和系统建设，总体具备了在2007年执行任务的能力。

2006年2月10日，经过5个多月的广泛征集评选，确定了中国月球探测工程的标识。

2006年10月6日，经过广大公众参与投票评定，《高山流水》《谁不说俺家乡好》《爱我中华》《歌唱祖国》等30首曲目被选定为嫦娥一号卫星在轨播放曲目。

2006年10月，我国政府再次发布了《2006年中国的航天》白皮书，指明了中国航天未来发展方向和相关政策。中国航天已成为我国综合国力的体现，繁荣富强的象征，兴旺发达的缩影。

对"嫦娥一号"的成功发射，外电纷纷在第一时间予以关注。韩联社报道说，中国的首艘探月卫星载着中国人的希望，24日成功发射升空。英国广播公司报道说，中国首枚探月卫星"嫦娥一号"在当地时间24日傍晚6时左右发射升空。据指挥中心表示，运载火箭运行一切正常。中国探月工程首席科学家欧阳自远表示，中国是世界上第三个有能力独立进行载人航天的国家，同时嫦娥工程也有很多技术和尝试是开创性的。美联社说，中国周三成功发射其首颗探月卫星"嫦娥一号"，迈出10年宏伟探月计划的第一步。

众多网友为我国第一颗绕月探测卫星送来了很多吉祥的祝福信息，共同祝愿我国首次探月卫星发射成功。"寂寞嫦娥舒广绣，万里长空且为中国舞！""有足迹的地方，就有中国人，向所有勇敢开拓的中国人致敬！""祖国繁荣昌盛，嫦娥揽月成功！"这样热情的话语在网络空间里铺天盖地！

嫦娥一号卫星的发射，在全世界掀起一股"中国航天热"，也激发了中华民族的探索精神、创新意识和民族凝聚力。更重要的是，在中国航天事业发展中孕育形成了"热爱祖国、无私奉献，自力更生、艰苦奋斗，大力协同、勇于登攀"的"两弹一星"精神和"特别能吃苦、特别能战斗、特别能攻关、特别能奉献"的载人航天精神。这些精神，是无比宝贵的精神财富！

"敢上九天揽月，敢下五洋捉鳖"，这就是中国人的壮志豪情，这就是中国人的胆识气魄！

中国社会文明的扎实进步

（12月16日，修改后的《全国年节及纪念日放假办法》公布）

在大陆，有一个很形象的词汇叫做"黄金周"。为什么叫"黄金周"？我想主要是从经济角度的解读：在连续一周的休假里，因为人们出行旅游、游览购物，商家收获了大量的物质财富。

12月16日，新华社发布国务院决定对《全国年节及纪念日放假办法》作如下修改，全体公民放假的节日修改为：（一）新年，放假1天（1月1日）；（二）春节，放假3天（农历除夕、正月初一、初二）；（三）清明节，放假1天（农历清明当日）；（四）劳动节，放假1天（5月1日）；（五）端午节，放假1天（农历端午当日）；（六）中秋节，放假1天（农历中秋当日）；（七）国庆节，放假3天（10月1日、2日、3日）。

大家都认为，此次公布的修改后的《全国年节及纪念日放假办法》，从一个侧面见证了中国社会文明进步的程度：不仅在办法出台前广泛调研、征集民意，而且办法本身还反映了人们对于度假休闲的认识升华。

这次修改的放假办法中，最大亮点就是增加了民族节日，将"五一"假期缩短为1天，增加清明、端午、中秋三个民族节日，体现了对传统文化的尊重和保护。

英国哲学家罗素说过，是否懂得休闲是对一个社会文明程度的最终检验。劳动时间的缩短和休假时间的延长是人类文明的大趋势。在这方面，美国走在世界前列。早在1926年，福特汽车公司就实行了每周五天工作制。二十世纪三十年代，美国经济出现大萧条，通过的新劳动法规，将五天工作制固定下来。二十世纪四十年代，世界上一批发达国家也相继采用。

延长劳动者休闲时间、用法律形式来保障公民的休息权益早就成为世界趋势，也是社会文明程度不断提高的标志。目前中国的休假制度主要包括三项内容，即公休假日制度、法定节假日制度、年休假制度。公休假日又称"公休日"，指法律规定或者依法订立的协议规定的每工作一定时间必须休息的时间。如每工作5天以后休息2天，这2天就是公休假日。"法定节假日"指根据各国、各民族的风俗习惯或纪念要求，由国家法律统一规定的用以进行庆祝及度假的休息时间。比如中国规定用人单位在元旦，春节，国际劳动节，国庆节等节日，应当依法安排劳动者休假。"年休假"是指单位的劳动者每年享有保留工作，带薪连续休假制度。

中国大陆节假公休日调整，经过四次大的变化：

1949年12月23日公布的《全国年节及纪念日度假办法》，形成了目前中国法定假日的基本格局：元旦1天、春节3天、"五一"1天、"十一"2天。

1995年5月1日起施行的《国务院关于职工工作时间的规定》，使我国公休日由1天延长至2天，也就是"双休日"，体现从"重生产"到"生产和生活并重"的观念变化。

1999年9月18日，国务院修正《全国年节及纪念日放假办法》，又将"五一"放假延长为3天，"十一"延长为3天，从而形成3个黄金周，体现了推动假日经济和拉动内需的意愿。

这次国务院公布修改后的《全国年节及纪念日放假办法》，是第四次。此后，中国法定节假日和周末休息日已经达到115.3天，这个总天数与中国经济社会发展程度基本相适应。

在被誉为"黄金周"的长假里，各地都会纷纷举办丰富多彩的活动。比如说在北京各大公园都精心准备五彩缤纷的文化活动，吸引来自四面八方的中外游客游览观光。各大商场也会推出五花八门的促销活动，以此来吸引大家前往购物。

因为休假，还专门出现了"假日经济"。假日经济（HolidayEconomy）是指人们利用节假日集中购物、集中消费的行为，带动供给、带动市场、带动经济发展的一种系统经济模式。假日经济是伴随着中国第一个"黄金周"而出现的。1999年9月，随着中国国民经济的发展，人民生活水平的提高，国家在经过一段时间的双休日的试行后，决定增加广大劳动者的休闲时间，将春节、"五一""十一"三个中国人民生活中最重要节日的休息时间延长为3天（加上前后两个双休日，实际上为7天），于是"黄金周"的概念应运而生，在旅游管理部门的心中，这是一个难得的赚钱机会；在广大老百姓心中，这是一个难得的旅游休闲的假期。3个"黄金周"掀起的旅游消费热成为我国经济生活的新亮点，假日经济成为人们津津乐道的新话题。在1999年国庆"黄金周"到来时，席卷全国的假日旅游热潮令各界人士始料不及。据有关统计，全国出游人数7天内达到2800万人次，旅游综合收入实现141亿元。

但是"黄金周"也带来了问题。大多数人有这样的经历：当热情地盘算着出门远行、游山玩水，可所到之处都人满为患：人挨人、人挤人、人碰人，熙熙攘攘、摩肩接踵，凡是一切形容人多的词语都可以用在"黄金周"。有人开玩笑说："哪里是看风景，就是在看人！"后来，大家对假日游玩没有了兴致，干脆在家睡大觉。

我觉得，这次修改后的《全国年节及纪念日放假办法》有几大"亮点"。

有专家说，此次修改的休假办法，概括起来有四多、三个有利：一是长假和长周末形成的大小旅游高峰次数增多；二是节日期间中短途旅游者增多；三是寒暑假季节游客进一步增多；四是民俗文化旅游活动增多。同时，这一变化将有利于民众自主选择旅游时间和方式；有利于缓解结构性的供需矛盾和对环境的影响；有利于全国不同地区旅游市场的协调发展。旅游界人士普遍认为，休假制度调整将给旅游业长远发展带来三大"利好因素"：一是"短线游"黄金时代来临，游客数量将有较大增长；二是淡旺季界限可能淡化，服务质量有望得到提升；三是旅游产品开发有望呈现特色化趋势。

还有一个引人注目的"亮点"就是带薪休假。其实，带薪休假并不是个新词。1994年颁布的《中华人民共和国劳动法》第45条中就有明确规定，只是实行得并不够普遍，实施的强制力度有限而已。现在公布的《休假条例》规定，对职工应休未休的年休假天数，单位应当按照该职工日工资收入的300%支付年休假工资报酬，这个条款就是为了保障部分因工作需要不能休年假的职工的权益。

法定节假日调整方案受到了老百姓的欢迎。有人说，百姓安排休闲活动将更灵活，分散休假搭带薪假方便出游。有人说，更加体现中国历史和现实国情，也更加人性化。还有人说，节假日调整有利于传统年节保护发展，彰显了政府对传统文化的重视。据网上民意调查，约有八成网民支持调整方案。从各网站投票结果看，在各调查选项中，法定节假日总天数由10天增加到11天的支持率约为89%，调整五一并增加三个传统节日为法定假日的支持率约为68%，保留十一国庆节和春节两个黄金周的支持率约为82%，将春节放假时间提前到除夕的支持率约为81%，将元旦、五一及三个新增法定假日与前后周末调整成连续三天"小长假"的支持率约为77%，全面推行职工带薪休假制度的支持率约为90%。

是否应取消五一"黄金周"成为人们讨论的热点。很多人赞成增加三个传统假日，但是反对取消五一黄金周。人们普遍认为五一黄金周的存在是职工休假的保证，希望能够保留。

不管怎样，我相信国家规定的休假制度，会向着更合理的方向发展。就在写这篇文章的时候，我看到国家旅游局网站的消息，说国务院办公厅日前印发国民旅游休闲纲要(2013—2020年)。纲要提出，到2020年，职工带薪年休假制度基本得到落实，城乡居民旅游休闲消费水平大幅增长。我们大家都期待着这一天早日到来！

2007年中国大事记

二月

26日，国务院召开常务会议，原则批准大型飞机研制重大科技专项正式立项，同意组建大型客机股份公司。

三月

5日至16日，十届全国人大五次会议举行。温家宝作政府工作报告。吴邦国作全国人大常委会工作报告。会议通过《中华人民共和国物权法》和《中华人民共和国企业所得税法》。

18日，中共中央办公厅、国务院办公厅发出《关于进一步严格控制党政机关办公楼等楼堂馆所建设问题的通知》。

25日，香港第三届行政长官选举，曾荫权以649票对123票击败对手梁家杰，当选第3届行政长官。

四月

5日，国务院发布《中华人民共和国政府信息公开条例》。

10日至13日，温家宝对韩国、日本进行正式访问。

14日，国务院发出《关于鼓励和规范企业对外投资合作的意见》。

五月

3日，中国石油天然气集团公司宣布：在渤海湾滩海地区发现储量规模10亿吨的冀东南堡油田。

31日，国家预防腐败局成立新闻发布会暨揭牌仪式，在监察部举行。

六月

3日，国务院印发《中国应对气候变化国家方案》。

5日，中共中央、国务院、中央军委印发《关于进一步做好军队转业干部安置工作的意见》。

6日至10日，胡锦涛出席在德国海利根达姆举行的八国集团同发展中国家领导人对话会议，并对瑞典进行国事访问。

29日，十届全国人大常委会第二十八次会议通过《中华人民共和国劳动合同法》。

七月

1日，胡锦涛出席庆祝香港回归祖国10周年大会暨香港特别行政区第三届政府就职典礼并发表讲话。

10日，国务院印发《关于开展城镇居民基本医疗保险试点的指导意见》。

23日至24日，全国城镇居民基本医疗保险试点工作会议举行。温家宝与出席会议的部分代表进行座谈并讲话，指出：建立城镇居民基本医疗保险制度，是我国在建立城镇职工基本医疗保险制度和新型农村合作医疗制度之后又一重大举措，主要解决城镇非从业人员，特别是中小学生、少年儿童、老年人、残疾人等群体看病就医问题。

11日，国务院发出《关于在全国建立农村最低生活保障制度的通知》。要求将符合条件的农村贫困人口全部纳入保障范围，稳定、持久、有效地解决全国农村贫困人口的温饱问题。

30日，国务院发出《关于促进生猪生产发展稳定市场供应的意见》。

八月

1日，庆祝中国人民解放军建军80周年暨全军英雄模范代表大会举行。

7日，国务院发出《关于解决城市低收入家庭住房困难的若干意见》。要求以城市低收入家庭为对象，进一步建立健全城市廉租住房制度，改进和规范经济适用住房制度，加大棚户区、旧住宅区改造力度。

9日，国务院发出《关于完善退耕还林政策的通知》。

14日至18日，胡锦涛对吉尔吉斯斯坦、哈萨克斯坦进行国事访问，并出席在吉尔吉斯斯坦首都比什凯克举行的上海合作组织成员国元首理事会第七次会议，赴俄罗斯观摩上海合作组织成员国联合反恐军事演习。与出席上海合作组织比什凯克峰会的各成员国元首共同签署《上海合作组织成员国长期睦邻友好合作条约》。

30日，十届全国人大常委会第二十九次会议通过《中华人民共和国反垄断法》和《中华人民共和国就业促进法》。

九月

3日至9日，胡锦涛对澳大利亚进行国事访问并出席在悉尼举行的亚太经济合作组织第十五次领导人非正式会议。在商业峰会开幕式上，发表《推进全面合作，实现持续发展》的演讲。

6日至8日，首届夏季达沃斯论坛在大连举行。温家宝出席开幕式并讲话。

16日，国务院台湾事务办公室发言人就陈水扁鼓吹"台独"分裂言论一事发表谈话。指出：近一时期，陈水扁继续大肆煽动"入联公投""申请入联"，再次鼓噪"台湾是主权独立国家"的谎言。我们将继续密切关注，并做好了应对严重状况的必要准备。

21日，第62届联合国大会全体会议批准联大总务委员会的决定，拒绝将所谓"台湾申请加入联合国"提案列入联大议程。

17日，中共中央政治局召开会议，研究拟提请十六届七中全会讨论的，十六届中央委员会向中国共产党第十七次全国代表大会提交审议的报告稿和《中国共产党章程（修正案）》稿。

18日，中央文明办、全国总工会、共青团中央、全国妇联作出《关于表彰全国道德模范的决定》。胡锦涛、李长春会见全国道德模范。

18日，国家统计局发布《从十六大到十七大经济社会发展回顾系列报告》。按照世界银行的划分标准，我国已经由低收入国家步入了中等收入国家的行列。

26日，国务院总理温家宝主持召开国务院常务会议，讨论并原则通过《国家环境保护"十一五"规划》，决定取消和调整186项行政审批项目。

十月

2日至11日，2007年世界夏季特殊奥林匹克运动会在上海隆重举行。国家主席胡锦涛出席并宣布运动会开幕。中国特奥代表团在本届特奥会上共获得金牌459枚，银牌333枚，铜牌258枚。

15日至21日，中国共产党第十七次全国代表大会在北京召开。大会选举出了中国共产党第十七届中央委员会委员(204名)、候补委员(167名)，中国共产党中央纪律检查委员会委员(127名)。

12日，陕西省林业厅召开新闻发布会宣布"镇坪县发现野生华南虎"，同时公布了周正龙10月3日拍摄的两张华南虎照片。"华南虎"事件是中国互联网乃至新闻史上的经典案例。

22日，中国共产党第十七届中央委员会第一次全体会议选举胡锦涛为中共中央总书记，选举胡锦涛、吴邦国、温家宝、贾庆林、李长春、习近平、李克强、贺国强、周永康为中央政治局常委。中央纪律检查委员会第一次全体会议选举贺国强为中纪委书记。

24日，我国在西昌卫星发射中心用长征三号甲运载火箭将嫦娥一号卫星成功送入太空。

十一月

15日，国务院新闻办公室发表《中国的政党制度》白皮书。

十二月

6日，国务院公布了《中华人民共和国企业所得税法实施条例》，该条例自2008年1月1日起施行。

16日，国务院正式颁布修改后的《全国年节及纪念日放假办法》，自2008年1月1日起施行。

29日，十届全国人大常委会第三十一次会议上午表决通过了关于修改个人所得税法的决定，个人所得税起征点自2008年3月1日起由1600元提升到2000元。

29日，人大常委会决定2017年香港特首可由普选产生。

2007年的世界

4月16日，美国弗吉尼亚理工大学发生了美国历史上最严重的校园枪击案。

4月23日，俄罗斯前总统叶利钦去世。

5月16日，萨科齐就任法国总统。

6月27日，布朗就任英国首相。

年初以来，国际市场油价节节攀升，不断逼近每桶100美元大关。

8月，俄罗斯在北冰洋底插上俄罗斯国旗以宣示主权，加拿大、美国、丹麦、英国等北冰洋周边国家也加入了争夺北极的行列。

9月14日，日本发射第一颗绕月探测卫星"月亮女神"号，全球掀起新一轮探测月球热。

11月，俄罗斯"中国年"胜利闭幕，中俄互办"国家年"活动圆满结束。

11月26日，孟加拉国公布统计数字，强热带风暴"锡德"风暴王给孟加拉国造成了巨大的损失，共造成至少3200人死亡，1700多人失踪，3万多人受伤。

11月27日，中东问题国际会议在美国马里兰州首府安纳波利斯举行。

12月3日，联合国气候变化大会在印尼巴厘岛拉开帷幕，来自191个国家和地区的1万多名代表参会。

十年流行色之六：2007年大陆流行语

晒

百度上关于"晒客"的信息达113万余条，且有不少晒客网站。从过去的BBS、博客、MSN空间、网络相册到如今的"晒客中国"这样的大型平台，晒客的"海滩浴场"可谓广袤无垠。"只有不想晒的，没有不能晒的"，这是晒客们奉行的口号。

动车组

2006年，中国铁路完成了世界铁路1/4的运输量，实现了旅客周转量、货物发送量、换算周转量、铁路运输密度4个"世界第一"。2007年4月18日，全国铁路完成第六次大提速，把中国铁路带进了一个高速时代。

色戒

《色，戒》自公映开始，就一直被口水围绕，不愧为2007年最具话题性的电影，由此，"色戒"这个词也被广泛地传播开去。比如，色戒之"床戏"，色戒之"足本"，色戒之"李安"，色戒之"电影分级制"，色戒之"金狮奖"……不可胜数。

交强险

交强险，一个备受关注的、以"提保额、降保费"为主题的、怀着良好初衷诞生的社会公益险种，却在实践中激起了争议，有人说它是暴利，有人为它的公益本性辩护。人们对交强险"说不清"的高收费、"暴利"、无责赔付等焦点问题提出的种种质疑，无疑极大地提高了交强险这个词的传播概率。

节能减排

2007年是全面建设小康社会关键的一年，为此环保总局祭出新政，全国掀起了"节能减排"的高潮。9月24日晚8点开始，全国七大城市的景观灯同时熄灭，以通过这种方式带给人们节能新体验，由此，越来越多的人关注了这个词：节能减排。

财产性收入

十七大报告中，首次提出"除了工资，国家将创造条件，让更多群众拥有财产性收入"。财产性收入这个新名词一下子进入了千千万万普通中国公民的心。什么是财产性收入？有人大代表解读为就是让老百姓的财富保值增值，让老百姓拥有更多的财富。

"你太有才了！"

春晚的小品还没表演结束，里面的台词已经被抢注了。"你太有才了"这句话以迅雷不及掩耳的速度红遍了大江南北。

虎照

10月12日，陕西省林业厅正式在陕西省西安市举行新闻发布会，宣布安康市镇坪县的一个名为周正龙的农民兼猎人，在当月4日拍摄到了野生华南虎。照片公布后，众多网民纷纷从照片中的植物叶片大小以及众多细节上，对于照片的真伪提出质疑。

5.30

5月29日深夜，政府有关部门宣布，经国务院批准，财政部决定从5月30日起将股票交易印花税从原来的0.1%调高到0.3%，200%的税率增幅立即给市场带来了一片恐慌，当天沪深两市股指重挫6%以上，近千只个股被封死在跌停板上。这就是震惊股坛的"5.30事件"。

大陆这十年

贰〇〇捌年

民族精神的宏伟壮歌

纪念碑

无与伦比的体育盛会

浩瀚太空中国印

民族精神的宏伟壮歌

（1月10日开始，南方遭遇持续大规模雨雪冰冻灾害）

中华民族居住的广袤国土，是一个自然灾害频发的地域。自古以来，我们的史册中就记载了无数的"治水""抗旱"等抗击自然灾害的壮丽篇章。

2008年的雨雪冰冻灾害，其持续时间之长，影响范围之广，危害程度之深，来势之突然，都可以载入中华民族抗灾救灾的史册。

1月10日开始，中国南方大部分地区和西北地区东部出现了建国以来罕见的持续大范围低温、雨雪和冰冻的极端天气。严重的气象灾害，影响到正常的生产生活。从贵州到湖南，从江西到广西，这场严重低温、雨雪冰冻灾害，使中华民族遭遇了又一场异常严峻的挑战。

中国南方大部分都有暴雨、大雪、暴雪，还有冻雨。春节前后的雪灾，对中国南方自然保护区生态环境造成严重破坏。调查显示，这场大冰雪已经造成一场生态灾难，使南方受灾省区的近千个自然保护区和保护区内的野生动植物资源及基础设施遭受重创，林木普遍受损，很多野生动植物冻伤冻死。

我清楚记得，当时正赶上春运，在自然灾害面前，交通受阻，无数归心似箭的人无奈地望空长叹。后来，这些春运中的故事被改编成许多影视作品，比如《人在囧途》，在大陆还很受观众欢迎。

据南方的亲友们讲，在那里麻雀被冻成了"冰雕"。虽然已经死了，可形态却栩栩如生，就趴在灌木丛上，被冻在了冰层中间。更要命的是，北方的雪是硬的，落在电线上风一吹就掉了，可南方的雪是软的，湿冷会结冰，它会一层层地将电线包住，以至于压断。很多电线上面堆满了五厘米厚的冰，摇摇欲坠！

南方的广大区域，特别是长江中下游和珠江三角洲，是我国经济发展的核心地带。确保这些地区交通、电力通畅，把雨雪冰冻灾害给人民群众生产生活带来的损失和影响降至最低，对整个国民经济发展和社会稳定尤为重要！

据政府有关部门统计，低温雨雪冰冻灾害造成了21个省(区、市、兵团)不同程度受灾，紧急转移安置151.2万人，累计救助铁路公路滞留人员192.7万人；农作物受灾面积1.77亿亩，绝收2530千亩；森林受损面积近2.6亿亩；倒塌房屋35.4万间。截至2月12日，低温雨雪冰冻灾害造成1111亿元人民币直接经济损失。

在抗击雨雪冰冻灾害中，中国党和国家的领导人的身影一直激励着全体人民。

在抗灾的关键时刻，胡锦涛总书记的身影出现在山西大同400米深的矿井下，出现在秦皇岛寒风凛冽的码头上，出现在桂林的输电线路抢修现场。他亲切的话语、坚定的信念，鼓舞了人们的士气，更加坚定了人们打赢这场战争的信念和信心。2月5日下午，胡锦涛总书记乘坐专机刚抵达桂林，就在机场亲切看望了正在执行救灾任务的广州军区某集团军陆航团官兵。总书记脱下外套，大声说："来，我也参加！"说着，就同官兵们一起干了起来。当天晚上，我在新闻联播中看到这个场景，深受感动，我对家人说，有这样的领导人，我们的抗灾救灾一定会取得成功。

温总理考察抗冰救灾工作，留下了一串串没有停顿的足迹：1月28

日18时30分，温家宝总理决定立即赴湖南视察。1月28日夜，温总理飞机降落在湖北武汉天河机场，1月29日晨，转乘火车到达湖南长沙听取汇报。1月29日夜，温总理从湖南赶往广州指导抗灾救灾。2月1日，温家宝总理再赴湖南指挥抗灾救灾。

中国政府运筹帷幄，总揽全局，有序部署，牢牢把握着抗灾救灾的主动权。1月29日，中共中央政治局召开会议，号召"坚决打好这场抗灾救灾的硬仗"。第二天胡锦涛总书记作出重要指示，要求各有关部队全力支持灾区抗灾救灾。2月3日，中共中央政治局常务委员会强调"保交通、保供电、保民生"，从部署煤电油运紧急措施到取得重大阶段性胜利后实行抗灾救灾和灾后重建工作的重点转移。

针对灾害发展形势，国务院迅速成立煤电油运和抢险抗灾指挥中心，统筹协调指挥抗灾救灾和煤电油运保障工作，坚持每日分析会商，及时掌握全国各地灾害发展情况，协调解决煤电油运和抢险抗灾中的重大突发问题。

短时间内，棉被、手电筒、电力设施、抢险装备、发电车……大量的救援、抗灾物资就从全国各个角落启程、运输，源源不断地送抵灾区。物资储备之充足、技术力量之雄厚、通讯指令之顺畅、调动速度之快捷，给世界各国都留下深刻印象。

中国全国上下紧急动员，全力抗击灾害。在党中央、国务院、中央军委的号令下，广大军民万众一心奋起抗灾。历经磨难的华夏儿女，再一次以气吞山河的英雄气概，不屈不挠，顽强拼搏，走向了抗击雨雪冰冻灾害的"前线"。

这次抗击雨雪冰冻灾害，要比1998年洪水和2003年的"非典"更复杂、任务更繁重。几十万子弟兵和武警战士，数十万警力，18万电力抢修人员，成千上万干部群众，投入人员之众、物资之多，为1998

年抗洪以来所仅见。电力、公路、铁路、航空、部队等各行各业的工作者们，一批又一批地奔赴抗灾一线。湖南三名电力工人在抢修线路中以身殉职。

来自军队处置突发事件领导小组办公室的数据，截至2月12日18时，中国军方累计出动官兵66.7万人次、民兵预备役人员188.2万人次。

据统计，中央和地方财政累计投入救灾资金54.83亿元。灾区各级政府累计发放方便食品2082吨、口粮5.5万吨、食用油1887吨、饮用水57万箱、取暖燃料4271吨、棉被424万床、棉衣551万件。

在全世界关注的目光中，13亿中国人民再次用心血、汗水和血肉之躯，铸造了一座民族精神新的历史丰碑。

大雪无情，人间有爱。抗击雨雪冰冻灾害，牵动了全国人民的心，他们纷纷通过各种方式献爱心。我记得当时看了中央电视台《同一首歌》在北京剧院举办的名为"凝聚每份爱"的大型赈灾义演。刘晓庆、朱时茂、蔡国庆、景岗山、田震、小陶红数十位明星嘉宾参加了义演。来自演艺界和体育界的近百位嘉宾到场，慰问所有战斗在抗灾一线以及不能返乡过年的朋友。现场募集到企业、明星和观众的爱心捐款达5000余万元。义演虽然是前一天才临时决定的，但得到了大家的积极响应。著名歌手齐豫还专程从台湾赶来。除了明星外，当晚到场的还有因为大雪而无法回家过年的大学生和外地来京务工人员的代表。大学生们演唱了重新填词的《一封家书》，在京务工人员则和孙悦合唱了《祝你平安》，场面非常感人。

百年不遇的特大冰冻灾害，也深深地牵动着海内外华人华侨的心。许多华人华侨以多种方式，了解受灾情况，看能为灾民提供什么帮助。灾情也牵动着港澳同胞的心。港澳同胞纷纷捐款、捐物，热心帮助灾区民众。

　　2008年2月1日，一些外国领导人致电（函）国家主席胡锦涛和国务院总理温家宝，就我国南方部分地区遭受雨雪冰冻灾害，造成人员伤亡和财产损失表示深切同情和诚挚慰问。发来慰问电（函）的有：法国总统萨科齐、蒙古国总统恩赫巴亚尔、文莱苏丹哈桑纳尔·博尔基亚、马尔代夫总统加尧姆、泰国总理素拉育。他们对中国政府和人民全力以赴、团结一致抢险救灾表示敬意，相信中国政府和人民定会尽快恢复灾区正常生产生活秩序。

　　惊心动魄的抗冰战雪之后，留给大家的启示是深刻的。中华民族几千年来历经艰难困苦，不屈不挠，不断同各种灾害和困难作斗争。灾害虽然使我们遭受了损失，但也更使中国人民增强了我们继续前进的信心、勇气和力量。我想，这场冰雪砥砺了民族的意志，凝聚了民族的精神，它告诉我们，只要全国上下万众一心、顽强拼搏、艰苦奋斗，就一定能够战胜一切自然灾害和艰难险阻。在自然灾害面前，中华民族一定会更加成熟、更加团结、更加充满力量！

纪念碑

（5月12日，四川汶川县发生里氏8.0级大地震）

　　5月12日，是一个令每一个中国人都难以忘却的日子。这一天14时28分04秒，一场突如其来的大地震令千千万万个本是幸福美满的家庭转瞬家破人亡，无数鲜活的生命片刻之间消逝在了这片肥沃的土地上。

　　从5月12日开始将近一个月的每一个日日夜夜，我都沉浸在一种悲伤、庄严、感动和激越之中。为此，我还写了一首抒情长诗，诗的名字就叫做《纪念碑》。在诗的最前面，我写了一个题记：每一个重大的历史事件，都需要一座诗的纪念碑。

　　在纪念碑的底座上，我要一笔一笔地刻下这场巨大的灾难。四川发生的这场大地震，震中位于阿坝藏族羌族自治州汶川县境内。地震波及大半个中国及多个亚洲国家。北至北京，东至上海，南至香港、澳门、台湾、泰国、越南，西至巴基斯坦均有震感。据说这是1976年唐山大地震以来，国内最为严重的一次地震灾害。此次地震强度大，据说能量相当于广岛原子弹4000个！顿时，城市化作废墟，乡村夷为平地，数万人罹难，数十万人受伤，数百万人失去家园。据民政部的统计数字，截至6月6日12时，汶川大地震已造成69,130人遇难，374,031人受伤，17,824人失踪。紧急转移安置1514.684万人，累计受灾人数4616.0865万人。到9月18日12时，死亡人数上升至69,227人。地震造成的直接经济损失达人民币8451亿元。

我还清楚记得，当时我在北京的办公室里午休。下午一上班，就听同事们说起，好像有地震的感觉。很快，就看到了新华社发出的稿件，才知道汶川县发生了大地震。

在纪念碑的底座上，我要一笔一笔地刻下这些闪耀着人性光辉的细节。地震发生时，一位老师将身体趴在课桌上，护住了自己的4名学生，当救援人员找到他们时，四个孩子平安无事，救援人员想要救出孩子，可是谭千秋老师的胳臂死死抱住孩子们，僵硬无比，人们含着泪，用锯子锯断了谭千秋老师的胳膊。

还有那位伟大的母亲。抢救人员发现她的时候，她已经死了，是被垮塌下来的房子压死的。她双膝跪着，整个上身向前匍匐着，双手扶着地支撑着身体。在她身子底下是一个安静睡着的孩子。有一部手机塞在被子里，屏幕上是一条已经写好的短信"亲爱的宝贝，如果你能活着，一定要记住我爱你"。每个看到短信的人都落泪了。

还有那个早熟的孩子。汶川5·12大地震发生时，九岁半的林浩同其他同学一起被压在了废墟之下，身为班长的他在废墟下组织同学们唱歌来鼓舞士气，并安慰因惊吓过度而哭泣的女同学。爬出了废墟后，他没有惊慌逃离，而是再次钻到废墟里展开了救援，经过艰难的救援，小林浩将两名同学背出了废墟。5月20日，中央电视台播出了《九岁救灾小英雄林浩》的专题采访报道。8月8日，在北京奥运会的开幕式上，明星姚明牵着小林浩的手，向世界展示了中国人的坚强。

在这座纪念碑上，我要一笔一笔地刻下中国政府抗震救灾的高效率。灾情传来，胡锦涛总书记立即作出批示：尽快抢救伤员，确保人民生命安全。震后1小时27分钟，温家宝总理赶赴地震灾区，晚上抵达都江堰指挥中心指挥救援工作，接连下达救灾命令。地震当晚，中共中央政治局常务委员会召开会议，全面部署抗震救灾工作。很快，成立抗震救灾总指挥部，由温家宝总理任总指挥，全面负责当前的抗震救灾工作。

德国《时代》周刊发表的《所有中国人都站在了党的身边》文章说："如果把政治领导人的身体力行作为衡量标准，那么北京的反应速度要比东京和华盛顿迄今为止所发生类似灾难时反应速度要快得多。"

公安、交通、电讯、地震、民政各部均被调度管理救灾工作。公安部组织全国各地消防救援人员和特警，立即奔赴灾区。卫生部组织24个省区约2000人的医疗防疫队伍。工业和信息化部指挥运营商调拨卫星电话紧急恢复通讯。交通运输部负责协调抢修公路。铁道部下令全国铁路迅入应急状态，确保铁路运输安全畅通。环保部启动核与辐射及水污染防治应急预案。科技部下属国家遥感中心则要向减灾委提供卫星监测资料，并派出遥感飞机赴灾区勘查。农业部集中力量指导开展农业抗震救灾，并强调早着手准备灾后重建。商务部负责监察灾区市场情况，保障生活必需品及救灾物资供应。

大地震刚刚发生，解放军和武警就紧急启动应急措施。13日，军队抗震救灾领导小组在北京成立，指挥解放军和武警参加抗震救灾工作。截至5月18日12时，军方及武警共出动113,080人，来自五个军区、涉及20余个兵种；出动各型飞机1,069架次，开出军列92列，动用各种运输、后勤保障设备11万台。从废墟中挖掘被埋人员21,566名，救治受伤人员34,051名，转移安置受灾群众和游客205,371名；调运各类物资7.8万多吨；抢修道路557千米！

在这座纪念碑上，我要一笔一笔地刻下全国各族人民万众一心、众志成城，迎难而上、百折不挠，共同夺取抗震救灾斗争胜利的宏伟画面。"举全国之力抗震救灾！"中国政府吹响战斗号角，全国军民闻令而动、应者云集，一场举国倾力、万众一心、共克时艰的抗震救灾斗争在中国大地上全面打响。

各级政府救灾预案立即启动，救援力量体系展开运行，医疗有效跟进，物资及时到位，灾民妥善安置；一支庞大的救援队伍从四面八方奔向灾区，在这些救援者中，有公务员、教师、医生、工人、农民、个体户。"同胞都在为同胞，大家都想帮国家"，长城内外、大江南北，到处是支援灾区的呼声，到处是抢救同胞的行动，到处是捐款赠物的长龙。有一位大学教授对中国的救援进行了认真研究分析，得出的结论是：对比1923年日本关东大地震的救援，1960年智利大地震的救援，2004年美国大飓风的救援，2004年印尼海啸的救援……中国式救援无与伦比，中国特色社会主义制度是统一和谐的社会制度，是具有高度协作精神的社会制度，是可以把力量凝聚最大、释放最好的社会制度！

据6月上旬统计，为支援四川抗震救灾、重建家园，地方财政投入资金43.94亿元，社会捐款数百亿元，就连解放军和武警部队官兵也捐赠了9亿多元。雄辩的数据见证了社会主义中国的凝聚力，正如灾区一幅标语所写："地动山摇摇不散中华魂魄，山崩地裂裂不开万众一心。"英国艾伯塔大学政治学家蒋文然评价说："我认为毫不夸张地说，这可能是有史以来在和平年代一个国家的政府和人民，对大型自然灾害作出的最迅速而最有效的反应。"

在这座纪念碑上，我要一笔一笔地刻下全人类伟大的爱心。我们难以忘记，一位女民警放下自己的孩子，将自己的乳汁喂给刚刚获救的婴儿；我们难以忘记，一位拾荒老翁将自己乞讨来的105元钱，悄悄塞进了募捐箱；我们难以忘记，当前线血库告急时，一座座城市的献血长龙将血站"挤爆"。我们难以忘记，全球各地、各个肤色的人都派出救援队伍前往四川救灾。

民族凝聚力可以化为同舟共济、共克时艰的大团结、大协作精神。我们难以忘记"宋志永爱心志愿小分队"。这个由唐山13位农民组成的小分队，年初赴湖南郴州参加抗击冰雪灾害，这次又赶到受灾最重的北川，从废墟中救出23名幸存者。我们难以忘记陈光标这个名字，他是江苏黄埔再生资源利用民营公司的董事长。地震后，他把在武汉召开的董事会变成了赈灾动员会，自己带头给中国扶贫基金会捐款560万元。随后，他连续指挥奋战100个小时，从废墟中挖出243人，其中5人生还。

我们难以忘记各种企业都纷纷行动起来，积极参与抗震救灾的各项捐赠慈善活动。台湾、香港、澳门和内地企业一样，纷纷捐款。台塑集团、日照钢铁、天津荣程集团、加多宝集团捐出上亿元。《香港商报》评论指出，"天灾无情，人间有情"，七百万港人与灾区同胞站在一起，我们的支持，是没有底线的。此刻，身上流淌的中国血，正使香港人与十三亿内地同胞，以同样赤诚的心为救灾激励：中国，加油！四川，加油！赶赴救援的解放军队伍，加油！

在这座纪念碑上，我要一笔一笔地刻下新闻媒体的卓越表现。中国媒体对于汶川大地震的报道，是多年来所有灾难发生后最快速最广泛的一次，而媒体公开报道是政府信息公开的最重要平台。5月12日15时20分，中央电视台综合频道、新闻频道并机进入直播，随后国际频道也进入直播。各地的人们正是通过电视直播画面与灾区人民的心紧紧连在了一起。

有评论文章写道："从年初的冻雪到5月的震灾，短短几个月，中国政府的表现令人刮目相看。无论是反应的灵敏，还是应对的效率，都已与以前不可同日而语。更令人瞩目的，是信息披露的及时与充分。政府通过现代传媒手段，不但将整个灾情袒露在公众眼前，而且对救灾的进展，进行了不厌其详地报道。在这一刻，政府的运作不再是黑幕之下静悄悄进行的游戏，而是展露在阳光之下。对于大多数中国人来说，政府突然由无形的主宰者，变成了有形的关爱之手。"

有评论说，中国媒体在这次地震中的表现是一次非凡的进步。中国在灾后的几天内，以坦荡荡的态度，让灾区的信息自由发放，也因此赢得了全球的掌声。《纽约时报》和《华尔街日报》14日报道甚至表示：中国政府在此次地震中表现出的媒体应对能力比2005年飓风卡特里娜袭击美国南部时美国政府的表现更出色。美国《世界日报》社长李厚维这样说道："这一次，中国形象完全改变了。32年前唐山大地震时，所有资讯完全封闭；这次汶川大地震，所有信息都及时传递到海外，让所有关心灾情的海外华人华侨都能了解真实的情况，这是中国改革开放30年成功的最好证明。"

邓拓在《中国救荒史》记载："仅清代不足300年间，自然灾害就多达1121次。其中水灾192次，地震169次……"令人振奋的是，每次灾害都使中华民族重新挺起脊梁，都使中华民族更加团结向上，都使中华民族的内核与内心更加坚强。

让我们再回顾一下这场大地震发生后的一幕幕历史画卷：5月12日16时40分许，温家宝总理搭乘空军专机赶往四川灾区指导抗震救灾。

5月18日，国务院发布公告：决定2008年5月19日至21日为全国哀悼日。在此期间，全国和各驻外机构下半旗致哀，停止公共娱乐活动，外交部和我国驻外使领馆设立吊唁簿。5月19日，4时58分，天安门广场上的五星红旗降至半旗。新中国59年来，国旗第一次为自然灾害中罹难同胞而降。14时28分起，全国人民默哀3分钟，汽车、火车、舰船鸣笛，防空警报鸣响。

5月21日，国务院常务会议决定，迅即建立灾后恢复重建基金。中央财政先安排700亿元，建立灾后恢复重建基金。5月27日，国务院提出实行一省帮一重灾县，几省帮一重灾市（州），举全国之力加快恢复重建。6月8日，温家宝总理签署第526号国务院令，公布自当日起施行的《汶川地震灾后恢复重建条例》。

　　6月14日，中央军委主席胡锦涛签署命令，授予成都军区某陆航团"抗震救灾英雄陆航团"荣誉称号。7月21日，根据中央军委命令，抗震救灾部队陆续组织回撤归建。

　　2008年年底，当温家宝总理再次踏上汶川的土地，他在北川中学的黑板上写下的"多难兴邦"这四个字。这四个字，是那么意味深长，那么充满力量和希望。我想，我用诗文矗立起的纪念碑，就用这四个字作为名字吧。

无与伦比的体育盛会

（8月8日，第29届奥运会开幕式在北京隆重举行）

76年前，也就是1932年，首次代表中国参加奥运会的刘长春，孤独而凄凉地落败于美国洛杉矶。72年前，也就是1936年，中国派出69名运动员，远赴德国柏林参加奥运会，结果是全部铩羽而归。

今年，也就是2008年。刘长春们会想到吗？奥运会在中国举办！中国金牌总数世界第一！而且，国际奥委会主席罗格在闭幕式的致辞中，称本届奥运会是一届真正的"无与伦比"的奥运会，这是奥运会举办以来，历届奥委会主席给予主办国的最高评价！

近一个世纪，偌大中国，寂寂无名于世界赛场。"东亚病夫"的蔑称，像荆棘一样戴在中国人的头上。奥运梦，是旧中国每个人压抑于心底的梦想。这个梦想，艰难地走了上百年。

新中国成立后，中国人的命运、中国人的地位，都发生了根本性的改变。"为有牺牲多壮志，敢教日月换新天"。中国人，有了申办奥运会的底气和资本。

2001年7月13日，北京获得第29届奥林匹克运动会主办权。同年12月13日，第29届奥运会组织委员会（北京奥组委）正式成立。2002年7月13日，由北京市政府和北京奥组委共同制定的《北京奥运行动规划》正式公布，提出了"新北京，新奥运"两大主题和"绿色奥运，科技奥运，人文奥运"三大理念。2003年8月3日，第29届奥运会会徽

"中国印·舞动的北京"正式发布。会徽由两部分组成。上部分是一个近似椭圆形的中国传统印章，上面刻着一个运动员在向前奔跑、迎接胜利的图案。又像现代文字"文"字，取意中国悠久的传统文化。下部分是用毛笔书写的"Beijing2008"和奥运五环的标志，将奥林匹克精神与中国传统文化完美结合起来，同时也表明了奥运会的时间和地点。同年12月，第29届奥运会主体育场国家体育场开工奠基，其余奥运场馆相继开工。

2004年8月29日，北京市市长王岐山接过雅典奥运会会旗，标志着奥运会正式进入北京周期。9月28日，在雅典残奥会闭幕式上，北京市副市长、北京奥组委常务副主席刘敬民从国际残奥委会主席菲利普·克雷文手中接过残奥会会旗。

2005年6月26日，第29届奥运会主题口号"oneworldonedream"（同一个世界同一个梦想）正式发布。11月11日，奥运会吉祥物在工人体育馆正式公布。福娃的色彩与灵感来源于奥林匹克五环、来源于中国辽阔的山川大地、江河湖海和人们喜爱的动物形象。福娃向世界各地的人们传递友谊、和平、积极进取的精神及人与自然和谐相处的美好愿望。福娃是五个可爱的亲密小伙伴，他们的造型分别融入了鱼、大熊猫、奥林匹克圣火、藏羚羊以及沙燕风筝的形象。他们的名字分别是贝贝、晶晶、欢欢、迎迎、妮妮，即"北京欢迎你"。

2006年4月16日，北京奥组委聘请开闭幕式主创团队，张艺谋任总导演，张继钢、陈维亚任副总导演。

2007年3月27日，奥运会奖牌式样发布。奖牌正面为国际奥委会统一规定的图案，奖牌背面镶嵌着取自中国古代龙纹玉璧造型的玉璧，背面正中的金属图形上镌刻第29届奥运会会徽。3月28日，面向港澳同胞、台湾同胞、华人华侨和外国人的赛会志愿者招募启动。

4月27日，第29届奥运会火炬接力传递计划路线及火炬隆重发布。

2008年8月8日晚，举世瞩目的北京第二十九届奥林匹克运动会开幕式在国家体育场（鸟巢）隆重举行。国家主席胡锦涛出席开幕式并宣布本届奥运会开幕。具有两千多年历史的奥林匹克运动与五千多年传承的灿烂中华文化交相辉映，共同谱写人类文明气势恢弘的新篇章。

因为工作的关系，我那时多次进入"鸟巢"观看彩排。中央国家机关和北京市也多次组织观众现场观看彩排。

8月8日，正好是我的生日。我对朋友开玩笑地说，这下在"鸟巢"过生日了。全中国、全世界都为之关注！

夜幕下，"鸟巢"造型的国家体育场华灯灿烂，流光溢彩。可容纳9万多人的体育场内座无虚席，群情激动。

气势磅礴、目光深邃——这就是很多人对开幕式文艺演出的总体感受。

北京奥运会开幕式早已圆满地落下帷幕，但留给我们的记忆是持久的，精彩而震撼，而且值得回忆与思考。奥运志愿者们遍布在场馆里，他们面带微笑迎接着来自不同国度和地域的观众，引导入座，提供咨询。更具特色的是及时有效地统一了场内"加油中国，中国加油"的加油手势和节奏，还带动十万观众在圆形场馆内依次站立，形成视觉上的巨型波浪，其场面真的很壮观！奥运志愿者绘出了我们中华民族热情好客的美丽画卷，也体现了奥运会的凝聚力，和全体中国人对奥运会的支持。

开幕式给人留下深刻印象的片段很多。无数方块模拟中国古代活字印刷那一场，那些方块跳得那么快、那么有规则，很多观众以为一定是电脑操控的。最后，却有数百个小伙子探出头来欢呼！立刻引发了炸雷般的喝彩。两条横贯场地的蓝装演员长龙用黄色长板模拟郑和下西洋船队时，全场观众都屏住了呼吸。我们这个古老的东方民族，五千年的历史犹如一条浩荡长河，流过每个人的心间。

我还记得一个细节，当中华台北代表团入场时，全体观众高声欢呼，集体鼓掌。两岸一家亲，这里无需用语言表达，每个人都明白这欢呼和掌声的含义。

点燃圣火的一幕也令人终生难忘。在圣歌般的音乐中，李宁凌空跑过渐次展开的"祥云"，主火炬熊熊燃起。每个观众都在翘首仰望。起立齐唱国歌的时刻、纯净的童音唱响"祖国"的时刻，很多人眼里都沁着泪花。这时候，我们才从心底里懂得，我们的希望和梦想，不仅仅属于自己，更属于身边的亿万中华儿女，属于这片历经磨难、历久弥新的古老而辽阔的土地！

美联社称，在8月8日这一天，中国成为世界舞台的主角。壮观的开幕式和焰火表演令人称奇，中国以这样的方式庆祝首次成为奥运会东道主。报道称，中国已成为世界主要力量之一。数十位国家领导人出席了被称为奥运史上规模最大的开幕式，而全世界预计40亿观众收看了开幕式转播。

《洛杉矶时报》网站指出，运动员创造了奥运会的历史，而奥运会将创造中国的历史。中国这个文明古国正昂首迈入二十一世纪，十三亿人重新迈出成为亚洲支柱的第一步。

《华盛顿邮报》网站报道称，雾天中的鸟巢让人仿佛身处魔幻之地。在现场数万观众的欢呼声中，数千表演者同步击鼓、起舞。报道指出，此次开幕式将是史上收视人数最多的电视节目。

法国体育频道和二台电视转播评论员激情评论说，北京奥运会开幕式是大师之作，它向世界展示的是中国诗意般的历史场景，向世人展开的是一幅中华文明的历史长卷。太精彩了！太有创意了！太让人难忘了！简直难以置信！评论员说，中国历史悠久、文明灿烂。开幕式集中国4000年文明于一刻。立体五环等设计新颖独特、科技含量高。张艺谋不愧是大师级导演，将中国悠久的历史浓缩到1小时真是了不起！

路透社播发的消息表示，"完美的倒计时，精彩的开幕式，充分展示了世界上最古老的文明"。

《金融时报》网站称，8日，中国给全世界献上了一次"场面宏大、令人惊叹"的奥运会开幕式，展示了中国辉煌的历史文明和融入当代世界的胸怀。

埃菲社主管加勒格在开幕式开始前就对开幕式上的"焰火表演"念念不忘，他告诉记者，"火药是中国人发明的，因此，中国人所制作的焰火也应该是最精彩的。今天的开幕式没有让我失望。"

韩联社的报道说鲜艳的色彩，强烈的对比，唯美的影像，以及结合实物与特效的前卫的尝试，展现出波澜壮阔的历史画卷，而这几千年的历史，正是靠人的手创造出来的。中国著名导演张艺谋在实现中国人百年梦想的北京奥运会开幕式上，让神话成为现实，为全世界65亿人口完美呈现了"满汉全席"——单凭观赏就能饱尝艺术之美的杰作。

《纽约时报》说，中国终于迎来了8月8日这个重大的时刻，80多个国家元首在国家体育馆观看开幕式。绚丽的烟火在鸟巢上方绽放，拉开了开幕式的序幕，开幕式场景壮观，是一场中国文化庆祝会，也是对世界的祝福。

日本共同社报道，参加开幕式的各国首脑超过80名，为历年奥运会最多，其中包括了日本首相福田康夫和美国总统布什。盛大的文艺表演展现了中国悠久的历史画卷，尾声部分会升起巨大的"地球"，以此强调大会主旨。

俄罗斯国家电视台对北京奥运会开幕式进行全程转播并给出积极评价，认为本届奥运会开幕式反映了改革开放30年来中国发生的巨大变化及取得的巨大成就，中国人民不仅在物质生活上，在精神生活上也富足了起来。

新西兰电视一台向新西兰和南太平洋岛国的电视观众实况转播了北京奥运会开幕式。其解说员说，"今天是中国人民历史上最伟大的一天"，开幕式相当成功、精彩。解说员还特意指出，当中国运动员入场时，中国代表团旗手、著名篮球运动员姚明和四川省汶川县映秀镇渔子溪小学二年级学生林浩，走在队伍的最前列，"这是非常感人的一幕"。

越南中央电视台8日晚间实况转播了北京奥运会开幕式，解说员评论说，开幕式惊喜连着惊喜，"鸟巢"的舞台上充满了光与声的变幻，以极高的艺术表现力展现了中国五千年的璀璨文明和现代科技的发展。开幕式演出中浓重的中国符号被越南解说员一一辨认出，解说员将孔子、四大发明、书法、丝绸之路等历史文化娓娓道来。解说员还特别提到，由刘欢和莎拉·布莱曼共同演绎的本届奥运会主题歌《我和你》打动人心，展示了和谐的精神。

我还从网上还看到了不少台湾同胞观看开幕式后的感受。有一位自称是"堡主"的同胞写道，"来自北京奥运开幕式的惊喜一向对运动没啥兴趣的堡主，这次居然破天荒地看了奥运的开幕式，原因是他们在开幕前都一直保密整个演出内容(越保密我越好奇)。从一开始的打击声光的全倒数效果，中国字的表演，郑和下西洋，指南针，太极……等等皆让我惊讶。尤其那个液晶做成的卷轴缓缓打开，效果真的很赞……再加上声光影像所有最新科技的效果配合，将中国的历史融合了奥运的精神……整个开幕式四个多小时看下来，像是欣赏了一场精彩绝伦的电影。最后的烟火燃放，真的好壮观，整个北京城似乎都被照亮了，我想在现场的朋友一定觉得很震憾吧。大陆这次的开幕式真的让全世界开了眼界，很有创意……"还有一位网友说："奥运开幕让我很感动；毕竟来自世界各地的运动员，相聚于中华文化的大陆之上。看着一幕一幕的古文明与中华文化：乐音、戏曲、舞蹈、武术、发明等呈现在一个历史的时刻；身为中华文明的子民，我感到十分的动容。中华，我找不到任何的形容词可以形容她的壮阔、美丽。"

我想，为什么称这次奥运会"无与伦比"呢？一是开闭幕式无与伦比。无论是开幕式，还是闭幕式，都构思新颖而不落俗套，给人以耳目一新的感觉。二是场馆建设无与伦比。为举办一场仅历时16天的比赛，中国政府就投入了2800亿，离开幕式还有半年即宣告所有比赛场馆均告竣工。"鸟巢""水立方"等建筑都堪称建筑史上的绝妙之作。三是环境保护措施无与伦比。申办时，有人提出北京空气污染问题，政府下定决心予以根治。首钢公司主动将厂房迁往唐山，数万职工毅然离开北京。为保交通畅通，空气清洁，北京市民主动不开机动车，车水马龙的北京城一夜间减少数以百万计的车辆。四是国人参与热情无与伦比。奥运会志愿者的选拔犹如选拔飞行员、空组一般严格，这可是历届奥运会闻所未闻的事。赛场观众的热情与文明让外国人对中国人刮目相看。

最重要的是，体育比赛的成绩无与伦比。北京奥运会有38项世界纪录被刷新，有85项奥运会纪录被打破，均为历史之最。有87个国家和地区夺得奖牌（302块金牌，由55个国家和地区分享；87个国家和地区夺得奖牌，金牌和奖牌分布面最广）。参加成员最多，除文莱外，奥运成员中的其余204个国家和地区均来到北京参赛。参赛运动员人数最多：1.6万名。

"我和你，心连心，同住地球村；为梦想，千里行，相会在北京。"204个国家和地区的运动员汇聚一堂，创造了史无前例的全世界运动员的大联欢。在北京，无论你来自亚洲还是欧洲，无论你来自美洲还是非洲，抑或是遥远的大洋洲，在这里，语言不是距离，肤色更不是差距，所有的欢声笑语凝聚在一起。在全世界瞩目的"鸟巢"和"水立方"，创造了多少传奇的故事。菲尔普斯完成了独揽八金的光荣梦想；博尔特突破了人类的极限；伊辛巴耶娃再一次超越了自己……而中国游泳队，也在立水方完成了男子第一枚奖牌的梦想。北京奥运会是如此的精彩、快乐、伟大……中国运动员勇夺金牌51枚，银牌21枚，铜牌28枚，整整100枚奖牌，在强手如林的体育赛场上，高居金牌榜首！

北京奥运会结束了。那16个日夜燃烧的美丽故事，将在我们心中永远珍藏。每一个中国人心中的奥运火焰，将永远不会熄灭。

国强则体育强，金牌背后是国力竞争。回首百年，中华孱弱，政府腐败，人民卑微，争金夺银只是痴人说梦。今天，中国人站在了金牌第一的位置。奥运梦，其实更是强国梦。奥运的成功从一个侧面体现了中国翻天覆地的变化，是中国人吹响和平崛起，人民幸福，国家强盛，民族复兴的号角。"路漫漫其修远"，让我们共同高喊：中国，加油！张开奥运的翅膀，飞向"更快、更高，更强！"

浩瀚太空"中国印"

（9月27日，中国人第一次进行太空行走）

2008年9月27日下午4点34分，神舟七号航天员翟志刚开始出舱。在同行的队友刘伯明的帮助下，翟志刚一只手固定身体，一只手将轨道舱门解锁，缓缓打开舱门，整个开门过程持续十多分钟。

此前，2008年9月25日21时10分，神舟七号飞船由长征2F火箭发射升空。神七上载有三名宇航员分别为翟志刚、刘伯明和景海鹏。神舟七号，是中国第三个载人航天器，是中国"神舟"号系列飞船之一，也是中国首次进行出舱作业的飞船。

这是一个历史性的时刻。历史，在这一刻缓缓打开了中国人走向太空的大门。

在电视屏幕上，我们看到的是黑得近乎透明的太空。

4点33分，北京航天飞行控制中心发出指令："神舟七号，打开轨道舱门，按程序启动出舱"。把红色的安全系绳挂钩挂在飞船舱外的出舱扶手上之后，翟志刚上半身露出飞船，并向摄像机挥手致意。右臂上，红色的"飞天"二字清晰可见。

"神舟七号报告，我已出舱，感觉良好。"

"神舟七号向全国人民、向全世界人民问好！请祖国放心，我们坚决完成任务！"

然后，他把两个安全系绳的挂钩全部改挂到右侧的扶手上，全身飘出了飞船。此时，飞船正处于祖国上空。太空，中国人来了！在浩瀚太空的背景下，他那洁白的航天服上，鲜艳的五星红旗格外醒目。祖国是这样的美，地球是这样的美，太空是这样的美！

我至今还记得观看神舟七号宇航员首次出舱活动电视直播的画面。从翟志刚缓缓打开舱门起，我们就目不转睛地盯着屏幕，期待着激动人心时刻的到来。当一束明亮的白光从舱顶射入船舱，舱门成功打开的一瞬间，大家发自肺腑地鼓掌，掌声和欢呼声此起彼伏。

4点48分，翟志刚在太空迈出第一步，中国人的第一次太空行走开始了。刘伯明上身出舱，递给翟志刚一面五星红旗，翟志刚向着镜头挥动，指控大厅里掌声雷动。

当翟志刚在舱外挥手，在那一刻是那么神圣。我想，这既是在向中国人民招手，更代表着中国在向全世界人民表示问候！尤其是中国国旗在浩瀚的宇宙中飘扬的时候，更让我们激动不已。

漫漫万里飞天路，太空今始为君开。请记住这个历史的瞬间，记住这个庄严的时刻，中国人迈向了太空，千年梦想，今朝梦圆。打开舱门、顺利出舱、挥手致意、挥舞国旗、出舱活动……这一连串行云流水般的动作，凝聚多少汗水和努力啊。"可上九天揽月，可下五洋捉鳖"，一代伟人的预言化作飞天的永恒。

太空上看我们栖居的星球，白色、蓝色、绿色的交错，是那么的美丽。鲜红的国旗，银色的飞船，深黑色的太空，这是一幅精美绝伦的国画，交织着诗意与浪漫，汇聚着激情与梦想。

翟志刚迈出一小步，伟大的中国迈出了一大步。十年载人问天的启动，五年载人飞天的实现，今天，"太空行走"，我们实现了！梦想的实现，鼓舞着每一个中国人，也震撼着心灵的深处。这是太空的挑战，这是空间的飞越，这是生命的旅行，这更是中国的一大步！我为祖国感到无比骄傲！

"弹指一挥间，谈笑凯歌还"。我们用掌声、热泪、呼喊，见证中国诞生太空行走第一人！

"寂寞嫦娥舒广袖，万里长空且为忠魂舞。"历史掀开新的一页，画卷展开了新的篇章。广袤的太空，向中国人揭开神秘的面纱。透过飞船的太阳余晖，给地球套上了一圈炫目的光环，给神舟镀上了一层灿烂金色。经过十分钟的太空漫步后，4点58分，北京航天飞控中心发出指令："神舟七号，返回到轨道舱"。4点59分，翟志刚结束太空行走，返回轨道舱。

舱门成功关闭后，大家再次响起了热烈的掌声。历史会铭记这一时刻，航天员翟志刚成功完成了中国首次太空漫步，浩瀚太空留下了中国人第一行足印。从这一刻起，中国成为第三个独立掌握出舱活动技术的国家。这标志着我国科学技术以及载人航天事业的大发展，向世界充分展示了中国的经济、科技等方面的实力，增强了国人的自信心和民族凝聚力。

中共中央总书记、国家主席、中央军委主席胡锦涛在北京航天飞行控制中心观看航天员出舱活动实况，并在出舱活动结束后同航天员通话。18时32分，胡锦涛走到指挥席前，拿起话筒同航天员亲切通话。"翟志刚、刘伯明、景海鹏同志，你们辛苦了！我代表党中央、国务院、中央军委，代表全国各族人民，对你们出舱活动的圆满成功表示热烈祝贺！"胡锦涛说。"谢谢胡主席！谢谢全国人民！"翟志刚回答。"我最想知道的是你们现在的身体状况如何？也想了解你们的工作情况怎么样？""我们的身体状况非常好，空间科学实验正按计划进行，出舱活动顺利完成，请胡主席放心，请全国人民放心。"胡锦涛关切地询问翟志刚："你出舱后在太空行走的感觉怎么样？"

翟志刚表示："太空漫步的感觉很好，'飞天'舱外服穿着舒适。置身茫茫太空，更为我们伟大的祖国感到骄傲！"

胡锦涛对航天员们说："你们空间出舱活动的圆满成功，标志着我国载人航天事业发展实现了新的重大突破。你们作为担负这次飞行任务的航天员，为我国航天事业作出了突出贡献，祖国和人民感谢你们！希望你们再接再厉，圆满完成后续任务。祖国和人民期盼着你们凯旋！"

通话结束后，胡锦涛走到现场工作人员中间，同他们一一握手，共同分享我国航天员首次空间出舱活动成功的喜悦。

直播结束后，我还是难以抑制激动的心情。我想，太空的中国脚印，已经深深地印在每一个中国人心里。

代表中国人首次实现太空行走的翟志刚，比苏联航天员列昂诺夫晚来了43年。1961年4月12日，前苏联首先将载有世界上第一名宇航员尤里·加加林的"东方1号"宇宙飞船送入离地面181至327千米的空间轨道。尤里·加加林的航天飞行，实现了人类梦寐以求的飞天愿望，开创了载人航天的新时代。美国紧随其后，1969年7月20日，"阿波罗Ⅱ号"登月舱在月球"静海"区安全着陆，美国宇航员阿姆斯特朗和奥尔德林登上月球，实现了人类几千年的梦想，人类探索太空的成就达到了新的高峰。

1992年，中国启动载人航天工程。自1999年以来，中国已成功发射并回收了6艘"神舟"系列飞船，完成了4次无人飞行和2次载人飞行任务。

这次"神舟七号"的发射，是中国继2007年首次月球探测工程取得圆满成功后的又一次重大航天科技活动，展现了中国民用航天技术的新发展。中国政府还首次邀请境外媒体记者组成采访团，前往现场采访"神舟"飞船的发射，见证这一重要历史时刻，表明了中国在航天科技领域的开放姿态。

美国宇航员汤姆·琼斯对中国的成就表示祝贺，他说，中国太空行走的成功是中国航天事业向前迈出的"伟大一步"。中国在太空探索方面积累了宝贵经验，为将来与其他国家开展太空合作打下了更为坚实的基础，也为中国未来加入国际空间站"准备了一张颇有价值的门票"。

美国著名太空安全专家詹姆斯·莱维斯说，"神七"的升天和太空行走是中国航天事业的"又一亮点"，为中国未来建立太空站做好了准备，是一项"承前启后"的成就。他还说，在太空技术上，中国已经与俄罗斯"平起平坐"。

美国战略与国际问题研究中心航天部主任文森特说，中国完成太空行走的成就证明，中国在航天领域"已经超过了俄罗斯，成为仅次于美国的世界第二航天大国"。

欧洲航天局负责与中国和俄罗斯合作事务的官员卡尔·贝格奎斯特说，他通过网络观看了中国航天员的首次太空漫步，"中国航天员的表现看起来非常棒！"整个太空行走进行得十分顺利，"我真为中国感到高兴"。他同时向成功完成任务的中国航天员和参与这一项目的科研人员表示祝贺。

俄罗斯地面飞行控制中心主管弗拉基米尔·索洛维约夫说，他对中国航天员当天成功完成太空行走表示热烈祝贺，中国成为继俄罗斯与美国之后第三个独立完成这一壮举的国家，这是全人类的成就。

香港《文汇报》在社评《"神七"凯旋国人振奋》中说，"神七"凯旋，标志着中国航天科技进入新里程，不仅为中国未来继续探索太空打下坚实基础，亦将为国民经济发展带来巨大动力。"神七"

凯旋，振奋了国人志气；航天员坚忍不拔的意志，有助提升民族精神，是中国继续发展的珍贵财富。

文章说，神七升空吸引全球注意，提升了中国的国际地位，海内外华人都感到无比自豪，大大增加民族凝聚力和自信心。中国在此后将会以更自信、开放的襟怀，迎接未来的挑战。

香港大公报刊发社论《感谢"神七"英雄愿红旗永耀太空》说，"神七"大功告成，昭示中国已继俄、美之后成为第三个独立掌握太空出舱技术的国家，中国航天事业从此翻开新一页，"太空王国"版图也自此改写，中国将在人类未来的太空和平开发利用伟业中扮演一个更重要角色，中国将更有能力对人类社会的发展进步作出贡献。

香港《商报》发文说，"神舟"七号载人航天飞行圆满成功，是中国载人航天工程继"神舟"五号和"神舟"六号载人航天飞行之后取得的又一重大跨越，标志中国已成为世界上第三个独立掌握空间出舱技术的国家。这次飞行任务的成功，为实现中国载人航天工程"三步走"发展战略，建立短期有人照料的空间实验室、开展一定规模的空间应用研究，并进而发展中国空间站，奠定了坚实的科研和技术基础。

2008年9月28日17点37分，神舟七号飞船成功着陆于中国内蒙古四子王旗。翟志刚、刘伯明和景海鹏三位航天英雄，返回了祖国温暖的怀抱。

1961年，作为进入太空的第一人，前苏联宇航员加加林在"东方"号宇宙飞船的座舱内向外望去，不禁欢呼起来："多么美啊！我看见了陆地、森林、海洋和云影！"

1965年，作为登月第一人，美国宇航员阿姆斯特朗在月球上说了一句意味深远的话："对一个人来说，这是一小步；对人类来说，这是迈出了一大步。"

2003年，作为第一个进入太空的中国人，宇航员杨利伟看到太空中的壮观景色异常激动，并在飞行手册上写下了"为了人类的和平与进步，中国人来到太空了！"

2008年9月，翟志刚说："'神舟七号'是一次具有历史性意义的光荣使命，作为航天员，能够代表祖国出征太空，这是我们最高荣耀。"

2008年年底，翟志刚以神七航天员之一的身份当选为"2008感动中国十大人物"。颁奖词说：中国人的足迹，从此印进寥廓而深邃的星空，当他们问候世界的时候，给未来留下了深远的回声。

2008年中国大事记

一月

9日，温家宝总理主持召开国务院常务会议，作出修改《价格违法行为行政处罚规定》的决定。

9日，《国务院办公厅关于限制生产销售使用塑料购物袋的通知》规定，从2008年6月1日起，实行塑料购物袋有偿使用制度。

9日，我国首个黄金期货合约在上海期货交易所成功上市交易。

12日，台湾地区第七届"立法委员"选举举行。当晚，陈水扁宣布辞去民进党主席职务。

13日至15日，印度总理曼莫汉·辛格对中国进行正式访问。

15日，国家发改委宣布从2008年1月15日起启动临时价格干预措施。

16日，中国人民银行宣布，从1月25日起，上调存款类金融机构人民币存款准备金率0.5个百分点。这是央行2008年首次动用这一货币政策工具。

二月

8日，国家发改委宣布，2008年国家继续在稻谷、小麦主产区实行最低收购价政策，并适当提高最低收购价水平。

19日，中国政府网公布了《国务院关于做好促进就业工作的通知》。

21日，财政部、国家税务总局发出了《关于调整部分成品油消费税政策的通知》，从今年1月1日起，国家恢复对石脑油、溶剂油、润滑油按每升0.2元征收消费税，燃料油按每升0.1元征收消费税。

26日至28日，十届全国人大常委会第三十二次会议在京举行。会议表决通过了修订后的水污染防治法。

29日，温家宝总理主持召开国务院常务会议，讨论并原则通过了《事业单位工作人员养老保险制度改革试点方案》，确定在山西、上海、浙江、广东、重庆5省市先期开展试点，与事业单位分类改革配套推出。

三月

1日，上海市土地交易市场正式开业。今后，上海所有的经营性用地和工业用地等土地交易活动都将通过交易市场这一平台进行。

3日至14日，全国政协十一届一次会议在京举行。会议选举贾庆林为全国政协主席，同时选出25位全国政协副主席。新当选的全国政协主席、副主席平均年龄比上届下降2.8岁。

5日至18日，十一届全国人大一次会议在京举行，会议批准了国务院机构改革方案。选举胡锦涛为国家主席，吴邦国为十一届全国人大常委会委员长，决定温家宝为中华人民共和国国务院总理。

10日至14日，西藏拉萨市发生了极少数人打、砸、抢、烧等破坏活动，共有13名无辜群众死亡。大量事实证明，拉萨发生的这次暴力犯罪事件，是达赖集团有组织、有预谋、精心策划和煽动的。

15日，国家主席胡锦涛出席了当日在中国人民大学开幕的"中日青少年友好交流年"活动。

22日，台湾地区领导人选举结束。中国国民党籍候选人马英九、萧万长获胜。

24日，第29届北京夏季奥运会圣火在希腊古奥林匹亚遗址成功点燃。

四月

7日，《中华人民共和国政府和新西兰政府自由贸易协定》在北京正式签署，这是我国与发达国家签署的第一个自由贸易协定。

8日，国务院批准设立天津滨海新区综合保税区。

10日，银行间外汇市场人民币对美元汇率中间价首度"破7"，为6.992元人民币兑1美元。

11日，中共中央政治局原委员、上海市委原书记陈良宇被天津市第二中级人民法院以受贿罪、滥用职权罪两项罪名一审判处有期徒刑18年，没收个人财产人民币30万元。

12日，博鳌亚洲论坛2008年年会在海南博鳌开幕。

15日，第103届广交会在广州开幕，共有来自境内外的18721家企业参展，比上届增加3667家，是历史上规模最大的一届广交会。

18日，温家宝总理在北京出席京沪高速铁路开工典礼，并宣布京沪高速铁路全线开工。

25日，首次中欧经贸高层对话在京举行。双方决定，对话每年举行一次，在中欧两地轮流举行。

28日，中共中央政治局召开会议，研究部署推进集体林权制度改革，审议并通过《建立健全惩治和预防腐败体系2008—2012年工作规划》，讨论党代表大会代表任期制暂行条例。

28日，胶济铁路淄博周村段发生列车相撞事故，死亡70人，受伤416人。

30日，卫生部发出通知，要求手足口病疫区必须启动每日疫情报告制度。3月上旬以来，安徽等地出现肠道病毒71型感染(EV71)引发的手足口病疫情，患者多为婴幼儿。

五月

1日，杭州湾跨海大桥试运营通车。

4日，应达赖方面多次请求，中央有关部门负责人朱维群、斯塔在深圳与达赖喇嘛的私人代表甲日•洛迪、格桑坚赞进行了接触。

5日，上海市一辆842路公交车发生火灾。截至5月6日，火灾造成3人死亡、3人重伤、9人轻伤。

6日至10日，国家主席胡锦涛对日本进行国事访问。胡锦涛主席此访内容丰富、务实高效，取得了丰硕成果，达到了预期目的。

9日，2008陆家嘴论坛在上海开幕。

11日，中国商用飞机有限责任公司在上海成立，开启了中国自主研制大型客机的新篇章。

12日，四川省汶川县发生8.0级地震。截至7月12日12时，四川汶川地震已确认69197人遇难，失踪18340人。各级政府共投入抗震救灾资金590.43亿元。全国共接收国内外社会各界捐赠款物572.91亿元。

18日，国务院发布公告，决定2008年5月19日—21日为全国哀悼日。

23日，2008年5月23日至24日，俄罗斯总统梅德韦杰夫对中国进行国事访问。双方签署了《中华人民共和国和俄罗斯联邦关于重大国际问题的联合声明》。

26日，中国国民党主席吴伯雄率领中国国民党大陆访问团开始了对大陆为期6天的访问。

27日至30日，韩国总统李明博对中国进行国事访问。胡锦涛主席与李明博举行了会谈。两国元首一致同意，将中韩全面合作伙伴关系提升为战略合作伙伴关系。

30日至6月2日，越南共产党中央委员会总书记农德孟对中国进行正式友好访问。胡锦涛与农德孟举行了会谈。

六月

5日，2007年度中华人民共和国国际科学技术合作奖颁奖仪式在北京举行。

7日，中国人民银行宣布，决定上调存款类金融机构人民币存款准备金率1个百分点。

12日，海协会会长陈云林与海基会董事长江丙坤在京举行会谈。13日上午，陈云林和江丙坤在钓鱼台国宾馆签署了《海峡两岸包机会谈纪要》与《海峡两岸关于大陆居民赴台湾旅游协议》。

16日，我国个体工商户、个人独资企业和合伙企业个人所得税税前扣除标准，统一调整为2000元／月。新标准今年3月1日起执行。

17日至18日，第四次中美战略经济对话在美国举行。

18日，外交部发言人姜瑜宣布，中日双方就东海问题达成原则共识。

19日，国家发改委决定自6月20日起提高汽油、柴油、航空煤油价格；自7月1日起，提高全国销售电价。

22日，新华社受权发布了中共中央颁布的《建立健全惩治和预防腐败体系2008—2012年工作规划》，这是今后5年推进惩治和预防腐败体系建设的指导性文件。

24日至28日，日本国海上自卫队舰船对中国进行友好访问。

28日，贵州瓮安县因女中学生死因争议酿成一起打砸抢烧事件。

29日，陕西省政府召开新闻发布会宣布，华南虎照片系周正龙造假。涉嫌诈骗犯罪的周正龙已被公安机关提请检察机关批准逮捕，13名省、县相关责任公务人员受到处分。

七月

1日，上海市发生一起恶性袭警案件。

1日、2日，中央统战部负责人同达赖的私人代表甲日·洛迪、格桑坚赞一行5人在北京进行了接触。

1日至3日，联合国秘书长潘基文对中国进行正式访问。

2日，温家宝总理主持召开国务院常务会议，讨论并原则通过《国家粮食安全中长期规划纲要》。

4日，等待了近60年的大陆居民赴台旅游暨两岸周末包机正式启动。当日上午，从北京、上海、南京、厦门、广州五地出发的9架包机，搭载680名首批大陆游客飞往台湾。

6日至8日，国家副主席习近平赴香港考察北京奥运会、残奥会马术比赛筹办情况。

16日，新华社受权发布《中国共产党全国代表大会和地方各级代表大会代表任期制暂行条例》。

30日，国务院常务会议决定，从2008年秋季学期开始，在全国范围内全部免除城市义务教育阶段学生学杂费。

30日至31日，2008泛北部湾经济合作论坛在广西北海举行。

八月

1日，京津城际高速铁路正式开通运营。

1日，《中华人民共和国反垄断法》开始实施。

4日，新疆喀什发生严重暴力袭警案。

5日，修订后的《中华人民共和国外汇管理条例》开始施行。新条例取消了对境内机构的强制结汇规定。

8日至24日，第二十九届奥林匹克运动会在北京举行。来自204个国家和地区的1万余名运动员，刷新了38项世界纪录和85项奥运会纪录，中国体育代表团取得了51枚金牌、100枚奖牌的优异成绩，第一次名列奥运会金牌榜首位。

20日，华国锋同志逝世。

25日至30日，国家主席胡锦涛对韩国、塔吉克斯坦、土库曼斯坦三国进行国事访问，并出席上海合作组织杜尚别峰会。

27日，温家宝总理主持召开国务院常务会议，审议并原则通过《汶川地震灾后恢复重建总体规划》。三天后，四川攀枝花—会理发生6.1级地震。

九月

1日，全国统一停止征收个体工商户管理费和集贸市场管理费。

6日至17日，残奥会在北京隆重举行，中国体育代表团获得89枚金牌、211枚奖牌，名列金牌榜和奖牌榜首位。

8日，香港特区第四届立法会选举的投票结果揭晓，60名候选人成功当选新一届立法会议员。

8日，山西省襄汾县新塔矿业公司尾矿库发生特大溃坝事故，造成259人死亡。

13日，四川巴中运输(集团)有限公司一辆客车在巴中市南江县境内坠入悬崖，车上51人全部遇难。

18日，国务院办公厅发布关于废止食品质量免检制度的通知。

25日，神舟七号载人飞船在酒泉卫星发射中心发射成功。

27至28日，第二届夏季达沃斯论坛年会在天津举行。

十月

6日，拉萨市当雄县发生6.6级地震。截至10月10日，地震已造成拉萨市6万多人受灾，10人死亡。

6日，温家宝总理主持召开国务院常务会议，审议并原则通过《乳品质量安全监督管理条例(草案)》。

9日至12日，中国共产党十七届三中全会在京举行。

14日，中俄双方在黑瞎子岛举行"中华人民共和国与俄罗斯联邦国界东段界桩揭幕仪式"。两国彻底解决了历史遗留的边界问题。

17日，当日起实施的《中华人民共和国外国常驻新闻机构和外国记者采访条例》公布。据此，外国记者来华采访不再必须由中国国内接待陪同，外国记者赴开放地区采访，无需向地方外事部门申请。

18日，中石油公司9名员工在苏丹西南部一施工现场被武装分子绑架。其中5人遇害，4人获救。

21日，温家宝总理主持召开国务院常务会议，审议并原则通过《农业银行股份制改革实施总体方案》。

24日至25日，第七届亚欧首脑会议在京举行。

26日，西藏山南地区遭遇历史罕见大暴雪灾害。截至10月30日16时，西藏林芝、那曲、山南等19个县因雪灾已死亡7人、1人失踪。

28日，温家宝总理和俄罗斯总理普京在莫斯科举行中俄总理第十三次定期会晤。会后，两国总理签署了联合公报。

十一月

1日，国务院台办公布了《台湾记者在祖国大陆采访办法》。

3日至7日，海峡两岸关系协会会长陈云林率海协会协商代表团访台。

3日，重庆市主城区发生大规模出租车罢运事件。新华社报道，截至11月5日，该市出租车已恢复营运。

9日，国务院常务会议确定的扩大内需、促进经济增长十项措施公布。

13日，中国残联五大选举张海迪为中国残联新一届主席团主席。

26日，经最高人民法院复核后，上海袭警杀人案罪犯杨佳被执行死刑。

28日，我国首架具有完全自主知识产权的新支线飞机ARJ21－700在上海成功首飞。

十二月

3日，工业和信息化部发出通知，取消手机短消息业务的网内网间差别定价。

4日至5日，第五次中美战略经济对话在北京举行。

18日，纪念党的十一届三中全会召开30周年大会在北京人民大会堂举行。

2008年的世界

1月2日，纽约商品交易所2月份交货的轻质原油期货价格一度达到每桶100美元，并最终以99.62美元这一历史最高收盘价收关。

5月2日，缅甸遭遇飓风袭击，导致1.5万人丧生。

7月2日，哥伦比亚军方成功解救了被"哥伦比亚革命武装力量"绑架扣押的115名人质，包括前总统候选人英格格丽德·贝当古。

7月31日，菲德尔·卡斯特罗将古巴国务委员会主席一职交给其弟劳尔。

8月8日，俄罗斯坦克开进格鲁吉亚谋求独立的南奥塞梯。

8月21日，一艘日本运营的油轮21日在索马里沿海被海盗劫持。索马里海盗频频活动，引起世界广泛关注。

9月，美国雷曼兄弟公司破产，一场巨大风暴开始席卷美国。

9月20日，巴基斯坦伊斯兰堡发生爆炸。戒备森严的伊斯兰万豪酒店发生爆炸，导致60多人丧生。

11月4日，奥巴马当选美国首位黑人总统。

11月26日至29日，孟买遭遇恐怖袭击。

十年流行色之七：2008年大陆流行语

山寨

源自广东话。最早冒出来的是"山寨手机"，那是一些用低廉成本制成的仿冒名牌产品的手机。此后语义逐渐发生变化，除了用来指冒牌产品之外，还可指"民间的""非正式的"。

雷

本是名词，指云层放电时发出的响声。后来用于具有"雷"的震撼效果的人工制品，如"地雷""手雷""鱼雷"。现在大为流行的"雷"是动词、形容词，表示受到惊吓或十分震惊。如"被你雷得外焦里嫩""一个最雷的词语"。

囧

一个早已废弃不用的古字，读音为jiǒng，义为"光""明亮"。因它的字形很有特点，有点像人的脸部，呆滞的四方脸，配着一个张着的大嘴巴，两眉向下耷拉着，一副苦恼的样子。并且，它的字音又与"窘"相同。于是古字今用，被赋予"郁闷、尴尬、无奈"之义。

和

在北京奥运会开幕式上异军突起，"和"字成了万众瞩目的对象。全世界人民都看到中国人追求"和"，热爱"和好、和睦、和气、和善、和平、和顺、和衷共济、和风细雨、和和美美"。于是，"和"变成一个世界话题，"和谐"更是成为人类共同追求的目标。

不抛弃不放弃

长篇军事题材小说《士兵突击》和同名电视连续剧中的一句十分经典的话。宁可牺牲自己，也不抛弃战友；宁可牺牲自己，也不放弃完成作战任务。温家宝总理在四川抗震救灾第一线，发出了不惜代价、争分夺秒、不抛弃不放弃灾区每一位生命的号召。"不抛弃不放弃"于是传遍华夏大地的每一个角落。

口红效应

在美国，每当经济不景气的时候，口红反而热卖。因为口红是廉价商品，也是妇女的生活必需品。没有"大钱"去买房、买车、出国旅游，用点"小钱"买一点"口红"把自己打扮一下，为生活增添点色彩。2008年，金融风暴袭遍全球，"口红效应"随之流行。

拐点

原是高等数学的术语，指曲线上凸与下凹的分界点。后来借用于经济学，指某种数值持续向高后转低或者持续向低后转高的转折点。现在多用来说明市场运行中由高价位开始下跌或由低价位开始上升的转折。同样是受金融风暴的影响，"拐点"也成为2008年的语词宠儿。

宅男宅女

来自日语。简单地说，"宅男"就是窝在家里的男人，"宅女"就是窝在家里的女人。他们大多是独身者，十分倚赖电脑和网络，不喜欢外出，不喜欢交际，在家里做着自己爱做的事，自得其乐。台湾魔术演员刘谦就曾自称"宅男"。

不折腾

胡锦涛总书记在中共十一届三中全会30周年纪念会上说：只要我们不动摇、不懈怠、不折腾，坚定不移地推进改革开放，坚定不移地走中国特色社会主义道路，就一定能够胜利实现这一宏伟蓝图的奋斗目标。"不折腾"三字立即引起了全世界的关注，直接以汉语拼音"buzheteng"的词形进入英文语汇中。"不折腾"传遍了全世界，成为一个世界流行语。

非诚0勿扰

本是冯小刚导演、葛优和舒淇主演的贺岁档电影的片名。由于宣传造势到位，影片上映后票房飙升，冲破三亿大关。"非诚勿扰"这个四字格短语，在2008年年底迅速走红。

大陆这十年

走向深蓝

（1月6日，中国海军舰艇编队抵达亚丁湾海域开始护航）

许多历史事件，要经过许多年检验后，才会逐渐呈现出其历史价值。2009年1月6日凌晨的这一历史时刻即是如此。

这一天凌晨，经过十天十夜的连续航行，中国护航编队通过南中国海，穿越马六甲海峡，横跨印度洋，顺利完成近4500海里的航程，开始在海盗肆虐的亚丁湾海域执行护航任务。

第一批护航编队的出发时间是2008年12月26日，出发地点是海南三亚，编队成员有"海口"号导弹驱逐舰，"武汉"号导弹驱逐舰和"微山湖"号综合补给舰，以及2架舰载直升机以及数十名特战队员组成，编队共800余人。

中央军委委员、海军司令员吴胜利在首批护航编队出征仪式上说："此次护航任务，是我国首次使用军事力量赴海外维护国家战略利益，首次组织海上作战力量赴海外履行国际人道主义义务，首次在远海保护重要运输线安全。"

海军政委刘晓江在出征动员时说："护航行动是中国海军挺进深蓝的一次历史新跨越。"

这的确是一次历史性的跨越。11时整，随着编队指挥员的口令发出，中国航运史上人们期待已久的时刻终于到来：自东向西航行的"晋河"号、"哈尼河"号、"河北翱翔"号与来自香港的"观音"

号有幸成为了第一批在远离本土的公海上获得本国海军武装护航的中国商船。1月6日凌晨的这一历史时刻，亚丁湾的海面划出了中国护航编队的第一道航迹。

当舰载直升机升空巡逻时，各艘商船的船员们纷纷登上甲板挥手致意。"河北翱翔"号还特意在这艘17万吨巨型货轮的主甲板上书写了"祖国万岁"四个大字，护航舰队官兵看到后，备受鼓舞。

第二天中午，首次险情出现：2艘疑似海盗母船，各拖带一艘小艇，从编队右舷3链处试图靠近。发现无机可乘，可疑船只只好撤退。

1月8日晨，随着四艘商船全部安全驶入曼德海峡，中国海军的首次公海护航取得圆满成功。

亚丁湾、索马里海域是重要的国际海上航运通道。被索马里和也门环抱的亚丁湾位于印度洋与红海之间，是从印度洋通过红海和苏伊士运河进入地中海及大西洋的海上咽喉，战略地位十分重要。据统计，每年通过苏伊士运河的船只约有1.8万艘，其中大多数都要经过亚丁湾。

索马里自1991年以来一直战乱不断，沿海地区海盗活动猖獗，被国际海事局列为世界上最危险的海域之一，这条重要国际航道也为索马里海盗提供了大量下手的目标。索马里沿海的海盗活动已经对国际航运、海上贸易和海上安全构成严重威胁。

近年来，这一海域海盗活动日益猖獗，作案数量逐年递增。仅2008年被劫船只就达到40余艘，涉及中国船只和人员的有8起。为了打击海盗活动，近年来一些国际组织和国家纷纷派出军舰对这一海域过往船只进行护航。

2008年12月16日，在联合国安理会关于索马里海盗问题的部长级会议上，代表中国出席的副外长何亚非表示，中国欢迎国际社会就打击索马里海盗开展有效合作，支持有关国家根据国际法和安理会决议派出军舰打击索马里海盗，并正式宣布"中国正积极考虑近期派军舰赴亚丁湾索马里海域参加护航活动"。

当天，安理会一致通过第1851号决议，呼吁国际社会积极参与打击索马里沿岸的海盗和海上武装抢劫行为，并授权在12个月内在索马里境内"采取一切必要的适当措施，制止海盗行为和海上武装抢劫行为"。

12月21日，中国海军公布了即将开赴亚丁湾的远征编队组成，明确主要任务是保护中国航经亚丁湾、索马里海域船舶、人员的安全，保护世界粮食计划署等国际组织运送人道主义物资船舶的安全，并为外国商船提供人道主义救助。

12月23日上午，中国国防部举行新闻发布会，宣布了进行海上护航的作战方式："第一种情况，我们发现海上的可疑舰船，它有它的特点，我们会派直升机先行侦察，然后再派舰艇接近。第二种情况，海盗正在实施抢劫，而且我们也有条件有能力进行阻止，我们的舰长根据情况会作出正确的指示。第三种情况，我们遭到海盗的主动袭击，我们会坚决自卫，保障我们的安全。"

我军海上编队赴索马里、亚丁湾海域护航，是中国海军第一次到海外执行应对非传统安全威胁的军事行动，也是遂行多样化军事任务的一次成功实践。

我海军首批护航编队取得了丰硕的成果，共完成41批212艘护航任务，解救遇袭船舶3艘，接护船舶1艘。面对陌生的战场和全新的对手，编队向祖国和人民交出了满意的答卷。

在陌生的海域执行护航任务，对于中国海军来说，无疑是一次严峻考验和挑战。这种考验和挑战既有政治上，也有能力素质上和综合保障上的。从政治上讲，这次任务本身不单是军事行动，还是国家行为，政治性、敏感性、涉外性都比较强。从能力素质上讲，官兵们要面对陌生海域的考验，周边环境、海况变化、水文气象等都很陌生。

如何对海盗船只进行高效率的发现、判别和处置，对于官兵的能力素质是一个巨大的考验，不仅考验和历练了官兵们的意志和身心，也是对现代指挥等的一次全方位检验。从综合保障上讲，所有的装备都经受住了100多天长时间、高强度、高负荷运转的考验。而且100多天不靠岸，要靠自己伴随保障，检验了海军的保障能力。

这次护航编队实现了首次组织舰艇、舰载机和特种部队多兵种跨洋执行任务，首次全程不靠港远海长时间执行任务，首次与多国海军在同一海域执行任务等重大突破。

广大护航官兵牢固树立祖国利益高于一切、军队形象高于一切的理想信念，迎难而上，团结奋战，开创了我国积极履行国际人道主义义务的崭新一页，展示了我军维护国际与地区和平安全的良好形象，创造了人民海军远赴大洋维护国家战略利益的光辉业绩，用实际行动践行了胡锦涛主席的有关重要指示，是海军建设史上具有里程碑式的重大实践。

护航行动中，海军官兵严格遵守国际法有关规定和联合国有关决议，和平运用兵力，妥善处置了嫌疑船只对各国过往商船的袭扰，受到广泛赞誉。

美国助理国防部长帮办谢伟森在国会发表评论时说："中国军队在索马里的作为具有很大影响力，他们是非常专业的军人，具有很棒的技术，并与包括美军在内的其他国家海军密切合作。"

香港《明报》发表社评说，数百年来的首次海军远洋巡弋行动展开，说数百年，是因为这是明朝郑和1405年至1409年3次下西洋后的第一次。虽是空前，但一定不会是绝后，可以预料，在中国海军这一轮的近交远攻之后，中国海外军事行动还会陆续有来。

香港《星岛日报》发表社论指出，中国军舰远赴海外执行军事护航任务，难免引起世界部分角落重新泛起"中国威胁论"。但是，观乎今次派舰部署，并不旨在炫耀武力，而是有确切需要，也得到联合国容许，履行一个负责任国家对国民和国际的义务。

有数据显示，在2008年第四季度，亚丁湾、索马里海域有50%以上的海盗袭击得逞，而2009年第一季度仅有10%的海盗袭击得逞。

其实，这次护航行动的规模并不算大，强度也并不算太高，但800多名海军将士远赴亚丁湾标志着中国海军首次在远离本土的公海上执行战斗任务，同时也标志着中国海军首次加入了多边国际安全行动的行列，标志着中国开始成为国际安全与秩序这一重要公共福利的提供者。

海军舰艇编队首次在国际海域护航，是中国海军"走向深蓝"的标志性事件之一。中国海军从浅蓝色海洋走向深蓝色海洋，不是武力的扩张，而是旨在维持世界和平、敦睦邻国、促进中国军队与外国军队的交流和交往。

海军舰艇编队首次在国际海域护航，是中国海军"走向深蓝"的一个缩影。中国拥有1.8万公里的海岸线以及超过300万平方公里的海域，建设一支强大海军的梦想，是每个中国人的梦。过去60年，中国海军战略经历了从"沿岸防御"到"近岸防御"，再到"近海防御"的沧桑变革。

海权握，国运兴。从1949年4月23日中国人民解放军海军的诞生之日，这支承载着百年海洋梦的海军从木帆船和缴获的破旧舰艇起家，从购买、仿制苏联军舰入手，逐渐完成了向现代、远洋海军的转变。亚丁湾护航舰队劈波斩浪之时，正是我们海洋梦复兴梦起航之时。

我们相信，中国一定会建立起一支与国家地位相称的强大海军！

公共事件的网络表达

（2月26日，佳士得拍卖公司
在法国拍卖圆明园文物——兔首、鼠首）

当地时间2月25日（北京时间2月26日凌晨），法国佳士得拍卖行在巴黎拍卖了中国圆明园流失文物鼠首和兔首铜像，两个兽首被中国的收藏家蔡铭超以总计3149万欧元的价格拍下。如果没有后续的一系列事件，这本算不得重大新闻。我之所以要写这一段历史，是因为认为它具有历史意义。

后续事件是，收藏家蔡铭超拒绝为此付款给佳士得拍卖行。随后，围绕爱国与道德问题在媒体特别是网络展开了持续的讨论。我认为，这些讨论具有历史性的标志：它是一个分水岭，标志着中国公民网络讨论公共事件走上了更加开放、更加理性的态度。

先说说新闻事件。

我不止一次去过圆明园遗址，也曾在被焚烧的只留下废墟的"海晏堂"前驻足。十二生肖兽首铜像原为圆明园海晏堂外喷泉的一部分，由清朝的意大利裔宫廷画家郎世宁设计。喷泉"水力钟"的全称"十二生肖报时喷泉"。十二生肖兽首铜像呈"八"字形，分列在喷水池两旁的人身石台上的。每个动物就是一个喷泉机关，每到一个时辰，相应的动物口中就会喷水两个小时。到了正午，十二生肖一起喷水，景象蔚为壮观。

1860年，"英法联军"烧劫圆明园后至今，十二生肖铜兽首流失海外100多年。在圆明园十二生肖兽首铜像中，目前已经回归的有五件：牛首、猴首、虎首、猪首、马首。

2000年4月底和5月初，佳士得和苏富比在香港的春季拍卖会上，牛首、猴首和虎首铜像现身。中国保利集团公司参拍，以774.5万港币拍得牛首、818.5万港币竞得猴首、以1544.475万港币拍到虎首。当时，我还在香港工作，记得香港媒体对此事件给予了高度关注。

2003年9月，何鸿燊博士向中华抢救流失海外文物专项基金捐款人民币600余万元，将美国收藏家手中的猪首铜像购回。

2007年9月20日，何鸿燊在拍卖会举行之前以6910万港币购得马首铜像，并宣布将其捐赠国家。

2008年10月22日，有消息称，圆明园鼠首和兔首将在法国巴黎拍卖，价值达2亿元。消息传出后，引发中国民众热议，近百人组成律师团追索。

2008年11月6日，圆明园鼠首、兔首铜像现身纽约佳士得拍卖预展。

2009年2月24日，法国巴黎大审法院传出消息，驳回欧洲保护中华艺术联合会的"禁止令"申请。

2月26日凌晨，佳士得拍卖公司在法国举行的拍卖会上，圆明园文物——兔首、鼠首分别以1400万欧元被神秘买家拍下。当天，国家文物局发出通知，要求各国家文物进出境审核管理处依法对今后佳士得拍卖公司在华相关业务活动采取必要的措施。

厦门商人蔡铭超随后表示，他是兽首的买家，但不能付款。

有关圆明园兽首拍卖事件引起多方关注，社会各界人士纷纷发表对此事的看法，大家一致谴责佳士得拍卖公司违反有关国际公约基本精神，执意拍卖圆明园流失文物的做法。

但是，有关中国公民在拍卖会上"拍而不买"的问题上，社会各界表达出各种不同声音。

中国老百姓借助互联网，使个人有了展示和表达自己的机会。大陆的第一批网民从上世纪90年代开始在网络世界探索，而2005年则是个具有里程碑性质的年份。2005年，中国互联网有了一个"全球第一"：演员徐静蕾的博客成为全球点击量最高的博客。从此，博客作为网络新事物开始为人所知。那一年，陈凯歌的电影《无极》遭遇无数恶评，而恶搞该片的网络视频《一个馒头引发的血案》在网上迅速走红。2009年，微博的兴起取代了博客的地位。

2005年后，Web2.0、自媒体等概念开始风行，老百姓开始利用这些平台发表对公共事件的看法。网络作为一种力量广泛介入中国的公共事件，是从2007年开始的。《人民日报》发表评论称2007年是"网络公共元年"。2007年的网络极为热闹，从华南虎照真伪之辩、山西"黑砖窑"曝光、厦门PX项目迁址、重庆"史上最牛钉子户"以及《物权法》大讨论中，都能见到网民们的唇枪舌剑的大讨论。

2008年6月底，中国网民数量达到2.53亿，首次大幅度超过美国，跃居世界第一。

2008年6月20日，总书记胡锦涛通过强国论坛与网民面对面交流。

2009年2月28日，总理温家宝在中国政府网与网民在线交流。

到2011年11月，中国微博客用户已经超过3亿人。大量政府机构和官员推出了经过认证的实名微博，政府机构首次大规模参与和普通网民的直接互动。

在这一次事件中，网民的讨论可谓持久而深入。

有不少网民为蔡铭超的行为叫好。但是，慢慢地，理性的声音出现了。

新华网的一篇署名评论说："我们生活在文明时代……我国的拍卖法强调法律责任。我们知道信誉和道德的缺乏会给我们的社会带来混乱，国际社会亦复如是，一些基本的规则和法律必须得到遵守。"

在网络BBS上，对蔡的批评的声音很尖锐。"你说你这么做是代表全体中国人民？你怎么能这么说？我们并没有授权你代表我们"，一名博客写手写道。"你似乎想要成为民族英雄，但你的行为给我们的国家蒙羞"，另一个网民说。

有人说，这种"戏弄"佳士得的"爱国行为"并不值得鼓励，几乎让本来堂堂正正的"追讨流失文物"行为发展成一场"闹剧"。从民间到政府不能每次面对类似的事情就仓促上阵，临时应付，不了了之。现在需要的是"大智慧"，就是光明正大地摆出自己的法律和道义立场，一方面考虑怎样才能合理使用"道德压力"和法律措施来限制、惩罚这类暧昧的交易，另一方面也要提醒国内的投资人不要继续受国内外的文物贩子、拍卖行以"文物回流"的名义进行忽悠。

可以看出，尽管争论敏感尖锐，但理智似乎最终占据了上风，没有呼吁抵制法货这样的情感爆发，中国民族主义正日趋成熟。

2009年4月15日，曾起诉佳士得拍卖行非法拍卖圆明园鼠首、兔首的法国历史和文物专家，欧洲保护中华艺术协会(APACE)主席高美斯致信法国总统萨科齐，呼吁法国政府或企业应当买下兽首，送还中国。

在给萨科齐的信中，高美斯说，"不仅中国政府，而且中国人民也不会忘记过去被凌辱的历史。特别是在第二次鸦片战争中，英法两国劫掠圆明园，是对中国人民的欺辱。确实，圆明园在1860年被英法两国那些企图获得高额商业利润的鸦片贩子所劫掠。但被掠夺的圆明园的文物，在中国人民脑海中，与我国珍藏在卢浮宫的蒙娜丽莎油画，英国女王的皇冠，和其他的文明沉淀一样，构成了一个国家的历史基石和社会精神。中国的十二兽首，曾经代表着中欧文化的相互交流和尊重。两个青铜兽首，一个鼠首，一个兔首均出自十二兽首之列。而代表中国民族文化的珍贵文物，却被贝尔热（兽首的持有者）高价拍卖"。他建议法国应该利用在G20峰会上建立的良好关系为契机，帮助兽首回归中国，以表达对华友好的态度，及对华关系的重视程度。

此后，这个故事有了一个圆满的结局：2013年6月28日，鼠首、兔首两个兽首由法国皮诺家族捐赠给了圆明园。文物捐赠仪式于当天在国家博物馆举行，之后，两件文物入藏国家博物馆。

流失海外100多年的文物，终于"回家"了。

澳门：走向光明的未来

（7月26日，崔世安当选澳门第三届行政长官）

2009年7月26日，澳门特别行政区第三届行政长官选举结束，唯一候选人、五十二岁的前特区政府社会文化司司长崔世安以282票成功当选。

对于澳门发展史来说，这是一个重要历史事件。它标志着澳门顺利实现了行政长官的新老交替，正在迈向更加光明的未来。

澳门特别行政区行政长官是中国澳门特别行政区政府的最高行政主官和澳门特别行政区的最高代表。必须由年满40周岁，在澳门通常居住连续满20年的澳门特区永久性居民中的中国公民担任，在澳门当地通过选举或协商产生，由中央人民政府任命。行政长官任期5年，可连任一次。

依照《澳门特别行政区基本法》，澳门特区行政长官由一个具有广泛代表性的选举委员会选出。选举委员会委员共300人，由工商、金融、文化、教育等各行业，劳工、社会服务、宗教等各界，立法会议员的代表、市政机构成员的代表、澳门地区全国人大代表、澳门地区全国政协委员的代表等人士组成。选举委员会每届任期5年。

澳门第一任行政长官按照《全国人民代表大会关于澳门特别行政区第一届政府、立法会和司法机关产生办法的决定》产生。1999年12月，何厚铧出任澳门特别行政区首任行政长官。五年之后，他得以连任。

新当选的行政长官崔世安是广东新会人，1957年1月出生于澳门。崔家与现任澳门特首何厚铧父亲何贤的何家、马万祺的马家同被誉为澳门的三大家族。崔世安曾任澳门特别行政区社会文化司司长。他的妻子是香港赫赫有名的霍英东的侄女霍慧芬。婚后，崔世安家庭生活非常低调。

7月27日，外交部驻澳门特派员公署发言人就崔世安顺利当选澳门特别行政区第三任行政长官人选发表讲话，对崔世安当选表示热烈祝贺。发言人表示，崔世安高票当选澳门特区第三任行政长官人选，既表明广大选举委员会委员和澳门社会对他的支持与信任，也体现了"一国两制""澳人治澳"和高度自治方针在澳门得到充分落实。

同一天，澳门报纸纷纷发表社论、评论及专栏文章，高度评价26日举行的澳门特区第三任行政长官选举。《澳门日报》在选举当天特别出版《号外》，并刊发社论，对崔世安高票当选澳门特别行政区第三任行政长官人选给予积极评价，同时寄望崔世安在未来5年率领公务员队伍与全体澳门居民一起，在回归10年奠定的良好基础上，继续开创澳门社会新的发展局面。《新华澳报》的评论认为，崔世安在"传承创新，共建和谐"的施政理念指引之下高票当选，相信会努力开创一番"和衷共济，同心协力，为澳门的长治久安、繁荣稳定，为澳门人的安居乐业、幸福安康共同努力"的新天地。《市民日报》发表专栏文章表示，在澳门特区第三任行政长官选举中，崔世安成为特区未来的掌舵人，今后社会发展的传承和创新大局，将有待他带领展开。文章希望崔世安能够再创辉煌，写下更好的篇章，同建优质生活，共建社会和谐。《现代澳门日报》表示相信，第三任行政长官能凝聚社会各方力量，实现建设繁荣澳门、共创和谐的施政目标。

崔世安的当选，是澳门实践"一国两制"成功的缩影。

1999年12月20日零时，中葡两国政府在澳门文化中心举行政权交接仪式，从此，中国政府对澳门恢复行使主权，澳门回归到祖国的怀抱。澳门特别行政区成立以来，"一国两制""澳人治澳"、高度自治的方针在澳门得到全面贯彻实施，澳门经济实现持续增长，各项社会事业蓬勃发展，社会保持稳定，同祖国内地的联系和合作日益加深，对外交往更加活跃，国际影响不断扩大，取得了前所未有的发展成就。澳门实现了经济跳跃式发展，成为世界上经济增长最快的地区之一，并被国际权威机构评为世界微型经济体中贸易和投资政策最自由开放的地区。

澳门博彩业历史悠久，自2002年以来，博彩业更是迅猛发展，使特区政府财政收入更为充裕，澳门特区也将持续加强对博彩业的监理，确保博彩业的有序发展，并着力推动澳门整体经济的适度多元化。2009年，澳门博彩业总收益达1098亿澳门元，位居世界第一位。

澳门特区政府把爱国、爱澳作为社会核心价值加以倡导及培育。弘扬了澳门同胞爱祖国、爱澳门的优良光荣传统，进一步增强了澳门人民的国家归属感与民族自豪感。

广大澳门居民依法享有前所未有的民主权利和自由，参政议政意识、能力及水平不断提高。居民的合法财产受到法律严格保护，言论、新闻、出版、结社、集会、游行、示威等自由依法得到保障。"一国两制"在澳门的成功落实，赢得了澳门居民的充分肯定。一项调查显示，有98%的澳门人认为"一国两制"在澳门是成功的。

今天，澳门开启了新的航程。祝福澳门取得新成就，祝愿莲花开得更娇艳！

亲眼见证新世纪"大阅兵"

（10月1日，北京举行国庆60周年大阅兵）

2009年10月1日，我有幸受约来到天安门广场，亲眼见证了国庆60周年大阅兵。

那一天，我起得很早。我看到，北京的大街小巷挂起了大红灯笼，红得那么绚烂，把国庆的气氛装点得更加喜庆。到达天安门广场南侧靠近人民大会堂一带时，那里已经是人的海洋，花的海洋，乐声的海洋。各界人士都挂着鲜花、手持国旗。人民英雄纪念碑上，"人民英雄永垂不朽"8个鎏金大字闪闪发光，光彩夺目。碑体基座也洁白如玉，在节日气氛中熠熠生辉。我特别地仰望着金水桥迎风飘扬的五星红旗，深深感到作为一个中国人的骄傲和自豪，以及肩上沉甸甸的使命和责任。

阅兵式开始了！这是新世纪中国首次国庆阅兵，也是新中国成立以来第十四次国庆阅兵。受阅方阵前进的脚步声，多么铿锵有力，这是众志成城，排山倒海，勇往直前的力量。此次阅兵，陆军、海军、空军、第二炮兵和武警、民兵预备役部队都有方队参加，涵盖了中国武装力量体系的各个方面，展示的是中国的力量！

此次阅兵，方队数量最多。展示了56个方（梯）队，这是新中国历次国庆阅兵中方（梯）队最多的一次。组织56个方（梯）队进行阅兵，寓意着我国56个民族团结和谐、万众一心，沿着中国特色社会主义道路阔步前进。

此次阅兵，军兵种最全。有徒步方队、装备方队、空中梯队，首次亮相的特种兵方队、三军女兵方队等也显示出此次阅兵兵种专业更加全面。

此次阅兵，武器装备最多、最精。受阅的武器装备有52型，是新中国历次阅兵中最多的。包括预警机、新一代战车、新型雷达、无人机和卫星通信等先进的信息化装备亮相此次阅兵，集中展示了近年来解放军武器装备建设的成果。这些装备都是中国自主研制的，技术战术性能先进，有的已达到世界先进水平。

此次阅兵，机械化程度最高。徒步方队减少了，机械化的装备方队增多了。此次阅兵步兵方队只有一个，而开国大典阅兵时有12个步兵方队，从一个侧面反映出中国军队机械化程度的变化，也充分体现了解放军由数量规模型向质量效能型、由人力密集型向科技密集型的转变。

在现场，我听到的、看到的，都是令人振奋和激动的。徒步方队威武雄壮的阵列，装备方队排山倒海的气势，空中梯队翱翔长空的雄姿，三军女兵和女民兵方队巾帼不让须眉的风采，让人永远难忘。当新型主战坦克、火炮、核武器以及各种战略导弹陆续经过我们身边时，大家群情激奋，情不自禁地高声欢呼，很多人都留下了激动的泪水。完全可以说，这次阅兵是一流的组织领导、一流的武器装备、一流的训练成果、一流的精神风貌！是啊，这次阅兵，展现的是我们中华民族的光荣和自信，展现的是我国现代化建设的伟大成就，展现的是中国国防和军队建设的水平和实力！如果时间可以停住，真想把这一瞬间留住、化为永恒！

这次阅兵，充分展示了国防和军队现代化建设的巨大成就，展示了我军威武之师、文明之师、胜利之师的良好形象,对于进一步鼓舞和激励全国各族人民高举中国特色社会主义伟大旗帜、为夺取全面建设小康社会新胜利而团结奋斗,具有十分重要的意义。

这次阅兵,圆满实现了胡锦涛主席提出的"奉献一场具有中国特色、富有中国气派、振奋民族精神、展现时代风采的阅兵盛典"的目标要求,受到了全国人民和世界的广泛赞誉和境内外媒体的普遍好评。

阅兵,是一项极其隆重的军事仪式,是体现一个国家的国威,一支军队的军威,一个民族的浩然正气的重要形式。早在公元前,古埃及、波斯和罗马等国就有阅兵的记载。阅兵在中国源远流长。

现代的阅兵通常是在国家重大节日或大型军事演习中进行,一般分为阅兵式和分列式。阅兵式是指首长或贵宾在阅兵指挥员的陪同下,乘车、骑马或步行,从受阅部队队列前通过,进行检阅;分列式是指受阅部队从检阅台前通过,接受首长或贵宾的检阅。

新中国建立以来共举行过13次国庆阅兵,其中影响较大且最具代表意义的是开国大典、建国5周年、10周年、35周年和50周年的5次大阅兵。

1949年的开国大典阅兵。这次阅兵在静态下举行,受阅部队以天安门城楼为中心,按序列在东、西长安街列队,接受朱德总司令的检阅。分列式在行进中举行,受阅部队依次由东向西通过天安门城楼,接受毛泽东等党和国家领导人的检阅。这一阅兵路线延续至今。

1954年,中国举行了国庆5周年阅兵,国防部长彭德怀检阅了部队。受阅部队由陆海空诸军兵种编成,反映了人民解放军的发展壮大。

1959年,国庆10周年阅兵时,受阅武器装备基本实现了国产化。

1984年,举行了国庆35周年阅兵,中央军委主席邓小平检阅了受阅部队。这次国庆阅兵是新中国成立后规模最大、装备最好的一次，在国内外引起强烈反响，充分展现了我国的国防力量和人民解放军的精神风貌。

1999年，举行了国庆50周年阅兵。中共中央总书记、国家主席、中央军委主席江泽民检阅了受阅部队。改革开放新时期诞生的陆军航空兵、海军陆战队、武警特警、预备役等部队第一次出现在受阅部队中，是我军历史上现代化程度最高的国庆阅兵。

外国媒体对大阅兵进行了全方位多角度的报道。美联社等媒体的报道称，此次庆典提升了中国民众的民族自豪感，"昭示中华民族的复兴"。印度媒体给予了高度关注，除了印度部分电视台进行了插播外，印度主流网络媒体也在网站显要位置做专题报道，插播阅兵现场视频。

南非《商业日报》发表文章说，如同去年的奥运会开幕式一样，中国的国庆庆典堪称完美，充分显示了中国的强盛国力和中华民族的强大凝聚力。胡锦涛主席的讲话体现了中国领导人的自信心态，中国已经成为国际舞台上一支不可忽视的重要力量。

突尼斯主流媒体《晨报》题为《中国巨龙觉醒》的署名文章说，今年10月1日庆祝中华人民共和国成立60周年阅兵，中国人再次给世界带来了惊喜。这种惊喜不仅在于参加受阅官兵的人数，而且在于中国向世界展示的武器装备的质量。文章说，中国曾经是世界最贫穷的国家之一，如今，中国从一个穷国变成了世界第三大经济体。中国作为一个新生的力量，其在地区和国际事务中的作用不容忽视。

加拿大《国家邮报》认为，60年前，当中国共产党领导人列队站在天安门城楼上时，兵员达500万之众的解放军几乎毫不起眼。如今，解放军经历了前所未有的军事更新。其兵员被裁减一半，规模仍居世界之最。但现在，解放军装备了先进武器、国产第三代战斗机、短程及远程弹道导弹，以及一支现代化的蓝水海军。

大阅兵的成功，是献给新中国成立60周年的最好礼物，是中国"走向繁荣富强和伟大复兴"的重要标志。

香港《文汇报》发表题为《携手振兴中华迈向伟大复兴》的社论，指出实现中华民族伟大复兴既是几代中国人100多年来的强烈愿望，也是中国对人类应尽的责任。经历60载风雨砥砺，中国正在新的历史起点上向前迈进。

香港《星岛日报》在题为《为民族谋复兴为世界添美好》的社论中指出，作为中国一部分，香港是内地成功的一大得益者，港人期望在未来的日子，国家继续能够以民为本，走向一个又一个的高峰，带领民族走向复兴，同时为人类作出贡献，带来更美好的世界。

香港《新报》在社论中说，60年来，中国取得的成就足以令每一位炎黄子孙扬眉吐气，更对国家迈向富强民主文明和谐充满信心。在新中国成立100周年时，一个现代化的中国必将巍然屹立在世界东方。

《澳门日报》题为《团结奋进迎接中华民族伟大复兴》的社论说，新中国用60年时间，走过了西方资本主义国家二三百年的现代化建设之路，归根结底在于开辟了中国特色社会主义道路。

澳门《市民日报》社论认为，60年间中国从一穷二白一无所有，到逐步实现了曾经遥不可及的各种梦想，当中走过的道路，期间发展之速改变之巨大，几可用"奇迹"来形容。无论军事、经济，中国已用实际数字说明了自己的飞跃发展。

那一天，从天安门广场回来后，我的心情久久不能平静。我想，这次有幸能够亲眼见证这个历史性的时刻，将会成为我一生的回忆，被珍藏在脑海之中，永远都不会褪色。

2009年中国大事记

一月

1日，国务院决定实施成品油税费改革，取消原在成品油价外征收的公路养路费等六项收费，逐步有序取消政府还贷二级公路收费；同时，将价内征收的汽油消费税单位税额每升提高0.8元。

7日，工业和信息化部为中国移动、中国电信和中国联通发放3张第三代移动通信（3G）牌照。

14日，国务院正式通过《汽车产业和钢铁产业调整振兴规划》，规定从2009年1月20日至12月31日，对1.6升及以下排量乘用车按5%征收车辆购置税。

15日，移动、联通统一收取短信费0.1元。

二月

9日，央视新台址北配楼发生火灾，持续近6小时的大火导致1死7伤。

17日，菲律宾国会通过领海基线法案。该法案将中国的黄岩岛和南沙群岛部分岛礁划为菲律宾领土。中国政府重申：黄岩岛和南沙群岛历来都是中国领土的一部分。

25日，法国佳士得拍卖行在巴黎拍卖了中国圆明园流失文物鼠首和兔首铜像，两个兽首被中国的收藏家蔡铭超以总计3149万欧元的价格拍下，但他却拒绝为此付款。

26日，中国国务院新闻办公室发表《2008年美国的人权纪录》，以回应美国国务院25日发表的《2008年国别人权报告》对包括中国在内的世界190多个国家和地区的人权状况的指责。

三月

1日，北京时间16时13分10秒，嫦娥一号卫星在北京航天飞行控制中心科技人员的精确控制下，准确落于月球东经52.36度、南纬1.50度的预定撞击点，实现了预期目标，为中国探月一期工程画上一个圆满的句号。

3日，中国人民政治协商会议第十一届全国委员会第二次会议在北京人民大会堂开幕。

5日，第十一届全国人民代表大会第二次会议在北京人民大会堂开幕。

四月

11日，温家宝在泰国帕塔亚会见了韩国总统李明博，日本首相麻生太郎。

25日，卫生部首次通报甲型H1N1流感疫情信息，称接世界卫生组织通报，美国和墨西哥发生人感染A/H1N1猪流感疫情。

29日，日本首相麻生太郎抵京，开始对中国进行正式访问。这是他自出任日本首相来第一次正式访中国。

五月

1日，《首次公开发行股票并在创业板上市管理暂行办法》正式实施，这意味着创业板于5月1日正式开启。

1日，《防震减灾法(修订案)》施行。

1日，《杭州市计算机信息网络安全保护管理条例》规定：发帖、写博、网游要提供有效身份证明。

4日，江丙坤请辞海基会董事长一职。

5日，国务院已经批复，同意撤销上海南汇区，将南汇区的行政区划并入上海浦东新区。

9日，《内地与香港关于建立更紧密经贸关系的安排》(简称CEPA)补充协议六(CEPA七)在香港签署。

12日，5•12汶川大地震一周年，中国首个"防灾减灾日"。国新办发表《中国的减灾行动》白皮书及国家减灾委员会和民政部组织编写的《全民防灾应急手册》一书正式出版。

12日，第63届联合国大会第83次全体会议在美国纽约联合国总部举行。会议改选联合国人权理事会18个会员国，191个联合国会员国的代表出席并投票。经过一轮投票，中国以167票成功连任人权理事会成员，任期自2009年至2012年。美国以167票首次当选人权理事会成员。

17日，中国联通正式公布3G全业务品牌名称，并决定WCDMA号段将于世界电信日正式放号，同时开通WCDMA业务

25日，中国外交部就朝鲜再次进行核试验发表声明。

26日，胡锦涛同中国国民党主席吴伯雄举行会谈。

27日，广东省原政协主席陈绍基被终止广东省人大代表资格。

28日，修改后的《全国年节及纪念日放假办法》第2个端午节，5月28日至30日放假，共3天。其中，5月28日（星期四、农历端午节）为法定节假日，5月30日（星期六）照常公休；5月31日（星期日）公休日调至5月29日（星期五）。5月31日（星期日）上班。

六月

1日，国务院批准公布《促进扩大内需，鼓励汽车、家电"以旧换新"实施方案》。

5日，成都市北三环附近一辆9路公交车发生燃烧事故，致27人遇难72人受伤。事故查明系故意纵火，疑犯事发当场死亡。

5日，中央电视台《新闻联播》主持人罗京因病去世。

6日，中国商用飞机有限责任公司下属大飞机项目总装制造中心在上海挂牌成立。

16日，湖北省巴东县人民法院16日上午一审公开开庭审理了"邓玉娇案"，并作出一审判决。

七月

5日，乌鲁木齐发生"7·5"事件，这是新疆解放以来发生的一起最为严重的打砸抢烧暴力犯罪事件。

11日，著名学者季羡林在北京病逝，享年98岁。

16日至7月26日，第八届世界运动会于台湾高雄市举行。

22日，中国各地出现500年一遇的日全食奇观。此次日食是自1814

年至2309年的近500年间，在我国境内全食持续时间最长的一次，最长时间超过6分钟。

26日，崔世安当选澳门第三届行政长官。

26日，中国国民党举行党主席与党代表选举。马英九以28万5354票当选新任党主席，得票率93.87%。

八月

8月25日，台湾灾害应变部门表示，截至8月25日下午6时为止，台风"莫拉克"造成全台共461人死亡、192人失踪、46人受伤。

27日，《中华人民共和国人民武装警察法》通过并公布施行。

九月

11日，陈水扁所涉司法案件一审宣判，陈水扁以及夫人吴淑珍都遭判处无期徒刑，并褫夺公权终身，同时陈水扁还被罚金2亿元（新台币）。

21日至25日，胡锦涛在美出席联合国气候变化峰会、第64届联合国大会、核不扩散与裁军峰会、G20峰会。

十月

1日，首都各界庆祝中华人民共和国成立60周年大会，在天安门地区及长安街沿线举行。

1日，《全民健身条例》施行。

4日至6日，国务院总理温家宝访问朝鲜。

2009年的世界

1月1日，俄罗斯乌克兰爆发天然气大战，俄罗斯切断供应乌克兰的天然气用气。

1月，奥巴马成为美国首位黑人总统。

1月18日，以色列入侵巴勒斯坦加沙地区的"铸铅行动"结束，以方宣布单边停火后，于当晚撤出加沙地区。

4月，甲型流感病毒（H1N1）病毒已传播至全球各地，亚洲、欧洲和美国大面积被传染。截至12月6日，H1N1流感在全球至少已造成9596人死亡。

4月2日，G20举行伦敦峰会闭幕。在20国峰会上，以中国为代表的新兴国家崭露头角，站在了显著位置。

上半年，朝鲜连续进行核试验和发射火箭，中国罕见强烈谴责，联合国通过制裁朝鲜的决议。

11月19日，欧盟布鲁塞尔特别首脑会议推举出了欧盟历史上的首位"总统"和"外长"：现任比利时首相赫尔曼·范龙佩成为欧洲理事会常任主席。

11月26日，迪拜宣布将重组其最大的企业实体迪拜世界，并将把迪拜世界债务偿还暂停6个月。消息令全球金融市场气氛逆转，引发风险资产市场资金快速出逃。

12月7日，世界气候大会在哥本哈根召开。本次会议对于确定京都议定书以后世界在未来10年、20年的发展方向，有重大作用和影响。

十年流行色之八：2009年大陆流行语

不差钱

本是东北地区的方言说法。2009年"春晚"小品用它作了剧名，产生了轰动效应，后在全国流行开来。在实际使用中，多带有调侃的色彩，并不纠缠于钱多钱少。

躲猫猫

本是一种儿童游戏，即"捉迷藏"。2009年2月，云南省晋宁县看守所里发生了所谓"躲猫猫"事件，一名24岁的男子因盗伐林木被关入看守所后死去，警方称死者是在玩"躲猫猫"时眼部被蒙，不慎撞墙受伤而死亡的。此后，"躲猫猫"就有了多种新义：或隐瞒事实，或逃避监督，或暗箱操作。总之，不让人了解真情。

低碳

所谓"低碳"，是指降低二氧化碳的排放。二氧化碳是全球气候变暖的罪魁祸首，影响到了人类社会的可持续发展。2009年12月哥本哈根联合国气候变化大会，在世界范围内又一次掀起了"低碳"浪潮。"低碳"经济、"低碳"科技、"低碳"城市、"低碳"生活，"低碳"已成为"绿色"的重要标志之一。

裸

本义为不穿衣服，流行语用的是引申义，即只有事物本身，而没有任何附加物或附加条件。比如"裸婚"是不买房，不买车，不戴婚戒，不办婚礼，不度蜜月，只领取结婚证书；"裸官"是家属孩子存款都在国外，一个人留在国内做官；"裸退"指干部退休后不再担任官方、半官方以及群众组织中的任何职务。

纠结

本为动词，表示互相缠绕。自从四五年前的一部动画片中有个角色大呼"纠结啊"之后，"纠结"便在网络上走红。2009年起，更广泛见于纸质媒体，并且用法多样。可以作名词，表示解不开的心结；可以作动词，表示陷入复杂而尴尬的境地；可以作形容词，表示思绪的极度困惑和混乱。

钓鱼

完整的说法叫"钓鱼执法"。这是一种比喻的说法，指执法人通过"钓钩"，诱惑一个原本没有违法意图的人去从事违法活动，然后实施执法。这种说法早已存在，因2009年10月上海发生的一起查"黑车"事件而重新引起关注并流行。凡是违反法律精神，别有用心地诱人上钩，都可以称之为"钓鱼"。

秒杀

译自英语的seckill，起先是网络游戏的专用词，指玩家在游戏中瞬间被PK出局或者瞬间将对手击倒。2009年9月，某购物网站周年庆推出了"秒杀"活动：在网络拍卖开始后第一个确认的网络买家，可以按照远远低于成本价的秒杀价买到指定商品。于是"秒杀客""秒杀族"应运而生，并且越来越多。此后，"秒杀"又用于其他领域，比如股市中某股票价格在短时间内大幅下跌，也叫"秒杀"。

蜗居

本来用于谦称自己的住所，指像蜗牛壳一样狭小的房子。这一词语的流行，和2009年热播电视剧《蜗居》有关。在房价节节攀升的大背景下，电视剧中年轻人为买房而沦为房奴的故事引起了广泛的共鸣，它让人们对"蜗居"一词有了深刻的印象。"蜗居"不仅可指空间上的狭窄，也可指精神上的狭窄。

蚁族

指的是高学历低收入的群体。这些人一般聚居大城市的边缘地区和近郊农村，因和蚂蚁有若干相似之处而得名。他们虽然弱小，但胸怀理想，充满活力，具有挑战的意识和顽强的意志。

大陆这十年

贰〇壹〇年

世博园，中国的名片

两岸关系史上的里程碑

自主创新的铿锵脚步

广州，梦想的舞台

世博园，中国的名片

（4月30日晚，上海世界博览会开幕式隆重举行）

2010年4月30日晚，举世瞩目的2010年上海世界博览会开幕式在上海世博文化中心举行。中华人民共和国主席胡锦涛宣布，中国2010年上海世界博览会开幕。之后，进行了文艺表演。一场分为"中国欢迎你""欢聚在世博""世界同欢庆"三个部分的盛大多媒体灯光喷泉焰火表演把具有159年历史的综合性世博会第一次带到了古老而现代的中国。表演在黄浦江两岸，从卢浦大桥到南浦大桥3公里多的延长线上展开。烟花有300多个品种、10万余发烟花，全方位覆盖江面、陆地和天空。特效烟花还打出了"世博会标"和"五角星"的图案，令人叹为观止。随着《欢乐颂》的音乐响起，焰火竞相绽放，所有探照灯、激光、喷泉全部加入光与火的缤纷，一时间漫天璀璨，照亮夜空。

我从电视上看了现场直播，感到非常令人振奋。不禁专门给上海的朋友打电话赞叹：开幕式太精彩了！

不少网民也在网上留言："焰火和灯光让我看得目瞪口呆，不能不让人赞叹祖国之繁荣昌盛，上海之繁华美丽""东方的热情在燃烧，这是盛会的欢乐在倾洒，晚会结束了，可我们的热情还在继续……""五彩缤纷的烟火在星空中绽放，夜上海壮丽辉煌，伟大的祖国气势宏博，让人开怀""乐声声入耳，烟花绚丽多彩。卢浦大桥和黄浦江上正演绎着一个魅力四射的夜世博、夜上海"。

开幕式室外灯光焰火喷泉装置表演总导演大卫·阿特金斯说："这样的一场演出，换到世界上任何一个其他国家举办，都要至少排练一年半时间，在中国只要半年，甚至更短。这体现了中国强大的资源配置能力。"

世博会的全称是世界博览会，它是由一个国家的政府主办、多个国家或国际组织参加的国际性大型博览会，称得上是世界上最高级别的展览活动。150多年来，世界上不少最新的科技、理念、文化，都始于世博会。汽车、电视、电灯、电梯等重大发明，都是在世博会上首次亮相的。

上海世博会是第一个以城市为主题的世博会。上海世界博览会的主题是：城市，让生活更美好。世博会期间，人们将就城市可持续发展交流经验。

美国现代哲学家路易斯·芒福德说过："城市是一种特殊的构造，这种构造致密而紧凑，专门用来流传人类文明的成果"。可以这样说，城市是人类文明的结晶。1800年，全球仅有2%的人口居住在城市，到了1950年，这个数字迅速攀升到了29%。2010年，全球总人口有55%居住于城市。

世博会，中国人长久以来的梦想。梁启超等人曾提出过在上海举办世博会，并赋诗希望祖国"睡狮破浓梦，病国起沉疴"。

可是在旧中国，这只能是一个梦想而已。只有新中国成立后，中国的国民经济的发展、综合国力的不断提高，才拥有这样梦想成真的机会。

中国政府高度重视世博会的筹办工作，多次明确指出，上海世博会是全国的大事，是推进科学发展的重要契机，要举全国之力、集世界智慧，办好一届成功、精彩、难忘的世博会。

改革开放以来，上海在经济、教育、艺术等各方面都取得了迅猛的发展，竖立了一个崭新而具魅力的东方大都市形象，也向世人展示了中国改革开放的成果。如今，上海这颗东方之珠正散发着耀眼的光芒，当之无愧地成为世博会的举办地。中国作为一个发展中国家能够举办世博会，将会大大提高其国际知名度和影响力，同时为社会带来显著的经济效益和社会效益。

上海世博会，吸引了全国人民的目光。我的不少同事，到了暑假，纷纷带着家人和孩子，到上海世博场馆参观。

我当时正在上海学习，也有幸顺便去参观一些场馆。我乘坐地铁八号线到耀华路站旁的世博6号入口，看到那里已是人头攒动，众多游客自觉地排着队等待着安检入园。进入世博会园区后，感觉世博园区景色真是太美了，建筑真是太宏伟了，主题真是太令人难忘了。一轴四馆、形状各异的外国展馆等世博园内著名建筑一一呈现在眼前。最令我激动的是看到中国馆。站在馆外，人们立刻会被中国馆宏伟的外观所吸引。

中国馆共分为国家馆和地区馆两部分，国家馆主体造型雄浑有力，宛如华冠高耸，天下粮仓；地区馆平台基座汇聚人流，寓意社泽神州，富庶四方。国家馆和地区馆的整体布局，隐喻天地交泰、万物咸亨。装点国家馆的"中国红"，是从足足上百种红色材料色样中逐一挑选而出的，由7种红色组合而成。馆体颜色由上至下依次由深至浅，能在白昼不同阳光折射和夜间灯光投射及不同视觉高度等条件下，形成统一的具有沉稳、经典视觉效果的红色。此外，中国馆红板选用金属材料，采用灯芯绒状肌理方案，不仅为中国馆穿上了更具质感的"外衣"，也为原本张扬、跳跃的红色赋予了稳重、大气的印象。

进入馆内，志愿者彬彬有礼，微笑着引导游客参观。有流动的

"清明上河图"，国宝级名画，画内的人和景如一部纪实的影片动态地展示出来，栩栩如生，令人大开眼界。展馆的展示以"寻觅"为主线，带领参观者行走在"东方足迹""寻觅之旅""低碳行动"三个展区，在"寻觅"中发现并感悟城市发展中的中华智慧。乘坐轨道游览车，人们可以领略中国城市发展的历程，"低碳未来"专题馆向每一个游人展示中国城市未来的发展，以低碳为核心元素的展示也对参观者进行了一次环保知识的学习。

更为可贵的是，每个国家的场馆建筑都体现了创新精神。方方平平正正的建筑已经不复存在了。日本馆的建筑外形像个蚕宝宝，西班牙馆的外形别出心裁，用无数编制的藤条进行包装，更为奇特的是英国馆外形有无数根射线组成的圆球，每个射线里都包放着一个濒临灭绝的植物品种，用这种方法提醒人们珍爱生命，保护环境。

我不禁发出由衷的感叹：世博园真是太美了，上海真是太棒了，中国真是太伟大了！

上海世博会，是上海的盛会，更是世界的盛会。世博会是中国继成功举办奥运会之后的又一重大国际盛事。从某种意义上说，上海世博会因其会期之长（为期六个月）、参会国家和地区之多、参会人数之众、影响范围之广大、在很多方面甚至还会超过奥运会。200个左右国家和国际组织参加了上海世博会，举办时间为183天，客流高达7000多万人次。

"上海世博会是中国对全体国民的一次绝佳教育投资，取得巨大成功。它大幅提升了中国软实力。"欧盟驻华大使安博说。他说，上海世博会在参展方数量、参观人数和活动组织等各方面都创造了历史，证明上海是一个具有国际号召力的城市。

安博认为，上海世博会也对中国产生了巨大影响，体现在三方面：第一，让普通中国人在短时间内了解世界文明与发展。"大部分中国人还没有走出过国门，通过世博会，他们对世界上的绝大多数国家有了具体了解，世博为中国打开了一扇窗。"

第二，世博会是中国的一次绝佳教育投资，这是世博会在中国留下的最大一笔无形资产。"本届世博会的主题是'城市，让生活更美好'。相信所有参观过世博园的人都会在这个主题下深受教育：如何解决城市污染问题、如何节约能源、如何发展更环保的技术，这是一次超值智力投资。"安博表示，他曾经前往中国西部贫困地区访问，发现说起清洁能源、零碳排放等概念，有些人不太容易理解，认为比较抽象。但是，通过世博会他们会学习到大量相关信息，有助于一些地区选择经济发展方式。"当中国人认识到这一点，全球都会因此受益。"

第三，世博会提升中国国际形象，上海的国际化色彩会更加鲜明。北京奥运会成功提升了中国国际形象与北京的国际知名度，世博会也有这样的效应。安博说，在普通欧洲人心目中，上海既有上世纪初叶的洋派遗风，又有新中国成立后的现代、进取、时尚，世博会让上海的国际定位更鲜明，吸引更多投资与观光客。

上海世博会组委会始终以全球的视野来筹备和举办上海世博会，举全国之力，集世界智慧，最大限度地争取世界各国政府和各国人民的参与、理解和支持，从而使上海世博会真正成为"世界人民的大团圆"。上海世博会创造了多项世博会的新纪录，谱写了世界博览史的辉煌篇章。"人气足""最高级""打破所有纪录"……成为西方报道中出现最多的字眼。英国广播公司等认为，中国利用这个机会展示了"软实力"，上海世博会是值得骄傲的。英国广播公司称，上海世博会被认为是展示中国"软实力"的一个机会。世界各地的人们通过访问上海，能感受到这座城市正在倡导的"城市，让生活更美好"的理念。法国《巴黎人报》文章称，接连创下6个世博会历史纪录，继北京奥运会后，中国再次证明，它的组织工作无往而不胜。法国"欧洲新闻"电视台认为，上海世博会创造了一系列世博会历史上的新纪录，包括值得骄傲的7300万参观人次，远远超过1970年大阪世博会6200万参观者的纪录。

结束参观后，我抬头眺望着远处的东方明珠塔和上海环球金融中心101层雄伟壮观的高楼。我想，700年前，上海还只是一个小渔村。如今，上海天更蓝了，水更绿了，环境更好了，交通更便利了，人民的生活水平更好了，社会也更加和谐了。我又畅想，今天，中国不仅积极参与国际性的大型活动，也正以更快的速度融入世界。中国的崛起有目共睹！我衷心祝愿伟大的祖国，以更加开放、更加进步的姿态，巍然屹立在世界的东方！

两岸关系史上的里程碑

（6月29日，两岸经济合作框架协议签署）

即使单单从民生的角度说，这也是一个历史性的时刻。因为从这一刻之后，莲雾、火龙果、芒果等原来很贵的台湾水果将出现在大陆各大商场的超市里。

我特别爱吃莲雾，所以有亲身的体会。从这一时刻起，台湾的水果，对于我们来说，不再可望而不可即。

这一历史性的时刻是：2010年6月29日。海峡两岸关系协会会长陈云林和财团法人海峡交流基金会董事长江丙坤在重庆签署《海峡两岸经济合作框架协议》。中共中央台办、国务院台办主任王毅表示，"这是两岸关系和平发展进程中的又一重大进展，也是两岸关系史上又一座里程碑"。

根据协议，两岸双方将有806种商品在早期收获计划实施3年内零关税。其中，大陆将对539项原产于台湾的产品实施降税，2009年大陆自台进口上述产品金额138.3亿美元，占当年大陆自台进口总额的16.1％，包括农产品、化工产品、机械产品、电子产品、汽车零部件、纺织产品、轻工产品、冶金产品、仪器仪表以及医疗产品等十类。

台湾将对267项原产于大陆的产品实施降税，2009年台湾自大陆进口上述产品金额28.5亿美元，占当年台湾自大陆进口总额的10.5％。

台湾对大陆降税产品包括石化产品、机械产品、纺织产品及其他产品等四类。

签字仪式在重庆申基索菲特酒店举行。14时40分许，陈云林与江丙坤完成《海峡两岸经济合作框架协议》《海峡两岸知识产权保护合作协议》的签署，互换协议文本后，双方互赠纪念品。

陈云林向江丙坤赠送了重庆漆器花瓶《三峡神女峰》，不仅表达了3000万重庆人民对台湾同胞的深厚感情，也表达了他们对两岸关系和平发展滔滔向前、海阔天空的美好祝福；江丙坤向陈云林赠送了用台湾特有樟木整块镂雕的木雕作品《荷风莲开》，该作品取名"荷风莲开"，采"荷"与"和"，"莲"与"联"的谐音，意指两岸在祥和的微风中携手联合开创了两岸互惠共赢的契机与未来。

因为签署的两岸经济合作框架协议（ECFA）是两岸经济关系正常化、经济合作制度化的重大进展，也是本年两岸关系中最为重要的新闻事件之一，所以海峡两岸的新闻媒体对此都高度关注，一场"新闻大战"在重庆上演。参加此次会谈报道的媒体中，来自大陆的有33家，台湾35家，港澳15家，外国19家。其中，台湾记者共80余人，约占三分之一。

陈云林说，这是一份平等协商、互利双赢的协议，同时也将是一份双方互谅互让，充分释放善意的协议，必将能够促进两岸经济的共同发展和繁荣，也必将能够为两岸同胞带来实实在在的利益。

在海峡对岸，马英九说，签署ECFA（两岸经济合作框架协议）显示两岸和平繁荣已不是"天边玫瑰""已经可以让我们手摸得到"，签署ECFA有非常重要的意义。

台港媒体对此高度关注，纷纷在显要位置给予报道。有媒体分析认为，签署ECFA无疑是两岸推动经贸关系正常化以来最重要一步，更是划时代关键历史事件，为两岸和平发展的新时代奠定制度化基础。

台湾《联合报》在头版报道两会领导人第五次会谈将签署ECFA。报道引述台湾海基会董事长江丙坤28日在欢迎仪式上的致词表示，两岸签订ECFA等于打通台湾的任督二脉。该报并发表社论说，签署ECFA无疑是两岸推动经贸关系正常化以来最重要的一步，更是划时代的关键历史事件。由ECFA架构而起的经贸机制，让两岸的经济互动有了具体的方向及可循的轨迹。

《中国时报》将两会领导人第五次会谈相关新闻列为"焦点新闻"，关注两会领导人对此次会谈和签署ECFA重要意义的表态，并报道马英九、台湾当局相关部门及美国智库肯定ECFA对台湾经济的实际效益。

"中央社"网站在要闻位置报道会谈消息。报道引述海基会副董事长高孔廉的话说，ECFA必将再为两岸关注的未来经贸发展注入成长动能，使两岸关系走向"互惠繁荣"的境界。

《旺报》刊发社评说，会谈举行并将签署ECFA，这是自1987年开放台湾人民赴大陆探亲以来，两岸关系发展最关键的一步，也为两岸和平发展的新时代奠定制度化的基础。

此外，台湾TVBS、东森等电视媒体则及时报道两会领导人在各种场合的讲话，以及岛内知名人士、各界对ECFA的反应。

香港媒体也对两岸签署ECFA给予高度关注。《文汇报》引述中国社科院台研所研究员王建民分析称，签署ECFA有利台湾借助大陆经济发展"快车道"避免自己的经济被边缘化。

《大公报》用要闻版整版报道会谈消息。《明报》则报道说，重庆是典型的"国共概念"历史名城。时隔60多年后，两岸两会在重庆签署ECFA协议，更有其历史意义。

在澳门，《新华澳报》评论说，这次会谈举世瞩目，不单止是因为它将签署ECFA和两岸知识产权保护协议，标志着两岸经济交流合作将走向制度化、法制化。《澳门日报》要闻版整版报道相关消息，从两会将签ECFA、预备性磋商、台签ECFA十年GDP增4.5%，到陈云林陪同江丙坤逛山城，内容丰富。

两岸签署经济合作框架协议，走过了一条令人瞩目的道路。

2005年4月，中国共产党总书记胡锦涛与中国国民党荣誉主席连战在历史性的会谈后共同发布的《海峡两岸和平发展共同愿景》中，明确提出："促进海峡两岸经济全面交流，建立海峡两岸经济合作机制"。

2008年，中国国民党重新执政后，海峡两岸关系实现历史转折，台湾方面提出希望签署《海峡两岸经济合作框架协议》。

2008年年底，胡锦涛总书记在纪念《告台湾同胞书》发表30周年座谈会上明确提出："海峡两岸可以签署《海峡两岸经济合作框架协议》"。

截至2009年底，两岸贸易额累计超过9600亿美元。在世界经济全球化、区域经济一体化的新情况下，ECFA的签署显得尤为重要。

2009年12月，海峡两岸关系协会和财团法人海峡交流基金会领导人在台湾省台中市举行第四次会谈，同意将签署《海峡两岸经济合作框架协议》纳入第五次海峡两岸关系协会和财团法人海峡交流基金会协商重点推动的议题。

2010年1月26日，ECFA第一次两会专家工作商谈在北京举行。2010年2月至6月，海峡两岸关系协会和财团法人海峡交流基金会又分别在台湾省桃园县和北京举行了两次专家工作协商，逐渐敲定《海峡两岸经济合作框架协议》文本构成、早期收获计划等重要内容。2010年8月

17日，台湾立法机构通过《海峡两岸经济合作框架协议》。

在大陆学者看来，ECFA的签署是继"三通"之后两岸关系发展中的又一个具有历史性转折意义的事情。ECFA将促进两岸从功能性合作向制度性合作发展。之前两岸经济合作主要是功能性合作，是在大陆方面和台湾民间的推动下进行的合作，缺乏制度性安排。以贸易来说，形成主要以台商投资大陆、带动增长的格局。

"ECFA的签署符合台湾百姓的利益，尤其在农产品的物流、互通有无方面，可以进一步推进。关税部分希望降低或者减免，台湾的农副产品才会进到大陆。"台湾有关人士认为，ECFA指明了台湾未来重要的出路，类似ECFA这样有利于两岸经贸开放、自由化的观念，对台湾农民的条件只会提升，不会降低。与此同时，台湾也需要大陆的东西，这是双向的。

请记住这个历史性的时刻。我想，两岸一家亲，一家人使对方都受益，何乐而不为呢？

自主创新的铿锵脚步

（11月17日，"天河一号"成为全球最快计算机）

2011年11月17日，虽然已是初冬天气，但国际超级计算机TOP500组织正式发布的这一个消息，还是让许多中国人热血沸腾。在第36届世界超级计算机500强排名榜中，安装在国家超级计算天津中心的"天河一号"超级计算机系统，以峰值速度4700万亿次、持续速度2566万亿次每秒浮点运算的优异性能位居世界第一！

这是多么令人震撼、令人振奋的消息啊！它创下了中国超级计算机前所未有的辉煌成绩，同时也标志着中国超级计算机的研发和技术能力达到了世界的最高水平！

"天河一号"是中国首台千万亿次超级计算机。如果以一个形象的方式说明这个计算机的先进，就可以打这样的比喻："天河一号"超级计算机的存储量，相当于四个国家图书馆藏书量之和。它的运算速度是，如果使用"天河一号"计算一秒钟，就相当于全中国13亿人连续计算88年！这台由103个机柜组成、占地面积近千平方米、总重量155吨的庞大计算机投入使用后，在资源勘探、生物医药研究、航空航天装备研制、金融工程、新材料开发等方面都将得到广泛应用。

更令人振奋的是，"天河一号"超级计算机使用的是由中国自行研发的"龙"芯片，而且，这个由200多人组成的"天河"团队，平均年龄只有36岁。

随着中国经济的发展，环境控制、生物医药等领域已经对千万亿次甚至更高性能的计算机提出了现实需求。作为中国高技术研究发展计划"863计划"中的一个重大项目，"天河一号"的设计始于2008年。经过两年多的努力，"天河一号"终于"一朝亮相天下惊"。

在现代科学发展中，计算已经成为与理论和实验并行的第3大引擎。采用了"多阵列可配置协同并行体系结构"等7项关键创新技术的"天河一号"，综合技术水平位居世界前列，具有高性能、高能效、高安全和易使用的特点。

伴随着国家的强大发展历程，中国超级计算机同样经历着千难万险的成长历程。从最初由于国内用户对国产品牌的不信任和怀疑，使中国超级计算机企业陷入重重困境。如今，中国超级计算机完成了完美的蜕变，受到用户的高度认可与好评。

中国高性能计算机产业的发展在"天河一号"超级计算机的发展历程中得到了完美体现。它标志着中国企业科技实力大跨步向前发展的必然趋势。从过去的落后，到不断的追赶，再到现如今全球第一的成就，中国高新科技产业正在不可遏止地迅速崛起。

超级计算机的研制历程表明，中国要在高技术领域有所作为，必须走一条中国特色的自主创新之路。

遥想当年，新中国成立时，中国国内仅有30多个专门研究机构，全国的科学技术人员不超过5万人，中国的科技可以说是一片"废墟"。

新中国的建立，吸引了大批海外学子回国。正在美国伊利诺伊大学任教的著名数学家华罗庚，时任美国加利福尼亚理工学院教授的钱学森，都毫不犹豫地放弃了优厚的生活待遇，毅然返回祖国。中国科学院选定的第一批233名学部委员（后改称院士）中，近2/3是这批归国的海外学人，他们大多数人成为新中国科学技术发展的奠基人或开拓者。

1956年是中国现代科学技术发展史上的一个重要里程碑。1月，中国提出了"向科学进军"的口号。

1964年，周恩来总理在政府工作报告上首次提出要实现科学技术现代化。

改革开放后，中国迎来了科学的春天。1978年3月18至31日，邓小平在全国科学大会开幕式上作了重要讲话。他提出，要实现农业、工业、国防和科学技术现代化，关键在于实现科学技术现代化，并强调科学技术是第一生产力。

1988年，中国政府先后批准建立了53个国家高新技术产业开发区。此后，又先后制定了"星火计划""863计划""火炬计划""攀登计划"、重大项目攻关计划、重点成果推广计划等一系列重要计划，并建立中国自然科学基金制，形成了新时期中国科技工作的大格局。

1995年5月召开的全国科学技术大会上，中共中央总书记江泽民正式提出"科教兴国"战略。这是继1956年号召"向科学进军"、1978年全国科学大会之后，中国科技事业发展进程中第三个重要里程碑。

近年来，中国在科技进步与创新上取得突破性进展，并将以更加开放的姿态和视野展开新世纪的科技事业，实现由"中国制造"向"中国创造"的转型升级。

"天河一号"超级计算机可以说是中国科技发展的一个缩影。中国人凭借着自力更生、自主研发，创造出一个前所未有的辉煌局面。我想，只要有这样的精神、这样的志气，在这样的起点上，中国完全有能力在全球范围内成为高性能计算技术和产品的带动者和领导者，取得飞速发展和卓越成就。我们期待着这一天早日到来！

广州，梦想的舞台

（11月27日，第十六届亚洲运动会闭幕式在广州隆重举行）

世界性的大型活动，除了提高举办国的国家形象外，还可以提高国家、民族的自信心和自豪感，同时，为老百姓的生活带来变化。

2010年11月27日晚，第十六届亚洲运动会闭幕式在广州海心沙广场隆重举行。文艺表演结束后，45个国家和地区的运动员代表陆续走进海心沙广场。在告别的时刻，他们像兄弟姐妹般亲如一家。亚奥理事会主席艾哈迈德亲王充满激情地说，这是一届精彩绝伦的亚运会！它将永远成为亚运会历史上的宝贵财富，共同珍藏于你我心中。

是啊，这届广州亚运会，亚洲和中国取得了辉煌的战绩。来自亚洲45个国家和地区的近万名运动员在过去16天里刷新了3项世界纪录、15项亚洲纪录和27项亚运会纪录。29个国家和地区获得亚运会金牌，36个国家和地区获得亚运会奖牌。中国体育代表团取得了199枚金牌、416奖牌的优异成绩，创造了中国体育代表团参加亚运会以来的最好成绩，连续八届名列亚运会金牌榜首位。

是啊，凭着这场体育盛会，广州给所有人留下难忘回忆。广州人民以完善的比赛场馆设施，出色的组织服务工作，赢得了亚奥理事会大家庭和国际社会的好评。广州亚运会主火炬塔上的圣火虽然已经熄灭，但人们心中的亚运会圣火却永远不会熄灭。

是啊，这场体育盛会，让世人重新认识了中国。至今，亚运会已经进行了15届比赛，北京曾在1990年成功办了第十一届亚运会。这是时隔20年中国再度举办亚运会，从当年的举国之力办亚运，到如今的举重若轻，中国用20年完成了一次蜕变。美丽的广州让世人再次惊叹，弹指20年，中国再次向亚洲呈现了一届规模空前的亚运会！

第16届亚洲运动会原来有四座城市申办：广州、吉隆坡、首尔、安曼。2004年7月1日，亚奥理事会宣布广州获得第16届亚运会主办权。

2006年11月26日，广州亚运会会徽在广州孙中山纪念堂隆重揭晓，会徽以广州的象征——"五羊雕像"为主体轮廓图案设计而成。广州亚运会的主题是，"激情盛会和谐亚洲"。广州亚运会的吉祥物有五个，为历届亚运会中数量最多的吉祥物。形象是运动时尚的五只羊，分别取名"阿祥""阿和""阿如""阿意"和"乐羊羊"。广州亚运会吉祥物的创意，来源于广州的城市传说。相传很久以前，广州曾一度出现连年灾荒，民不聊生。一天，天空飘来了五位仙人，分别骑着口衔稻穗的五只仙羊，降临广州。仙人把稻穗给了广州人，并祝愿此处永无饥荒，五只仙羊则化为石头留在广州。"五羊"是广州市最为知名的标志，广州也被称为"羊城"。

广州亚运会给人们留下了很多难忘的瞬间。比如，11月26日的男子篮球决赛，中国队77比71战胜韩国队，蝉联冠军。男篮夺冠之后，队员们把金牌都挂在王治郅脖子上，对大郅为国家篮球队作出的突出贡献表示敬意。再比如，11月27日的亚运会女子排球决赛，中国队与韩国队展开了激烈争夺，在0比2落后的不利情况下，中国队连赢三局，最终以3比2战胜对手，夺得金牌并实现亚运会四连冠。还有林丹。11月21日，在羽毛球男子单打决赛中，林丹2比1击败马来西亚选手李宗伟，实现了全满贯。还有刘翔的精彩表现。11月24日，在男子110米栏决赛中，刘翔以13秒09的成绩轻松夺金，重回巅峰，实现了亚运三连冠。

太多太多的精彩！太多太多的经典！然而，给我留下最深印象的，是听同事、朋友们谈到的广州的变化。

我在广州工作过一段时间。虽然时间不长，却很有感情。我到北京工作后，还时常关注着广州的发展变化。

广州举办亚运会后，自然成了大家关注的焦点。平常和同事、朋友打电话时，常听到他们说起广州的"巨变"。一是说广州变"高"了。660米高、号称"小蛮腰"的广州塔屹立在珠江边，显得那么风姿绰约，那么风情万种，那么富有诗意，提升了广州的文化品质。还有，广州亚运会的场馆包括奥林匹克体育中心、广州体育馆广州南沙体育中心、游泳跳水馆等，都展现出自己迷人的魅力。二是说广州变"蓝"了。广州从申办亚运开始，便把空气质量的改善列为环境综合整治的四大目标之一，分8个阶段开始推进空气环境综合整治行动计划，空气质量得到改善，亚运会前空气质量优良率为96.71%。最明显的标志便是头顶上的蓝天白云变多了。2010年国庆黄金周头五天中，广州的空气污染指数平均为49.2，符合风景名胜区的空气质量要求。三是说广州变"畅"了。广州市政府对交通状况进行综合治理措施，加大地铁里程建设，已建成13条地铁线，总里程达到236公里，加强道路新修与拓宽，加大交通秩序管理，为人们的出行带来了方便。四是说广州变"靓"了。广州的市容市貌有了很大改变。城市街道变得整洁漂亮了。大街小巷处处繁花似锦，绿树成荫，上百万盆鲜花将广州装扮得分外靓丽，让"花城"之誉有名有实。亚运也让广州的文明素质提高了一个档次，主要表现为服务行业的服务水平大大提升了，市民的一言一行也变得更文明了，日常所见的一些不文明现象也大大减少。

广州亚运会志愿者有一首主题歌。歌曲中唱道："一起来，更精彩！别错过梦想的舞台。大家一起唱起来，让青春放光彩……"是啊，和谐、幸福、健康、快乐，是亚运会的理念，也是每一位中国人的理念！让祖国更美丽，让生活更美好，让人民更富足，就是我们的希冀与渴望。

2010年中国大事记

三月

28日，山西华晋焦煤公司王家岭煤矿发生特大透水事故，造成153人被困井下。经过抢险救援人员多日奋战抢险，最终有115人成功获救，38人遇难。

四月

14日7时49分，青海玉树发生当地有历史记录以来最强烈地震。全国各族人民团结奋战、顽强拼搏，奋力夺取抗灾救灾的重大胜利，谱写了中国防灾减灾史上新的篇章。

五月

1日，上海世界博览会开始举办。中国2010年上海世界博览会举行。上海世博会是继北京奥运会后中国举办的又一国际盛会，参观人数达到7308万人次，创造了世博会历史上的新纪录。

六月

29日，海协会与海基会在重庆举行第五次领导人会谈，签署了《海峡两岸经济合作框架协议》《海峡两岸知识产权保护合作协议》。这是两岸关系和平发展进程中的又一重大进展，也是两岸关系史上又一座里程碑。

七月

29日，新华社受权发布《国家中长期教育改革和发展规划纲要（2010－2020年）》。纲要明确了"优先发展、育人为本、改革创新、促进公平、提高质量"的工作方针。

八月

7日，一场特大泥石流灾害袭击甘肃舟曲，造成重大人员伤亡和财产损失。

九月

6日，深圳经济特区建立30周年庆祝大会举行。胡锦涛总书记在庆祝大会上指出，深圳等经济特区的发展成就，是我国社会主义制度优越性的有力印证。

十月

1日，嫦娥二号卫星成功发射进入"地月轨道"。此后，经过三次近月制动，嫦娥二号成功拍回月球影像数据，完成了准时发射、准确入轨、直接地月转移、成功环月等既定的工程目标和科学目标。

15日至18日，中国共产党十七届五中全会在北京举行，全会审议通过了《中共中央关于制定国民经济和社会发展第十二个五年规划的建议》。

十一月

12日至27日，第十六届亚洲运动会在广州举行。来自亚洲45个国家和地区的近万名运动员刷新3项世界纪录、15项亚洲纪录和27项亚运会纪录。29个国家和地区获得亚运会金牌，36个国家和地区获得亚运会奖牌。中国体育代表团取得199枚金牌、416枚奖牌，连续八届名列亚运会金牌榜首位。

15日，京沪高速铁路全线铺通。京沪高铁2008年4月开工，是世界上建成线路里程最长、标准最高的高速铁路。

17日，国际超级计算机TOP500组织正式发布第36届世界超级计算机500强排名榜。安装在国家超级计算天津中心的"天河一号"超级计算机系统，以峰值速度4700万亿次、持续速度2566万亿次每秒浮点运算的优异性能位居世界第一。

12月3日，国家统计局发布公告，2010年全国粮食总产量为54641万吨（10928亿斤），比上年增产2.9%。这是我国粮食连续第七年增产，是战胜严峻自然灾害取得的来之不易的成绩，为应对国际金融危机、保持国民经济平稳较快发展、促进社会和谐稳定奠定了坚实基础。

十二月

3日，召开的中共中央政治局会议提出，2011年我国将实施积极的财政政策和稳健的货币政策，随后召开的中央经济工作会议再次明确，明年宏观经济政策的基本取向要"积极稳健、审慎灵活"，进一步为宏观经济政策定调。

12日至19日，2010年广州亚残运会举行。这是亚洲残疾人体育组织重组后举办的首届亚洲残疾人综合性运动会。

2010年的世界

1月13日，海地当地时间1月12日下午发生里氏7.3级强烈地震。

1月25日，埃塞俄比亚航空公司的一架客机从黎巴嫩首都贝鲁特拉菲克·哈里里国际机场起飞后不久坠入贝鲁特以南、距海岸3.5公里处的地中海海域。失事客机上载有83名乘客和7名机组人员。

1月27日至31日，第40届世界经济论坛年会在瑞士达沃斯召开。

2月5日至7日，第46届慕尼黑安全政策会议在德国慕尼黑巴伐利亚召开。

2月12日至28日，第21届冬奥会在加拿大温哥华举行。

3月14日，支持泰国前总理他信的"红衫军"在首都曼谷举行阿披实上台一年多来最大规模集会，要求政府解散国会下议院。

3月26日，韩国海军"天安号"警戒舰在韩国西部海域值勤时突然沉没。韩方称"天安号"系遭朝鲜小型潜水艇发射的鱼雷攻击而沉没，但朝方予以否认。

4月8日，美国总统奥巴马与俄罗斯总统梅德韦杰夫在捷克首都布拉格正式签署了新的核裁军条约，同意进一步削减和限制进攻性战略武器。

4月10日，波兰总统卡钦斯基及夫人乘坐的一架图—154飞机在俄罗斯斯摩棱斯克机场坠毁。

5月3日，希腊向欧盟和国际货币基金组织（IMF）提出援助申请，欧盟内部就是否援助希腊发生争执，并最终以希腊削减财政赤字为条件，向希腊提供1100亿欧元援助。

5月22日，印度航空公司一架波音737客机在印度西南部卡纳塔克邦的门格洛尔机场降落时突然坠毁，造成158人遇难，8人生还。

6月11日，2010南非世界杯开幕。本届世界杯在南非的十个城市举行，是首次在非洲举行的世界杯。

7月11日，2010南非世界杯在南非闭幕，西班牙国家男子足球队获得本届世界杯冠军。

8月19日，最后一批驻伊美军战斗部队跨越伊拉克与科威特边境，边境随后关闭。

11月3日，美联储表示，将重启量化宽松政策。

11月11日，为期两天的以"跨越危机，携手成长"为主题的二十国集团(G20)峰会在韩国首尔举行。

十年流行色之九：2010年大陆流行语

给力

给力，无疑是2010年最为火爆的调侃用语，中国北方的土话，表示给劲、带劲的意思。2010年的网站论坛、博客、视频微薄等铺天盖地到处是"给力"。这股"给力热"到11月10日这天"登峰造极"，甚至有人断言："给力"将毫无悬念入选2010年度网络热词，因为，这一天，它登上了《人民日报》的头版头条。

神马都是浮云

意为"都不值得一提"。它的流行源于红遍网络的"小月月"事件。此后，"神马都是浮云"成为无数网友的口头禅，许多白领的QQ签名改成："奖金、升职这些是神马东西？都是浮云、浮云""加班就加班，神马都不要说，说了也是浮云"。在这些白领的眼中，城市生活中的压力，让他们身心疲惫，用"神马都是浮云"的抱怨，也不失为一种精神胜利法。

蒜你狠、豆你玩系列

本年度年3月，大蒜价格疯涨数十倍，网友们借用流行歌曲《算你狠》的歌名，创造出风行网络的"蒜你狠"一词。面食在涨、油价在涨、蔬菜在涨、水果在涨，就连方便面也在"趁火打劫"。近一年以来，物价全面上涨，出现"蒜你狠""姜你军"和"糖高宗"，还有"豆你玩"等一系列网络热词。

我爸是李刚

10月16日晚，一辆黑色大众迈腾轿车在河北大学校区内撞倒两名女生，一死一伤，肇事者不但没有关心伤者，甚至态度冷漠嚣张，高喊："有本事你们告去，我爸是李刚！"此事一出迅速成为网友和媒体热议的焦点，"我爸是李刚"语句也迅速成为网络最火的流行语，网友们由愤怒变为冷嘲热讽，发起了名为"'我爸是李刚'造句大赛"的活动，参与者众多，如李白版"床前明月光，我爸是李刚"；凤凰传奇版"我在仰望，月亮之上，我的爸爸是李刚"等多个版本。

裸购

真含义居然是不花钱买东西。玩游戏，发帖子积分，积多了就可以换商品。

鸭梨

"鸭梨很大""毫无鸭梨"等词来源于百度贴吧，"鸭梨"是"压力"的谐音。在网络里，有网友把"压力"称作"鸭梨"。"你鸭梨大吗"和"你压力大吗"同义。

XX帝

XX部分自填，形容某某人在某方面异常强大。2010年，各种人物频频称"帝"，如"数钱帝""表情帝""体操帝""贺岁帝"等。

羡慕嫉妒恨

2010年开始在中国流行，"羡慕嫉妒恨"是一种修辞。就像"神速麻利快"描摹一种"快"，把同义词或近义词反复叠加，表达鲜明、强烈的情感，追求一种奇特、夸张的效果。

你懂的

"你懂的"一词源于网络论坛，随之演变成网络隐语的代名词。该提法最早作为内容无人问津，后来有人作为标题发布后立刻幽默起来，一发不可收拾。2010年，"你懂的"大红，更成为一切隐语的代名词。

大陆这十年

贰〇壹壹年

吸引全世界目光的出访

一咏三叹话楼市

让权力在阳光下运行

向文化强国进军

太空上演中国大片

吸引全世界目光的出访

（1月18日，中国国家主席胡锦涛开始对美国进行国事访问）

如果说世界上有两个国家的关系最复杂、最密不可分的话，那恐怕就是中国和美国了。

中国和美国，一个是世界上最大的发展中国家，一个是世界上最大的发达国家，一个是有着五千多年历史的东方文明古国，一个是立国只有200多年的西方现代国家。同样幅员辽阔，同样拥有勤劳而智慧的人民，同为联合国安理会常任理事国，同在世界上有着重要影响。历史和现实，都决定了中美关系必然成为世界上最重要，也最引人注目的双边关系之一。中美关系之复杂是很难用一个单一的词来形容。

因此，1月18日至21日胡锦涛主席对美国的国事访问，吸引了全世界的目光。

胡主席的行程安排得很满。18日，参加奥巴马的私人晚宴。19日，参加奥巴马举行的欢迎仪式，进行双边会谈、会晤两国商界领袖，举行联合记者会并接受提问，赴美国国务院参加午宴，参加美方在白宫举行的国宴。20日，在国会山会见美国两党领袖，参加各合作组织的午餐会，飞赴芝加哥并出席晚宴。21日，参观芝加哥孔子学院，参观一家中资汽车零件厂，会见芝加哥华侨领袖。

访美期间，胡锦涛主席同奥巴马总统举行会谈。胡锦涛主席就两国关系未来发展提出5点建议，强调双方要发展求同存异、平等互信的政治关系；深化全面合作、互利共赢的经济关系；开展共同应对挑战的全球伙伴合作；推进人民广泛参与的中美友好事业；建立深入沟通、坦诚对话的高层交往模式。

奥巴马总统完全赞同胡锦涛主席关于进一步发展两国关系的重要意见，表示胡锦涛主席的来访为美中关系发展注入新的强劲动力。奥巴马总统完全同意胡锦涛主席关于加强中美战略互信的意见，高度评价中国几十年内取得的巨大发展，认为这是人类历史上了不起的成就。

两国发表《中美联合声明》，确认中美双方将共同努力，建设相互尊重、互利共赢的中美合作伙伴关系。明确指出，两国将继续致力于推进共同利益，应对21世纪的机遇和挑战。双方再次明确了中美三个联合公报在两国关系中的政治基础作用，重申尊重彼此主权和领土完整，重申对2009年《中美联合声明》的承诺。美方在联合声明中重申奉行一个中国政策、遵守中美三个联合公报的原则。

海外专家和媒体继续发表评论，认为胡锦涛主席访美非常成功，意义重大，纷纷认为这是一次具有深远历史意义的访问。

土耳其智库国际战略研究组织亚太研究中心主任塞尔丘克•乔拉克奥卢表示，胡锦涛访美不仅有利于中美双边关系，也对世界政治和经济产生重要影响。访问有助于创造一个基于合作的国际环境，也有利于缩小东西方的差距。从这层意义上来说，胡锦涛的访问是非常成功的。

坦桑尼亚前驻华大使查尔斯•桑加说，胡锦涛主席此次访美具有重大意义。作为最大的发展中国家和非洲的长期朋友，中国与最大的发达国家美国关系越来越密切。非洲国家对此很受鼓舞。中国是发展中国家的代表，致力于促进世界和平与稳定。

阿拉伯国家联盟原驻华代表处主任穆罕默德•萨基特说，中美关系的新发展顺应了21世纪和平与发展两大主题的潮流。

美国《芝加哥论坛报》发表文章说，胡锦涛此访是一次较为成功的访问，为未来中美关系发展播下了种子，稳定了曾有摩擦的中美关系。

《华尔街日报》报道说，胡锦涛主席和奥巴马总统在会谈中强调两国的共同利益，淡化分歧，这正成为指导美中这一当今世界最重要的双边关系的行为准则。两国领导人都表达了进一步加强两国商业、经济关系的强烈愿望。

芝加哥市长重大活动办公室公共关系与市场部主任辛迪女士说，胡主席对美国的访问相当成功，意义重大，对芝加哥的访问更是令人感到特别兴奋。中国日益崛起，美中两国已经成为最重要的世界大国，尽管两国今后仍会存有一些分歧，但友好合作的发展，不仅对美中有利，也是世界的福音。

俄罗斯《生意人报》的报道指出，中国国家主席对美国的国事访问是"今年关键的地缘政治事件"。

澳大利亚悉尼孔子研究会会长钱启国说，中国国家主席胡锦涛此次访美引起全世界的广泛关注。胡主席访美受到的礼遇高，取得的成果大，产生的影响深，是一次具有深远历史意义的访问。澳华文联主席余俊武说，中国的崛起和胡主席这次成功访美不仅使中美两国受益，而且让千千万万海外侨胞感到振奋。

抚今追昔，回顾一下中美两国关系的发展史还是很有意思的。在双方建交前，两国关系的紧张程度是大家都很熟悉的。我现在还记得自己小的时候（那还是文化大革命时），北京的天安门广场时常就有反美的群众集会。

1978年12月16日，中美两国发表了建交公报，确定正式建立大使级外交关系。双方达成以下协议：一、美国承认中国关于只有一个中国、台湾是中国的一部分的立场，承认中华人民共和国政府是中国的唯一合法政府，在此范围内，美国人民将同台湾人民保持文化、商务和其他非官方关系；二、在中美关系正常化之际，美国政府宣布立即断绝同台湾的"外交关系"，在1979年4月1日以前从台湾和台湾海峡完全撤出美国军事力量和军事设施，并通知台湾当局终止《共同防御条约》（即"断交、废约、撤军"）；三、从1979年1月1日起，中美双方互相承认并建立外交关系。

中美建交以来，中美两国在政治、经济、教育、文化、科技和军事等广泛领域开展了交流与合作。到了2002年，美国是中国第二大贸易合作伙伴，中国是美国的第四大贸易合作伙伴，美国还是中国除香港、台湾以外的最大的外来投资国。美国的市场给中国的经济发展提供了很重要的机遇，美国的投资对中国的产业升级也具有极为重要的意义。两国关系的主要基石已从战略关系转为经贸关系，经贸上的共同利益是将双方紧密联系在一起的一个重要杠杆。

当然，两国交往中也经常出现波折。比如1993年7月，发生了"银河"号事件。20世纪80年代末90年代初，国际风云变幻，中国发生了政治风波，美国制裁中国，中美关系濒临破裂。经过1993年APEC会议期间两国元首的建设性会晤，达成了两国着眼于未来、向前看的共识。此后，1999年5月发生的以美国为首的北约轰炸中国驻南大使馆事件，2001年4月发生的美国侦察机撞毁中国战斗机事件，也都对两国关系造成了冲击。

特别值得注意的是中美关系中的"台湾因素"。1992年，美国政府宣布向台湾出售150架F－16战斗机，严重违反中美"八·一七公报"，两国关系再度恶化。直至1993年11月19日，江泽民主席出席在美国西雅图举行的亚太经济合作组织（APEC）领导人非正式会议期间，才与美国总统克林顿举行了首次正式会晤。1995年5月，美国政府宣布允许李登辉以"私人"名义于当年6月访美,中美关系陷入低谷。

2001年4月25日,李肇星副外长紧急召见美驻华大使普理赫,就美国政府决定向台湾出售价值数十亿美元,包括4艘"基德"级驱逐舰、8艘柴电动力潜艇和12架P-3C反潜巡逻机在内的大批先进武器装备事向美方提出严正交涉和强烈抗议。

其实,中国政府解决台湾问题,一直坚持"和平统一、一国两制"的基本方针,强调"台独"势力的分裂活动是对台海地区稳定和中美关系发展的最大威胁。只要美方恪守一个中国政策和中美三个联合公报,反对"台独",中美两国的关系就不会出现大的波折。

我想,中美两国在许多重要战略领域、全球问题和地区问题上都有着共同的利益。作为世界上最大的发达国家和最大的发展中国家,中美两国关系无论是向前迈还是停滞或倒退,都必然会对世界格局特别是亚太局势产生战略性、全局性的深刻影响。中美关系复杂、多变,但其内涵绝非是用"对手"或"敌人"这类传统概念所能完全涵盖。只要两国领导人谨慎、细致、稳妥地处理两国关系,避免大国冲突造成的灾难性后果,最大限度地超越分歧、寻求共识,中美关系一定会变得更加稳定,更加符合双方利益。

我期待,中美两国人民共同携手,以实际行动创造和平、稳定、互利、互惠的大国关系,同各国人民一道,共享世界美好的明天!

一咏三叹话楼市

（1月26日，国务院常务会议推出八条房地产市场调控措施）

2011年1月26日，国务院常务会议研究部署进一步做好房地产市场调控工作，推出了八条房地产市场调控措施，被称为"新国八条"。

这八条措施是，一是强化规划调控，改善商品房结构。二是加大土地供应调控力度，严格土地管理。三是加强对普通商品住房和经济适用住房价格的调控，保证中低价位、中小户型住房的有效供应。四是完善城镇廉租住房制度，保障最低收入家庭基本住房需求。五是运用税收等经济手段调控房地产市场，特别要加大对房地产交易行为的调节力度。六是加强金融监管。七是切实整顿和规范市场秩序。强化法治，严肃查处违法违规销售行为。八是加强市场监测，完善市场信息披露制度。加强舆论引导，增强政策透明度。

新国八条出台说明了当前国内房地产市场面临的问题太纠结、太严重，过快上涨的房价引起了人民群众的不满，也说明了政府对这些问题有清醒的头脑，并有决心来调整。要化解房价过快上涨问题，重点就在对住房"去投资化""去赚钱效应"，达到挤出房地产泡沫、改善居民基本居住条件的目的。

"安得广厦千万间，大批寒士俱欢颜"。中国人自古以来就讲求安居乐业。以我自己为例。我2000年结婚的时候，深圳的房价还不算太贵。但在全国范围来说，已是最高的了。每平方5000多的价格，对于内地来说也是个天文数字。记得当时父母说，别着急，好好工作，先攒些钱再买，过两年也许房价还能便宜些呢。好在早就定居在深圳的岳父、岳母坚持要买。三室两厅一百三十来平方米的房子花了八十多万。现在看来，真是想都不敢想的好事，同样的地段，买同样的房子都要几百万！可对当时来说，80万也是天文数字了。

说实话，政府以前从来没见制定过这么严厉的政策。调整个人转让住房营业税政策，对个人购买住房不足5年转手交易的，统一按销售收入全额征税。这一条取消了住房营业税优惠，对商品房销售作出限制。在此之前，未满5年的普通住房如果转手交易，采取的是差额征收营业税的方法。新国八条规定，"对贷款购买第二套住房的家庭，首付款比例不低于60%，贷款利率不低于基准利率的1.1倍。"提高首付比例，是对住房贷款需求作出限制。"各直辖市、计划单列市、省会城市和房价过高、上涨过快的城市，在一定时期内，要从严制定和执行住房限购措施。"

这一条，对购买住房作出限制。其实，仔细研究后发现，真正管用的措施是第六条，也就是限制购房的措施。以北京为例，如果一个有北京户口的家庭已经拥有了两套住房，那么今年将没有资格再买房；如果一个家庭没有北京户口，但在北京长期工作，那么只能在京购买一套住房；如果这个家庭既没有北京户口，也没有人在北京长期工作，今年就没有资格在北京购买住房。与2010年的限购政策不同的是，在2010年，不论这个家庭拥有多少套住房，都允许其再购买一套。新国八条则彻底堵住了再次购房的口子。

这些年，大陆的房价为什么高？大家都认为，推手一是地方政府，为了发展经济，把GDP拴在卖地卖房上，廉价征地，高价出售，换取一时的经济增长。再有就是地产商，为了赚取利润，哄抬房价，由于房产利润太诱人，所以国企、私企、外企竞相进军地产，推高地价，加剧了房地产投资的热度。还有炒房者，炒房的成本低，买房有的是零首付（即全额贷款），在这里捞取一桶金后，他们一套接一套，一套连一套，形成产业链。温州就专门形成了"炒楼团"。银行则大力放贷，以换取利润滚滚而来。

由于房价连连上涨，让许许多多的人为此伤透脑筋，买又买不起，不买吧房子的价格天天往上串，像春天里的竹笋一样，一天高过一天。很多人赶紧下手买房，都希望买个低价、卖个高价，都希望小房子换个大房子。一到楼盘销售时，大家通宵排队，竞相交易，人满为患，像押宝赚彩头一样疯狂抢购。房地产交易市场异常火爆，交易量激增，工作人员不得不连夜加班加点的工作。还有的售楼小姐，一年的奖金就可以拿到几百万！真可谓有人欢喜有人忧，有人喜笑有人发愁。

如何看待高房价？我想，一方面，房价上涨说明我们发展了，说明人们的需求增加了，说明城市化加快了，也说明人们的需求在提高。而另一方面，居高不下的房价，看起来是个经济问题，实质上也是政治问题，高房价伤害的是大多数人民群众，尤其是年轻人，他们刚进入社会，为了安居乐业，想方设法买房子，买了房子就透支着他们的未来，人生的幸福会大打折扣。高房价破坏社会公平，少数人侵占多数人的社会资源，浪费社会资源，不利于社会健康的发展，不利于社会的和谐。

政府也看出了这个问题。其实，从新世纪之初，就为稳定房价做了大量工作。2003年4月，央行下发《关于进一步加强房地产信贷业务管理的通知》。规定对购买高档商品房、别墅或第二套以上(含第二套)商品房的借款人，适当提高首付款比例，不再执行优惠住房利率规定。

2004年3月，国土资源部、监察部联合发文，严令各地须在当年8月31日前将协议出让土地中的"遗留问题"处理完毕，否则国土部门有权收回土地，纳入国家土地储备。这被业内人士称为"8·31大限"。

2005年3月，央行决定从即日起调整商业银行自营性个人住房贷款政策，宣布取消住房贷款优惠利率。2005年3月，国务院出台八点意见稳定房价，被称为"国八条"。5月，国务院办公厅发出通知，转发建设部等七部委《关于做好稳定住房价格工作的意见》，要求各地区、把解决房价上涨幅度过快等问题，作为当前加强宏观调控的一项重要任务。2006年4月，央行全面上调各档次贷款利率0.27个百分点，这是央行在加息后短短一年多时间里再次上调利率。2006年5月，国务院出台六点意见稳定房价，被称为"国六条"。

我想，对于普通老百姓来说买房是大事，要慎之又慎，量力而行，要根据自己的购买能力，千万不要头脑发热超出自己所能承受的极限，使生活变得举步维艰，了无生趣。其实房子最终的目的就是人类居住的一个临时的窝，无论怎么炒，无论它多少亿元一套房子，无论它盖得多么富丽堂皇，多么耀眼辉煌，人站起来就那么高，夜里躺下来也是宽不过三尺，长不过七尺，所占的地方也就是那么大。生活中有意义的事情很多，没有房子未必不能拥有幸福。买房是为了什么？当然是为了生活得更幸福。没有了幸福，买房还有什么意义？

不要相信房子只涨不跌的神话，要相信政府不会让房地产泡沫无限膨胀。这些调控措施的出台，目的是调节、压缩房产交易的利润，打压炒房者，炒房没利润自然就炒不起来了，从而遏制房价上行，推动房价健康发展。我想，随着住房的统一登记与管理，利用税收调节房地产市场，国家逐步实现经济转型，GDP逐渐从地产业中削减或退出，房子会回归自然属性，房价也就回归理性了。

　我坚信会有这么一天。

让权力在阳光下运行

（4月14日，科技部成为首个向社会公开三公经费的中央部门）

2011年4月14日，也是一个应该写入史册的日子。这一天，科技部对外公布了《科学技术部2011年部门预算》：用财政拨款支出安排的出国（境）费、车辆购置及运行费、公务接待费三项经费预算为4018.72万元。中华人民共和国科技部成为首个向社会公开三公经费的中央部门。

三公消费，是指政府部门人员在因公出国（境）经费、公务车购置及运行费、公务招待费产生的消费。之前，三公消费不透明滋生一系列问题，引起社会广泛关注。政府部门过高的行政成本，一直为人们所诟病。从表面上看，多支出"三公"经费似乎不如贪污受贿、贪赃枉法那么危害深重，但无论是对干部，还是对社会、对人民所造成的影响都很坏。

为此，在2011年的政府工作报告中，中国政府再次向"三公消费"亮剑："三公"支出原则上"零增长"。财政部则要求，中央预算部门应公开本部门"三公"经费预算。

5月4日，国务院召开常务会议，要求98个中央部门要公开2010年度"三公"经费决算数和2011年"三公"经费预算情况，地方政府及其有关部门要比照中央财政做法，并做好部门预算、"三公"经费等公开工作。

"三公"经费公开，是建设法治政府的要求。法治政府的基本要素之一是公开、透明。只有公开、透明，才能防止公权力滥用，防止政府官员腐败，保障政府的廉政、勤政。让权力在阳光下运行，科技部走出了关键的一步。

"三公"公开是国际惯例。255年前，瑞典就以法律保障国民有权阅读和查询包括财务信息在内的政府任何文件。目前，北欧国家公共部门的一切开支，每一笔经费的去向和每一个公务员的收入财产都是公开的。《联合国反腐败公约》还把政务公开和财产申报制度作为各缔约国的一项共同国际义务。

列宁曾经说："没有公开性而谈民主是很可笑的"。在全球化背景下，政府信息的透明和公开，对国际媒体开放国门，是一个负责任的大国勇于担当的表现，也是大国崛起应有的气度和自信。政府信息公开是展示中国政府良好国际形象的重要途径。也是建设廉洁政府、廉价政府、效能政府的重要内容。

其实，政府是人民的代理人，政府履行的权力来自人民，人民享有政府信息的知情权天经地义。"三公"经费公开，有利于维系人民对政府的信任，消除隔阂，构建和谐关系。现在，政府部门对"三公"经费公开的意义都有了比较清醒的认识，并且迈出了可喜的第一步。

事实上，为提高科学执政、民主执政、依法执政能力，切实保障公民的基本权利，中国政府一直高度重视政务公开工作，不断部署、推动这项工作有序开展。

2002年，党的"十六大"报告明确提出"认真推行政务公开制度"。

2006年1月，作为政府信息公开的一项重要举措，中央人民政府门户网站——中国政府网正式开通运行，各地方政府网站相继建设开通，有力推动了政府信息公开工作。

2008年5月，政府信息公开条例正式施行，涵盖"三公经费"的财政预算报告、决算报告被列为应重点公开的政府信息。

2010年11月，国务院发布关于全面加强法治政府建设的意见，要求坚持以公开为原则，不公开为例外，凡是不涉及国家秘密、商业秘密和个人隐私的政府信息，都要向社会公开。

当然，这仅仅只是第一步，要真正实现"三公"经费公开的目标，切实发挥"三公"经费公开的应有作用，还有很长的路要走。比如说推进"三公"经费公开的制度化和规范化，对公开的范围、广度、深度、方式等，都要有统一的、具体的和规范化的要求。再比如，还要建立"三公"经费公开方面的监督问责制度，对不依法定要求和规定期限、规定范围、规定方式、规定途径公布"三公"经费的部门和地方，要追究直接责任人员的责任，还要追究主要负责人和主管负责人的责任。

截至2011年8月1日，已有90多家中央部门公布了2010年财政拨款开支的"三公"经费支出决算和2011年预算情况。

在老百姓眼中，中央部门公开"三公"经费，也是一个无形的"竞赛"。大家都看在眼里，记在心里，传在网上。比如，大家都说，最早公开决算数据的是中国工程院。7月6日，中国工程院发布2010年三公经费决算数据和2011年"三公经费"预算情况，成为第二个晒"三公经费"的中央部门。其所公布的2010年"三公经费"实际支出数据，是中央部门第一份曝光的"三公经费"决算数据。最详尽也最易懂的是审计署。7月11日，审计署公布2010年"三公经费"决算和2011年"三公经费"预算情况。在已经公布的"三公"账本中，这是最详尽易懂的一份。简明的三行表格和千字左右的说明，让普通人很容易就算出了以下数据：去年一年，审计署因公出国花费617万元，平均每人次近1.68万元；车辆运行费1114.65万元，平均每辆车5.41万元……

　　大家这样评价：重要的第一步，难能可贵；透明政府建设，值得期许！

向文化强国进军

（10月15日，中国共产党十七届六中全会开幕）

终于听到了盼望已久的消息：中国吹响了向文化强国进军的号角。

2011年10月15日至18日，中国共产党第十七届中央委员会第六次全体会议在北京举行。全会审议通过了《中共中央关于深化文化体制改革　推动社会主义文化大发展大繁荣若干重大问题的决定》。这个《决定》认真总结文化改革发展取得的丰硕成果和宝贵经验，明确了文化改革发展的指导思想、重要方针、目标任务、政策举措，是新形势下推进文化改革发展的纲领性文件。

因为自己是中国作家协会的会员，平时在业余时间喜欢创作一些文艺作品，所以怀着激动的心情，找来《决定》认真研读，其中许多"亮点"给我留下十分深刻的印象。比如说，"文化是民族的血脉，是人民的精神家园""物质贫乏不是社会主义，精神空虚也不是社会主义。没有社会主义文化繁荣发展，就没有社会主义现代化""社会主义核心价值体系是兴国之魂，是社会主义先进文化的精髓，决定着中国特色社会主义发展方向""创作生产更多无愧于历史、无愧于时代、无愧于人民的优秀作品，是文化繁荣发展的重要标志""文化引领时代风气之先，是最需要创新的领域"……这些论段多么及时、多么深刻、多么精辟啊！

我想，中央为什么会提出建设文化强国呢？首先，是条件已具备。中国是一个有着五千年悠久历史的文明古国，在历史长河中，世界上许多文化消亡了，许多文明改变了，而中华文化却源远流长。博大精深的中华文化，为世界文明进步作出了重要贡献。英国学者马丁·雅克断言："中国人之所以与众不同，有强烈的自豪感，其根源并不在于近代中国作为一个民族国家的经历，而在于中国作为一个文明古国所拥有的悠久历史"。改革开以来，中国文化建设取得历史性的重大成就，走出了中国特色社会主义文化发展道路，为建设社会主义文化强国创造了条件。另外，中国经济实力和综合国力有了显著提高，已经成为世界第二大经济体，并正在向世界经济强国迈进，迫切需要形成自己的文化优势，建设文化强国。其次，是形势所必须。世界正处在大发展大变革大调整时期，围绕综合国力的全方位竞争更加激烈，谁占领了文化发展制高点，谁就拥有了强大的文化软实力，谁就能在激烈的国际竞争中赢得主动、占得先机。形成与中国国际地位相称的文化软实力和文化影响力，已经到了刻不容缓的地步。

我认为，十七届六中全会具有重大历史意义，是中国文化建设史上的一个标志性的里程碑。

全球形势复杂多变、中国巨轮驶向何方？历史上，我们曾领先于农耕文明，创造了雄视天下的文化。但是，当西方国家借文艺复兴逐渐崛起，中国却陷于文化的保守和落后，错过了第一次产业革命，最终导致了积贫积弱的局面。好在，通过改革开放，中国抓住了第三次产业革命的机遇，实现了工业的崛起和经济的腾飞。

当前，文化越来越成为民族凝聚力和创造力的重要源泉、越来越成为综合国力竞争的重要因素、越来越成为经济社会发展的重要支撑，丰富精神文化生活越来越成为中国人民的热切愿望。

然而，差距是明显的。数据显示，美国文化产业占到整个GDP的1/3，而中国2010年的这个数据仅为2.75%。在世界文化市场上，中国的份额不足4%，而美国占43%！中国缺少以10种以上语言在全球发行1亿册以上的单部文学作品；缺少在全球票房超过3亿美元的电影和动画；缺少连续演出超过10年的优秀演出剧目；缺少在全球具有偶像意义的音乐、电影和演艺明星。

中国政府为建设文化强国，付出了艰辛的努力：2002年11月，中国共产党的十六大作出战略部署，根据社会主义精神文明建设的特点和规律，适应社会主义市场经济发展的要求，推进文化体制改革。

2005年，党中央、国务院出台《关于深化文化体制改革的若干意见》。

2006年，新中国第一个专门部署文化建设的五年发展规划——《国家"十一五"时期文化发展规划纲要》公布。

2009年，中国第一部文化产业专项规划——《文化产业振兴规划》实施。

2010年10月，中国共产党十七届五中全会通过了《中共中央关于制定国民经济和社会发展第十二个五年规划的建议》，对"十二五"时期文化改革发展作出部署。

努力的成效是明显的。2004年至2008年间，中国文化产业增加值年均增长23.3%，比同期GDP年均增速高近5个百分点；2010年，中国文化产业增加值突破1.1万亿元，比上年增长了25.8%。

放眼当今世界，综合国力竞争一个显著的特点，就是文化的地位和作用更加突出，要想在日趋激烈的综合国力竞争中赢得主动，就必须大力弘扬中华文化、扩大中华文化国际影响力，形成与中国国际地位相称的文化软实力。联想到这些年来中国政府和中国人民在文化建设上取得的巨大进步，感到非常高兴和自豪。我平时喜欢看电影，以电影为例，中国的电影年产量由2003年的不到100部上升到2010年的526部，中国成为世界第三大电影生产国和第一大电视剧生产国。票房上亿元的国产电影已频频出现，早就不是什么新闻了。美国的电影大片，也越来越要考虑"中国元素"，动辄就要请个中国演员在大片中露个脸。中华文化正以更加自信的姿态走出去。

十七届六中全会勾勒出的建设社会主义文化强国的辉煌前景，令各界人士深受鼓舞，深感振奋。大家都说，六中全会的召开让文化工作者感到了前所未有的信心。经济的快速发展和社会的显著进步，为中华文化创造了繁荣发展的黄金期。尽管中国建设成为世界文化强国还有很长的路要走，但是中华文化繁荣兴盛的趋势是不可阻挡的！

美联社说，中共十七届六中全会通过了有关提升中国文化影响力的公报。文化越来越成为民族凝聚力和创造力的重要源泉，越来越成为综合国力竞争的重要因素。

日本共同社说，中国希望通过振兴动漫和电影等文化产业来提升软实力，增强中国文化的国际竞争力和影响力。中国提升软实力的目的在于对外宣传中国文化，增进外国人对中国文化的理解，进而提升中国形象。

韩国《京乡新闻》的报道说，中国共产党决定集中发展文化产业，使其与国家的经济地位相适应。报道说，一些中国制造业企业已跻身世界500强，但文化业企业仍然没有世界知名品牌，中国政府决心改变这一局面。

"阿拉伯新闻网"在报道中说，中共十七届六中全会的主题很突出，这是比较智慧的做法，因为文化是一个具有诸多共性的话题，比经济、政治和意识形态等更容易被人们所接受、理解和把握，更容易深入人心，唤起共鸣。

　　肯尼亚内罗毕大学副校长兼孔子学院肯方院长伊萨克·姆贝奇表示，中共十七届六中全会高度重视文化在增强国家凝聚力以及社会、经济发展进程中发挥的作用。他认为，中国文化所包含的珍贵价值和深意十分值得全世界共享。

　　为什么我说中国共产党十七届六中全会具有历史意义？因为金秋季节的这几天，是一个分水岭。从这个分水岭开始，中国向全世界展示出了向文化强国进军的坚定步伐。

太空上演"中国大片"

（11月3日，天宫一号与神舟八号在太空交会对接）

2011年11月3日凌晨，我熬夜看了一场精彩绝伦的大片。大片的导演是中国航天科技工作者，主演是天宫一号与神舟八号，观众是全体彻夜难眠的中国人。

其实，现在对发射卫星等消息已经很淡定了，但是这一次还是激起了我的强烈兴趣。因为，这是中国迈向空间实验室非常重要的一步。

中国人有着最浪漫的太空情结。毛泽东主席写过一首诗，里面有"坐地日行八万里，巡天遥看一千河"的诗句。今天，这诗句变成了现实。

11月3日1时许，我通过电视直播看到，北京航天飞行控制中心飞控大厅灯火如昼。此时此刻，距地球343公里的深邃太空，中国两个航天器——神舟八号无人飞船和天宫一号目标飞行器正在执行首次空间无人交会对接任务。地面的飞控大厅，人们都屏住呼吸，翘首以待。

如果用这次交会对接打一个最贴切的比喻，那这既是一场太空约会，又是一场太空中举行的接力赛。跑道设在了距地面343公里的太空，前面的选手拿着一根绣花针，后面的选手要把一根丝线从针眼里穿过去。而且两位选手都在高速飞行！

中国要建设太空空间站，这是必须要走的一步！尽管技术含量很高，难度很大，也没有外来技术支持（中国曾向某国提出参加国际空间站的建设，遭到拒绝），但中国人自力更生地向着既定目标扎实推进。

1992年，中国载人航天三步走战略制定。着眼于战略第二步——突破交会对接技术，研制目标飞行器的方案写入了载人航天发展规划中。

2006年，科研人员给"目标飞行器"起了一个极具中国特色的名字：天宫一号。

2009年底，天宫一号进入正样研制阶段。

2011年6月29日，天宫一号目标飞行器通过出厂评审，被运至酒泉卫星发射中心。

9月29日21时16分，在长征2F火箭的托举下，天宫一号向着300多公里外的浩瀚太空飞去。

11月1日，神舟八号发射升空，在地面指令引导下，经过5次变轨控制，于11月2日23时08分飞抵天宫一号后下方约52公里处，转入自主控制飞行状态。

开始的时候，我以为电视直播会用模拟动画加解说，没想到这次是实时信号直播，反映了中国科技的巨大进步和航天人的自信。

北京飞控中心大屏幕上，显示着神舟八号向天宫一号逐步靠近的三维动画和航天器自带摄录设备拍摄的实时图像。

随着调度自主控制口令的发出，此时，两个大厅前方大屏幕上，从左至右分为三个区域。中间最大的区域，是两个飞行器交会对接过程的实时模拟三维动画。在左下角，显示着天宫一号和神舟八号飞控计划。右侧区域则是一副巨大的世界地图，显示两个飞行器的当前位置、飞行轨迹，以及地基、海基、空基测控站测控范围等信息。

大屏幕上，天宫一号、神八飞船一前一后，像两个如约而来的恋人，开始寻找心上人所在的位置。

近了，更近了！我感到有些紧张，头上都有了汗。天宫一号、神舟八号在太空慢慢靠近，非常清晰，非常直观，使我仿佛身临其境。

此时，天宫一号、神舟八号掠过中国青海一带。3米、2米、1米，终于，对接环接触了，对接锁紧完成。神舟八号对接机构上的3把捕获锁与天宫一号对接机构上的3个卡板器咬合后，实现对接机构捕获。经过捕获、缓冲、拉回、锁紧4个步骤，大屏幕上，两个圆形的对接机构缓缓旋转紧紧地扣在了一起。1时36分，扩音器里传来："天宫一号、神舟八号对接机构锁紧，转组合体飞行，交会对接完成！"话音刚落，飞控大厅已被长时间不息的掌声淹没。成功首次交会对接，神舟八号飞船和天宫一号目标飞行器组合体以优美的姿态飞翔在茫茫太空。

这一刻，开启了中国载人航天又一个历史性的新纪元。整个对接过程非常完美，就像在看一部精彩的科幻电影一样，每一步，都在导演的精确掌握之中，这是中国人导演的一部极为精彩的大片！

8分钟。从接触到最后的锁紧，仅用了8分钟。这8分钟背后，是参与交会对接任务的科研人员5个年头的心血，它标志着中国在突破和掌握空间交会对接技术上迈出了重要一步，是中国载人航天取得的重大新突破。

欧洲航天局国际关系部官员卡尔·博格奎斯特对中国天宫一号与神八飞船交会对接圆满成功表示祝贺。他说，这是中国载人航天发展史上的重要一步，将为中国进一步提高载人航天水平提供宝贵经验。

美国太空政策专家、海军军事学院教授弗里兹认为，在太空能力方面，中国已位居顶级航天国家之列。

俄罗斯航天署主办的《航天新闻》杂志的评论员伊戈尔·利索夫表

示，此次交会对接试验顺利结束，标志着中国的载人航天事业顺利实现"跨越性"发展。开展载人航天是一个国家强大综合实力的体现。同其他国家相比，中国载人航天的发展速度让世界瞩目。

英国《自然》杂志刊登文章赞扬中国在航天领域取得新成就，认为完成对接是一个"里程碑"事件，并认为中国的航天机构可以很好地整合太空探索所涉及的各方面资源，有力推动中国航天事业向前发展。而中国经济的不断增长，是加强航天研究的坚实后盾。

俄罗斯的利索夫说，中国具备强大经济实力，并在航天器交会对接等技术上取得快速进步，这些都预示着中国将为人类探索太空作出更大贡献。

这是一场浪漫又危险的相会：高速运行的两个庞大的飞行器在太空"牵手"，这是中国载人航天工程完成的首次空间交会对接试验！如果有奖项，我愿意给这部大片颁发一个"太空奥斯卡奖"！

2011年中国大事记

一月

1日，中国"十二五"规划正式开始实施。北京市政府发布规定以无偿摇号方式分配购车指标，2011年小客车总量额度指标为24万辆。

9日，应中国国务委员兼国防部长梁光烈邀请，美国国防部长罗伯特·盖茨对中国进行正式访问。

11日，中国的新一代隐形战斗机——歼20试飞成功。

14日，2010年度国家科学技术奖励大会在北京人民大会堂举行。中科院院士、中国工程院院士师昌绪和中国工程院院士王振义获2010年度国家最高科学技术奖。

18日，中国国家主席胡锦涛访问美国，并与奥巴马总统举行元首峰会。

二月

1日，《商品房屋租赁管理办法》开始施行。

10日，国务院在京召开全国粮食生产电视电话会议。

三月

10日，中国云南省盈江县发生5.9级地震，25人遇难，250人受伤。

28日，中国西藏自治区各族各界干部群众欢庆"西藏百万农奴解放纪念日"。

四月

15日，博鳌亚洲论坛2011年年会在海南博鳌开幕。

17日，一级方程式（F1）中国大奖赛举行。

21日，2011上海国际汽车展开幕，规模将超过20万平方米。

24日，清华大学百年校庆。

28日，国家统计局局长马建堂宣布，第六次人口普查数据显示，全国总人口为1370536875人；城镇人口为66557万人，占总人口的49.68%，乡村人口为67415万人，占50.32%。

28日至10月22日，2011年世界园艺博览会在西安举行。

五月

20日至26日，应中共中央总书记、国家主席胡锦涛的邀请，朝鲜劳动党总书记、国防委员会委员长金正日对我国进行非正式访问，并在北京、黑龙江、吉林、江苏参观考察。

22日，第四次中日韩领导人会议在东京举行。

六月

4日，在2011年法国网球公开赛中，我国选手李娜以2-0战胜意大利选手斯齐亚沃尼获得女单冠军，这是我国也是亚洲运动员第一次获得四大满贯女单冠军。李娜世界排名也来到了第四，平了日本选手伊达公子的亚洲女子最好成绩。

11日，第三届海峡论坛在厦门国际会展中心开幕。

15日，上合组织成员国元首理事会第十一次会议在哈萨克斯坦首都阿斯塔纳举行。

19日，中国国家主席胡锦涛十年来首次访问乌克兰。

30日，京沪高铁通车。

七月

2日，中海油渤海蓬莱19－3油田发生溢油事故被披露。

17日，以中共中央政治局常委、国家副主席、中央军委副主席习近平为团长的中央代表团出席西藏和平解放60周年庆祝活动。

23日，北京至福州的D301次列车在行驶至温州双屿路段时，与杭州开往福州的D3115次列车追尾，D301次列车4节车厢从高架桥上掉落，造成39人死亡、192人受伤。

23日，厦门远华特大走私案首要犯罪嫌疑人赖昌星被加拿大有关司法部门遣返回国。

27日，中国国防部首次证实目前正在利用一艘废旧航空母舰平台进行改造，用于科研试验和训练。

31日，第14届国际泳联世界锦标赛闭幕。中国小将孙杨在男子1500米自由泳比赛中获得冠军并打破世界纪录，成绩为14分34秒14。

八月

10日，中国第一艘航母出海试航。

12日至22日，第26届世界大学生运动会在中国深圳举行。

18日，"蛟龙"号深海载人潜水器，完成5000米级海试回国。

23日，第十届中国互联网大会在北京开幕。

九月

1日，按照《非金融机构支付服务管理办法》规定，包括第三方支付在内的非金融机构须在2011年9月1日前申领《支付业务许可证》，逾期未能取得许可证者将被禁止继续从事支付业务。

12日，2011年世界设计大会将在台北市举办。

9月至次年4月，第八届中国国际园林博览会在重庆举行，主题为"园林，让城市更加美好"。

十月

10日，辛亥革命100周年。

21日，第八届中国—东盟博览会在南宁举行。重点主题为"环保合作"，主题国为马来西亚。

十一月

11日，中国加入世界贸易组织10周年。

十二月

10日，中国台湾地区将举行第八届立法机构民意代表选举。

本月，香港添马舰发展工程竣工，香港新特区政府总部及立法会大楼启用。

2011年的世界

2月，埃及开罗的解放广场前，数以千计的反政府抗议者聚集在一起，要求结束穆巴拉克长达30年的统治。

2月23日，希腊雅典约三万名民众上街游行，指责政府决定减少工资和养老金以及增加税收来应对债务问题，警察随后与示威者爆发武力冲突。

3月11日，一场里氏9.0的大地震袭击了日本，这也是迄今日本发生的震级最大的地震，引发了大规模海啸，导致福岛县两座核电站反应堆发生故障，其中第一核电站一座反应堆震后异常导致核蒸汽泄漏。

3月20日，在利比亚，效忠领导人卡扎菲的武装车队遭遇联军空袭。长达数月的利比亚冲突最终演变为内战，战火席卷全国。北约控制了利比亚领空并为反对派提供掩护。

5月2日，美国总统奥巴马正式宣布击毙本·拉登后，大批民众聚集在一起进行庆祝。

6月5日，智利中南部的普耶韦—考登·加里火山爆发，火山灰云腾起近万米高。

7月9日，南苏丹人民共和国宣告成立，成为世界上最年轻的国家，也是联合国第193个成员。

7月22日，挪威首都奥斯陆发生连环爆炸案，包括挪威总理斯托尔滕贝格办公室在内的多幢政府大楼遭受炸弹袭击。

10月5日，苹果公司创办人之一乔布斯去世。

11月26日，美国宇航局研发的火星探测器"好奇者"号发射成功。

12月16日，美军撤离伊拉克境内的最后一个基地。至此，美国已经全部从伊拉克撤军。

12月19日，朝鲜最高领导人金正日去世。

十年流行色之十：2011年大陆流行语

亲

"亲"是"亲爱的"的简称。"亲爱的"是一百多年前为了翻译西方语言而"新"造的，用作名词和形容词，大体上跟英语的dear和darling相对应。几年前，"亲"曾在某些群体的小范围中露面；随后进入淘宝网的交易平台："亲，快来抢购哦！""亲，包邮哦！"于是"亲，×××"风行起来，人们称之为"淘宝体"。跟"亲爱的"相比较，"亲"显得简洁，也屏蔽了"爱"字的暧昧色彩，亲切感却有增无减。

伤不起

最初在校内网上以文章标题的形式出现，如"这样的×××你伤不起"，被称为"校内体"，影响并不大。2011年"伤不起"火爆起来，和网络上的一篇题为"学法语的人你伤不起啊！"的帖子有关。这个帖子历数学习法语所遇到的种种困难，种种无奈，并且几乎每句话都以"啊"结尾，后面还有一个接一个的感叹号，人称"咆哮体"。随着该帖大热，"伤不起"成了热词，"×××，你伤不起啊"也成了热门句式。

Hold住

2011年8月9日台湾中天电视综合台的一档综艺节目中，女大学生谢依霖以夸张另类的造型、英汉混杂的台词、扭捏怪诞的举止亮相，陈说在一个时尚场合如何处变不惊，提醒自己不能慌乱，要"hold住"整个场面。7分钟的节目引起巨大的反响，于是"hold住"迅即成为海峡两岸的流行语。"Hold"指掌控、把握、维持，"hold住"便是掌控住、保持住、管住、抓住之类的意思。

我反正信了

2011年7月23日，在温州附近发生一起两列动车追尾的重特大交通事故，40人遇难，191人受伤。抢救中有关人员曾把一辆车的车头掩埋于地下。有媒体记者询问原因，铁道部新闻发言人回答：现场有一个泥塘，影响施救工作，把车头埋于其中是为了便于抢救，"至于你信不信，（停顿）我反正信了"。他的话立即引来一片质疑。此后，"我反正信了"被广泛使用，其含义有三：第一，真信，如铁道部那位新闻发言人所说的；第二，说反话，真不信，如"房价是百姓可以接受的，我反正信了"；第三，无厘头的搞笑，指自己说的压根就是一个笑话，如"奥巴马是中国人，我反正信了"。

坑爹

"坑爹"原是骂人的话。在北方某些方言中，"坑"有欺骗、欺诈的意思，"爹"指老子，即父亲。"坑爹"的字面意思便是"欺骗老子"。连老子都敢欺骗，胆子也忒大了。"坑爹"表达的是一种强烈的愤慨。在流传中，"坑爹"还常用于责备、批评或讽刺、挖苦。如果说话人是女性，有时会把"坑爹"调整为"坑娘"。

卖萌

"卖萌"的"萌"，是从日语中借过来的。日本的动漫爱好者用"萌"形容非常喜好的事物，特别是动漫中的美少女。"萌"进入汉语以后，有了可爱、性感、讨人喜欢的新义项。可以说"萌少女""萌女郎"等。"卖萌"的"卖"，不是出卖，而是显摆、展露。"卖萌"的意思是装可爱、扮嫩、撒娇，一般具有调侃色彩。

吐槽

来源于日语，引申指给人难堪、抬扛、掀老底、拆台，多用于嘲笑、讥讽、抱怨，甚至谩骂。当前，主要有两种用法：一是揭人家老底——批评别人；二是揭自己老底——表述心声。

气场

"气场"本指环绕在人体周围的能量场，能显示出一个人的整体状态，包括健康、心理及修为等等。美国心灵励志大师皮克·菲尔著有一本谈比尔·盖茨、奥巴马等世界名人超凡魅力的书，此书引进中国后书名被译成了"气场"。"气场"于是流行开来，指由气质、学识、修养等等的综合表现而形成的超凡魅力。具有强大"气场"的人必定富有吸引力和影响力。本年度的新闻人物报道，流行拿"气场"说事。

悲催

"悲催"是个形容词，形容失意、伤心、难过、哀痛、丧失信心等，由短语"悲惨得催人泪下"缩略而成。从短语的字面上看，似乎"悲"的程度很高；其实不完全如此，常常带有或多或少的调侃或宣泄的意味。

忐忑

龚琳娜演唱的《忐忑》风靡一时。这首歌没有明确的意思，全是让人听不明白的"咳咿呀咿呦……"，但在演唱者眉飞色舞、幽默搞怪的夸张表演下，广大听众为之着迷。《忐忑》被人们戏称为"神曲"，从年过花甲的老太太到年仅几岁的小弟弟都竞相模仿着歌唱，连大牌歌星王菲也不例外。"忐忑"这个词于是火了起来，用法也得到了进一步丰富。本来是形容词，当下又演变出动词（如"忐忑了整整一天"）、名词（如"结束忐忑"）的用法来。

大陆这十年

"蛟龙"入深海

（6月27日，"蛟龙"号载人潜水器最大下潜深度达到7062米）

　　"陆上猛虎，海上蛟龙"，这是中国人形容陆地上、海洋里两种最猛动物的口头禅。2012年6月27日，中国"蛟龙"号载人潜水器在太平洋马里亚纳海沟区域进行的7000米级海域的六次下潜试验中，最大下潜深度达到7062米。

　　就在"蛟龙"号缓缓下潜突破7000米时，一个新的历史时刻诞生了。这个历史时刻，使47年前毛泽东主席在《水调歌头·重上井冈山》中所说的"可下五洋捉鳖"的预言变为现实。

　　这个历史时刻，是另一个历史时刻的延续。此前两天，神舟九号飞船发射升空，并完成了与天宫一号的首次载人空间交会对接。从浩瀚太空到苍茫洋底，中国高新技术的成就令每一个中华儿女心花怒放。

　　这个历史时刻的每一分每一秒，都值得书写。

　　5点18分，蛟龙号顺利布放入水。5点29分，蛟龙号开始下潜，以每分钟41米的速度往海底前行。8点39分，蛟龙号完成第一组抛载，几分钟之后在7009米水深成功坐底。

　　9点50分，蛟龙号下潜深度再创历史，达到7059米。11点47分左右，达到了7062.68米。这是目前同类潜水器到达的最大深度！

　　在达到这个历史性的深度后，蛟龙号还进行了一系列的海底科学试验：在7062米海底取得了3个水样，2个沉积物样品和1个生物样品，完成了标志物布放，进行了潜水器定高、测深侧扫和重心调节试验。还利用诱饵吸引了很多生物过来，抓拍了大量照片和视频。

12点左右，蛟龙号开始上浮。下午四点多，返回母船。想必大家在电视上都看到了蛟龙号的外形，现在让我们了解一下它的数字描述：它的长、宽、高分别是8.2米、3.0米与3.4米，空重不超过22吨，最大荷载是240公斤。最大速度为每小时25海里，巡航每小时1海里。

在探索海底的进程中，世界上可谓强手如林。在此之前，世界上有美国、日本、法国、俄罗斯四个国家拥有载人深潜器。美国是较早开展载人深潜的国家之一。1964年，建造的阿尔文号载人潜水器可以下潜到4500米的深海。1985年，法国研制成的"鹦鹉螺"号潜水器最大下潜深度6000米，共下潜1500多次，完成过深海海底生态等调查搜索任务。1987年，俄罗斯建成"和平一号"和"和平二号"6000米级潜水器。目前，俄罗斯是拥有载人潜水器最多的国家。1989年，日本建成了下潜深度为6500米的深海6500潜水器，水下作业时间8小时，曾创纪录下潜到6527米深的海底。

这个历史时刻的意义在于，它标志着中国具备了载人到达全球99%以上海洋深处进行作业的能力，也标志着中国海底载人科学研究和资源勘探能力达到国际领先水平。

据俄罗斯媒体称，"蛟龙"号潜水器装有先进的水声通信和海底微貌探测仪器，可高速传输图像和语音，甚至探测海底的微小目标。这就意味着，"蛟龙"号的深海运行与作业，能完成水下各种矿产资源，海底地质、地貌，乃至水文洋流等的科学探测、考察与传输。

一些国家还揣测"蛟龙"号可以用于其他用途。《日本时报》的文章称，"蛟龙"据称能为解放军海军和国家安全机构执行关键的任务。德国媒体认为，"蛟龙"号就像海洋深处的狩猎者，中国日益活跃的"探海"活动将掀起一场海底资源战。

当然，这些都只是从自己的角度出发的揣测而已。

中国还有下一步的计划。2012年5月底，中国深海空间技术研发部门首次向公众展示了他们最新研制成功的中国深海空间工作站系统。"蛟龙"号载人深潜器虽然能潜入7000米的海底，但乘载的人数较少、工作时间短，科学试验性强。而深海空间站可以让12人的科研团队在1500米以下的海底逗留数十天。该工作站研制成功后，可为中国深水油气田开发、海洋观测网络建设与运行维护、海洋科学研究提供深海作业装备。目前，中国正在加快构建深海基地，将完成包括深潜器和母船停靠码头在内的一期工程建设，中国将成为继俄罗斯、美国、法国和日本之后世界上第五个拥有深海技术支撑基地的国家。到了那时，试验母船和"蛟龙"号载人潜水器将在深海基地"安家落户"。

深海高新技术是海洋开发和海洋技术发展的最前沿与制高点，也是目前世界高科技发展的方向之一。有人认为，蛟龙号深潜所带来的深远影响和战略意义，不亚于神九升天。我国管辖海域内已探明的石油蕴藏量约在200亿吨以上，其中相当多的一部分蕴藏在深海，需要高新技术和设施加强其开发。

实力决定话语权。"蛟龙"号3000米级海试成功后，中国开始陆续收到国外同行的邀请，参观了"鹦鹉螺"号、"阿尔文"号等世界知名潜水器。日本"深海6500"潜水器下水20周年庆祝活动上，唯一受邀参加的两名国际专家中，就有一名来自中国"蛟龙"号。

中国蛟龙号深海载人潜水器从起步到创造历史时刻的下潜7000米，只用了不过短短的10年时间，为中华民族赢得了荣誉。但是，与美国等强国深潜技术相比，中国的差距还不小。

我们肩上有责任，胸中有激情。我们仍然任重而道远！

庄严的宣示

（9月10日，中国政府发表关于钓鱼岛及其附属岛屿领海基线的声明）

2012年9月10日晚上，我像往常一样，在办公室里收看中央电视台的新闻联播节目。"中国政府发表关于钓鱼岛及其附属岛屿领海基线的声明"这一消息，让我和同事们都深感振奋。

钓鱼岛及其附属岛屿位于我国台湾省基隆市东北约92海里的东海海域，主要由钓鱼岛、黄尾屿、赤尾屿、南小岛和北小岛及一些礁石组成。钓鱼岛及其附属岛屿自古以来就是中国的神圣领土。钓鱼岛等岛屿是中国人最早发现、命名和利用的，中国渔民历来在这些岛屿及其附近海域从事生产活动。

早在明朝，钓鱼岛等岛屿就已经纳入中国海防管辖范围，是中国台湾的附属岛屿。

而日本当局竟然置历史与法理于不顾，采取所谓钓鱼岛"国有化"措施，这当然会激起中国人民的愤怒和中国政府的有力应对。

领海基线的确定是按照正常基线、直线基线或者混合基线的方式来确定的。在钓鱼岛以及附属岛屿群的情形下，中国采取了直线基线的原则，即以钓鱼岛及其附属岛屿这一体系中的一部分岛屿为基准点（基点），将相邻基点以直线相连，因此形成以折线组成的封闭环线，这就是中国关于钓鱼岛以及附属岛屿的领海基线。这种做法完全依照《联合国海洋法公约》划出，具有科学、精准性。

中国政府发表关于钓鱼岛及其附属岛屿领海基线的声明，旨在昭告中国在这一区域不同海区的权益，彰显中国维护相关权益的国家责任，并要求国际社会在上述区域尊重中国的主权。

1895年，日本在甲午战争末期，趁清政府败局已定，非法窃取钓鱼岛及其附属岛屿。随后，日本强迫清政府签订不平等的《马关条约》，割让"台湾全岛及所有附属各岛屿"。第二次世界大战结束后，根据《开罗宣言》和《波茨坦公告》，中国收回日本侵占的台湾、澎湖列岛等领土，钓鱼岛及其附属岛屿在国际法上业已回归中国。冷战期间，美国出于全球谋霸的战略考虑，非法控制中国钓鱼岛，并在上世纪70年代初擅自将中国钓鱼岛以及附属岛屿私相交与日本当局"施政"。中国政府对日、美这种私相授受中国领土的做法从一开始就坚决反对，不予承认。

1972年中日邦交正常化和1978年缔结和平友好条约谈判过程中，两国老一辈领导人着眼大局，就"钓鱼岛问题放一放，留待以后解决"达成重要谅解和共识。

作为对日方所谓将钓鱼岛以及附属岛屿"国有化"的反制，中国随即宣布将钓鱼岛地区纳入国家海域动态监测管理系统。9月11日起，中国中央电视台开始了播发钓鱼岛附近海域的海洋环境预报。

我们还欣喜地看到，中国政府对钓鱼岛以及附属岛屿地区进行了常态性的海面与空中巡航管理。

9月25日，中华人民共和国国务院新闻办公室发表《钓鱼岛是中国的固有领土》白皮书指出，钓鱼岛及其附属岛屿是中国领土不可分割的一部分。

白皮书指出，不论中国中央政府还是台湾地方当局，在对日本右翼分子在钓鱼岛设置灯塔、日本政府将灯塔"收归国有"和从所谓钓鱼岛土地民间拥有者手中有偿"租借"，以及日本政府向联合国提交标注有钓鱼岛领海基线的海图等官方行为和官方支持的民间活动，都进行了抗议，特别是外交抗议。日本对钓鱼岛的非法侵占，不论时间长短，都不能取得合法的权利。

一直以来，钓鱼岛问题受到港澳同胞、台湾同胞和海外侨胞的共同关注。钓鱼岛自古以来就是中国的固有领土，这是全体中华儿女的共同立场。中华民族在维护国家主权和领土完整问题上有着坚定的决心。两岸同胞在民族大义面前，在共同维护民族利益和尊严方面，是一致的。港澳台同胞和海内外广大华侨华人纷纷开展各种形式的活动，维护钓鱼岛领土主权，强烈表达了中华儿女的正义立场，向世界展示了中华民族爱好和平、维护国家主权、捍卫领土完整的决心和意志。

中国各界人士认为白皮书的发布适逢其时，切中要害，庄严正大。有日本问题专家表示，钓鱼岛问题最近在国内、国际社会都引起很大关注，此次白皮书的发布表明了中国政府对钓鱼岛问题的一贯立场，将钓鱼岛问题的历史、地理、法理问题进行了更加系统的阐述，进一步揭示了钓鱼岛及其附属岛屿自古以来就是中国不可分割的固有领土，史料翔实、证据确凿。有学者表示，这份白皮书对日本当局的相关谬论是有力的回击。

国际舆论对白皮书高度关注。蒙古国《蒙古消息报》总编辑巴特说，中国政府关于钓鱼岛问题的白皮书有力地阐明了钓鱼岛自明朝以来就是中国领土的事实，而日本对钓鱼岛的主张是站不住脚的。美国休斯敦大学副教授李坚强表示，白皮书以强有力的历史数据说明中国对钓鱼岛拥有无可争辩的主权。钓鱼岛从来就不是日本的一部分，日本获取钓鱼岛的管理权是非法的。他认为，美国将钓鱼岛置于《美日安保条约》之下是非法的，这违反了要求日本归还窃取的中国领土的《开罗宣言》和《波茨坦公告》。允许日本窃取钓鱼岛无疑会鼓励日本右翼分子和极端军国主义派别进行冒险。支持日本对钓鱼岛的所谓拥有权不符合维护一个和平与稳定的东亚的利益。墨西哥前驻华大使李子文表示，日本政府的一些做法令人感到担忧。日本通过买岛占据钓鱼岛的方式是很荒谬的，岛屿的主权本来就不是通过这种方式划分的。中日双方应该坐下来谈判，通过对话解决争端。

我想，中华民族无比珍惜得来不易的和平繁荣和发展，无比珍爱自己国家的每一寸领土、每一寸海域。今天的中国有意志、有能力维护自己的主权与安全。中国既然公布了领海基线，维护中国的领土与领海完整，就成为中国政府与人民的唯一选择！

圆梦航母

（9月25日，中国第一艘航母"辽宁舰"正式交付海军）

中国人民永远难忘这一天：2012年9月25日，我国第一艘航空母舰"辽宁舰"按计划完成建造和试验试航工作，在中国船舶重工集团公司大连造船厂正式交付海军。

9月25日上午，我国第一艘航空母舰"辽宁舰"在中国船舶重工集团公司大连造船厂正式交付海军，中共中央总书记、国家主席、中央军委主席胡锦涛出席交接入列仪式并登舰视察。10时许，交接入列仪式开始，胡锦涛向海军接舰部队授予军旗和命名证书，国家总理温家宝宣读了党中央、国务院、中央军委的贺电。仪式结束后，胡锦涛登上"辽宁舰"，检阅了海军仪仗队。随后，胡锦涛、温家宝等领导人来到飞行甲板和部分舱室，察看舰上设施设备，与官兵交谈，并会见了参与"辽宁舰"建造的科技人员、干部职工和部队官兵代表。

"辽宁舰"全长300多米，宽70多米，从龙骨到桅杆的高度达到60多米；主甲板以下有10层，主甲板以上岛式上层建筑有9层；正常排水量为5万余吨。

中国发展航空母舰，是党中央、国务院、中央军委着眼国家安全和发展全局作出的重大战略决策。第一艘航空母舰顺利交接入列，对于提高我军现代化水平，促进国防科技工业技术进步和能力建设，增强国防实力和综合国力，对于振奋民族精神，激发爱国热情，鼓舞全党全军全国各族人民奋力夺取全面建成小康社会新胜利、开创中国特色社会主义事业新局面，具有重大而深远的意义。

经中央军委批准，中国第一艘航空母舰命名为"中国人民解放军海军辽宁舰"，舷号为"16"。

航空母舰是目前人类所掌握与使用的最先进海上军事平台，被视作一个国家综合国力和海军实力的象征。目前，世界上共有美、英、法、俄等9个国家拥有航母。在联合国安理会5个常任理事国中，中国是唯一没有航母的国家。

2011年7月27日，中国国防部新闻发言人耿雁生宣布，中国正利用一艘废旧的航空母舰平台进行改造，用于科研试验和训练。

中国改造的"瓦良格"号是一艘常规动力航母，由苏联在上世纪80年代开始建造。苏联解体后，建造工程被迫下马。1998年，废旧的"瓦良格"号被中国公司购买，2002年3月抵达中国大连港。专家称，中国对"瓦良格"号航母进行改造，这是海军装备建设新的发展成果，标志着中国没有航母的历史从此结束。中国从改造、恢复一艘废旧的航母起步，从无到有，实现了中国航母"零"的突破。

2011年8月10日，中国航母平台进行首次出海航行试验。据媒体统计，自此后的一年多时间里，中国航母平台先后共十次出海试航，按照既定计划开展了各项科研试验，达成了既定目标。

航母正式交付海军，是中国国防和军队建设取得历史性成就的一个"缩影"。

新中国成立以来，在党中央的领导下，中国的国防和军队建设取得了很大成就。国防科技是衡量一个国家综合国力的重要标志之一，也是国防现代化建设的一个重要方面。在党中央、国务院、中央军委的关怀和领导下，经过60多年的建设和发展，我国的国防科技工业从无到有，从小到大，从落后到先进，建立起了包括电子、船舶、兵器、航空、航天和核能等门类齐全、综合配套的科研实验生产体系，取得了一大批具有国内或国际先进水平的科研成果，为我军现代化建设和增强我国的综合国力作出了重要贡献。

中国军队的武器装备水平实现历史性跨越。新中国成立之初，我军陆军装备大多是从敌人手中缴获的"杂牌"，海、空军装备数量很少，性能也很落后。新中国成立后到上世纪50年代末，通过引进仿制，基本实现了我军武器装备制式化；上世纪60年代到70年代，坚定不移走自力更生之路，成功研制出歼8、强5飞机和导弹、驱逐舰等大批常规武器装备，创造出"两弹一星"的奇迹；上世纪80年代至90年代后期，军队服从服务于国家经济建设大局，装备建设收缩战线，多研制、少生产，有重点地启动一批高新技术武器装备研制，为后续发展奠定了重要基础；上世纪90年代后期以来，我军由半机械化向机械化信息化复合发展转变，武器装备加快发展，形成了以二代装备为主体、三代装备为骨干的现代武器装备体系。现在，中国军队天上有军事卫星、先进战机，地面有新型主战坦克、各种火炮、导弹，海上有先进舰艇、潜艇，可以说西方发达国家拥有的各类装备，中国军队基本都有了，不少装备的性能达到或接近世界先进水平。

中国有了航母，是多么令人骄傲自豪的事情！

人们还沉浸在中国有了航母的喜悦中的时候，2012年11月25日，中国首艘航母"辽宁舰"成功起降歼-15舰载机。这个振奋人心的画面，通过中央电视台传遍了神州大地，舰载机指挥员在起降过程中的手势动作，更是引起中国网友的浓厚兴趣。在媒体报道的图片和视频中，起飞指挥员以半蹲为姿势，右手食指和中指指向飞行甲板前端，代表"允许起飞"信号。该动作要领是"侧屈腿，食指和中指指向飞机起飞方向，其余手指握拳，脸背对起飞方向"。这个被称为"航母Style"的姿势，受到网友的热情追捧和模仿。11月26日，"航母Style"登上了央视新闻联播。新闻联播提到，凌空一指的姿势被网友戏称为"航母Style"。"航母Style"的走红，背后是祖国的日益强大和群众的自豪之情！

盛会绘蓝图

（11月8日至14日，中国共产党第十八次全国代表大会在北京举行）

这是一次世界瞩目的大会。以采访的记者为例，采访大会的中外记者2732人，超出了与会代表2300多人的数量，这是中国共产党代表大会历史上的第一次。

这是一次振奋人心的大会。大会选举出了新的中央委员会。中国领导人的新老交替顺利完成，十八大新老交替的顺利进行再一次表明中共领导层更替有了成熟的制度保障，这是中共十八大的一个重大历史贡献。

这是一次承前启后的大会。中国共产党新的中央领导集体的主要任务是，在未来五年里，团结带领全党全国人民，为实现在2020年全面建成小康社会的宏伟目标而奋力迈进，把民族复兴的历史进程推向一个新的阶段！

十八大离现在太近了。许多场面好像就发生在昨天：收看中央电视台的现场直播，为胡锦涛同志所作报告而鼓掌，为新选举出的领导人而欢呼……

2012年11月8日至14日，中国共产党第十八次全国代表大会在北京举行。来自全国各地的2309名代表和特邀代表，肩负着8260多万党员的重托和全国各族人民的殷切期望出席大会。大会听取和审查十七届中央委员会报告，审查中央纪律检查委员会工作报告，审议通过《中国共产党章程（修正案）》，选举十八届中央委员会和中央纪律检查委员会。

这次大会是在我国进入全面建成小康社会决定性阶段召开的一次十分重要的大会，是一次高举旗帜、继往开来、团结奋进的大会，对凝聚党心军心民心、推动党和国家事业发展具有十分重大的意义。

十八大确定的主题是：高举中国特色社会主义伟大旗帜，以邓小平理论、"三个代表"重要思想、科学发展观为指导，解放思想，改革开放，凝聚力量，攻坚克难，坚定不移沿着中国特色社会主义道路前进，为全面建成小康社会而奋斗。

这个主题，鲜明回答了关系党和国家工作大局的四个核心问题。

一是旗帜。高举中国特色社会主义伟大旗帜，就是强调，要毫不动摇以邓小平理论、"三个代表"重要思想、科学发展观为指导，坚持和发展中国特色社会主义，牢牢把握我国发展进步的正确方向。

二是奋斗目标。为全面建成小康社会而奋斗，就是强调，在未来5年要为到2020年如期实现全面建成小康社会目标打下具有决定性意义的基础。

三是道路。坚定不移沿着中国特色社会主义道路前进，就是强调，必须毫不动摇走党和人民在长期实践中开辟出来的正确道路，不为任何风险所惧，不为任何干扰所惑。

四是精神状态。解放思想，改革开放，凝聚力量，攻坚克难，就是强调，必须毫不动摇推进改革开放，永不僵化、永不停滞，信心百倍战胜前进道路上的一切困难和风险。

十八大会议期间，十八大代表和特邀代表对"两委"人选建议名单进行了审议，反复酝酿，以差额选举方式进行了预选，并于14日上午以无记名投票方式进行正式选举。中共第十八届中央委员会由376名中央委员和候补中央委员组成，新成员中有将近一半为新提名。第十八届中央纪律检查委员会由130名中央纪委委员组成，有超过四分之三为新提名。第十七届中央政治局常委中，习近平和李克强进入了新一届中央委员会。第十七届中央政治局委员中，还有王岐山、刘云山、刘延东、汪洋、张高丽、张德江、俞正声进入了十八届中央委员会。新任军委副主席范长龙、许其亮进入了新一届中央委员会。王岐山在进入新一届中央委员会的同时，还进入了新一届中央纪律检查委员会。

海内外更为关注的"亮点"是，中共中央领导集体顺利实现了新老交替。在党的十八大会议上，胡锦涛同志退出中共中央总书记、中央军委主席职务，把历史的接力棒交给了习近平同志，这是建国63年来最完整的一次交接班，必将成为固定模式延续下去。胡锦涛模范地实践了科学发展观，做到了理论和实践的完美统一。习近平高度评价胡锦涛在交班问题上充分体现了他作为一位马克思主义政治家和战略家的高瞻远瞩、博大胸怀、高风亮节。胡锦涛作为一代领袖楷模必将载入中国共产党的史册。它标志着，中国共产党在完成从革命党向执政党的转变过程中，进一步走向了成熟，人事交替日益制度化、规范化和程序化；这也说明中国共产党的内部十分稳定团结，这是未来中国兴旺发达的重要政治保障。

2012年是世界大选年，有占51%以上人口、占50%以上国民生产总值的国家换届选举。联合国五大理事国有四个国家大选换届。法国与俄罗斯上半年已经选出，中国的总书记与美国的总统同时产生。13亿人口的大国决定党的最高领导人，这是事关中国改革与发展的大事，同世界政治经济局势发展紧密相关。党内外、国内外普遍关心十八大，理所当然。

上一届中共领导人主动退出领导岗位，这创造了新老交替的条件，表现出他们对党对人民高度负责的高风亮节，表明了中国共产党更加成熟、更加坚定。而新选出的年轻领导集体是政治坚定、经验丰富、奋发有为的领导集体。代表们一致认为，新一届中央委员会和中央纪律检查委员会，是一个朝气蓬勃、奋发有为、值得信赖、充满活力的中央领导集体。他们思想政治素质好，工作实绩突出，思想解放，求真务实，熟悉国情，了解世界，具有现代化的理论思维和战略思维能力，善于驾驭复杂局面，为民、务实、清廉，党内外认可程度比较高。

大家关注的第二个"亮点"是，十八大确立了科学发展观的历史地位。科学发展观作为中国共产党集体智慧的结晶，马克思主义中国化的最新成果与马克思列宁主义、毛泽东思想、邓小平理论、"三个代表"重要思想一道确立为党的指导思想行动指南。胡锦涛凝聚全党的智慧提出了科学发展观，这和邓小平强调的发展做到了一脉相承，源于发展又高于发展，科学发展观的提出具有划时代的意义，切中了中国发展过程中的要害。十六大提出发展经济要"又快又好""做大做强"，走的是先发展再治理的路子，这是经济发展的初级阶段。十七大提出发展经济要"又好又快""做强做大"，体现了要走科学发展的道路，这是经济发展的新阶段。科学发展观具有强大的生命力，多年来在理论和实践上都证明了他的正确性。

大家关注的第三个"亮点"是，大会提出了夺取中国特色社会主义新胜利的基本要求，确定了全面建成小康社会和全面深化改革开放的目标，对新的时代条件下推进中国特色社会主义事业作出了全面部署，对全面提高党的建设科学化水平提出了明确要求，特别是把先进性建设和纯洁性建设列入党的建设的主线，这是对反腐倡廉的一个正面表述，表明了党治理和反对腐败的坚强决心，反腐倡廉充满了新希望！

连日来，全球主流媒体都在热切关注中共十八大，在显著位置报道十八大。英国《泰晤士报》在一篇社论中表示，中共十八大无疑是今年全世界召开的最重要的政治会议。新加坡《联合早报》评论说，中共党员的人数相当于德国人口总数。"这样庞大而团结的政治先锋是人类历史上前所未有的，中国未来的希望都寄托在他们身上。"巴西中国和亚太问题研究所所长塞韦里诺•卡布拉尔认为，中共十八大的召开是全球关注的重大事件，这次会议不仅关系到中国未来十年的发展，而且也将对世界未来的走向产生重大影响。

从十六大到十八大，这十年，中国发生了多么巨大的进步和改变啊！中国成功成为世界第二大经济体，建成世界上运行里程最长的高铁，神舟飞船成功发射和回收，银河超级计算机研制成功，启动探月工程，实现神舟和天宫的交会对接，蛟龙号深潜超过7000米，航空母舰成功交付海军，举办了无与伦比的奥运会……

一代代中国共产党的领导集体带领全党和全国各族人民在民族复兴的道路上一步步"站起来""富起来""强起来"！从中华民族复兴的大视角看，中国共产党的十八大不仅指明了中国未来前行的道路，也回应了中国共产党作为执政党未来引领中国发展在国际社会中所面临的挑战。

中国共产党的新一任总书记习近平在首次媒体见面会上说："人们对美好生活的向往，就是我们的奋斗目标"。是啊，我们还有"中国梦"，还要真正实现中华民族的伟大复兴！我们坚信，"中国梦"是全国人民共同的梦，这个梦一定能够实现！

2012年中国大事记

一月

14日，台湾地区领导人选举投票结束，中国国民党候选人马英九、吴敦义获胜。

二月

20日，国务院正式批复《西部大开发"十二五"规划》。

三月

5日至14日，十一届全国人大五次会议在北京举行。

25日，梁振英当选香港特别行政区第四任行政长官人选。

四月

10日，中共中央决定对薄熙来同志严重违纪问题立案调查。

19日，国家海洋局公布实施《全国海岛保护规划》。这是中国第一次针对海岛出台规划。

27日，十一届全国人大常委会第二十六次会议表决通过了《中华人民共和国军人保险法》。

30日，我国在西昌卫星发射中心成功发射两颗北斗导航卫星。

五月

9日，我国首座自主设计、建造的第六代深水半潜式钻井平台"海洋石油981"的钻头在南海荔湾6-1区域约1500米深的水下探入地层，标志着我国海洋石油工业"深水战略"迈出实质性的一步。

23日，纪念毛泽东《在延安文艺座谈会上的讲话》发表70周年座谈会在北京举行。

25日，深圳市土地管理制度改革综合试点启动。

六月

16日，神舟九号飞船成功发射。

21日，国务院批准设立地级三沙市。

30日，"蛟龙"号载人潜水器7000米级海试取得圆满成功。

七月

1日，庆祝香港回归祖国十五周年大会暨香港特别行政区第四届政府就职典礼在香港举行。

21日，北京遭遇特大暴雨山洪泥石流灾害，遇难人数达79人。

23日，省部级主要领导干部专题研讨班开班式在北京举行。中共中央总书记、国家主席、中央军委主席胡锦涛发表重要讲话。

24日，中共中央政治局常委、中央书记处书记、国家副主席习近平在省部级主要领导干部专题研讨班结业式上作总结讲话。

八月

9日，海峡两岸关系协会会长陈云林与台湾海峡交流基金会董事长江丙坤在台北举行两会恢复协商以来的第八次会谈，签署了《海峡两岸投资保护和促进协议》及《海峡两岸海关合作协议》。

九月

7日，地处云南省东北部的昭通市彝良县连续发生两次五级以上的地震。

10日，中国政府发表关于钓鱼岛及其附属岛屿领海基线的声明。

25日，我国第一艘航母辽宁舰按计划完成建造和试验试航工作后，正式交接入列。

十月

8日，中国共产党第十八次全国代表大会在京召开。

11日，中国作家莫言获诺贝尔文学奖。

2012年的世界

1月1日，欧盟开始征收国际航空碳排放税。

1月13日，标准普尔宣布下调法国等9个欧元区国家的长期主权信用评级。

1月25日至29日，第42届世界经济论坛年会在瑞士达沃斯召开。

2月7日至17日，由美国和泰国主导的第三十一次"金色眼镜蛇"联合军演在泰国举行。

3月26日至27日，第二届核安全峰会韩国首尔举行，中国国家主席胡锦涛出席并发表重要讲话。

3月28日至29日，金砖国家领导人第四次会晤在印度首都新德里举行。

4月13日，朝鲜发射了首颗应用卫星"光明星三号"，但卫星没有进入预定轨道。

4月19日，印度试射了自主研制的、射程5000公里并可携带多枚核弹头的烈火-5型中程弹道导弹。

5月6日，奥朗德当选新一任法国总统。

5月7日，俄罗斯新一届总统普京宣誓就任。

7月23日至8月12日，第30届夏季奥林匹克运动会在伦敦举行。

8月6日，美国好奇号火星车在火星表面着陆。

10月12日，诺贝尔和平奖揭晓，欧盟获得和平奖。

11月6日，美国总统奥巴马在大选中获胜。

十年流行色之十一：2012年大陆流行语

正能量

指的是一种健康乐观、积极向上的动力和情感。当下，人们为所有积极的、健康的、催人奋进的、给人力量的、充满希望的人和事，贴上"正能量"标签。

元芳，你怎么看？

出自电视剧《神探狄仁杰》。狄仁杰遇到案情难解之处，时常会问副手李元芳："元芳，你怎么看？"而李元芳的回答通常都是："大人，此事蹊跷，背后隐藏着一个惊天的阴谋。"该句式于是迅速流行，人们多将它缀于某个句子或语段的末尾，表达某种质疑、嘲讽或公开征询看法。

舌尖上

2012年中央电视台播出纪录片《舌尖上的中国》，展示了中国各地的美食生态和丰富多彩的饮食文化，引起广泛关注。此纪录片的走红，使得"舌尖上"也受到了人们的青睐，俨然成了饮食文化的"代言人"。

躺着也中枪

一般而言，枪战中如果躺在地上，中枪的概率是最低的。"躺着也中枪"于是用来形容无缘无故地受到牵连，或被卷进是非。出自周星驰电影《逃学威龙》中的一句台词。剧中双方激烈打斗，某人装死，另一人向地上发了一枪，正中装死的人，装死的人叫道"我靠！躺着都能中枪！"现在也有人使用缩略形式"躺中""躺枪"，还有人干脆说"中枪"，表达的都是同样的意思。

高富帅

指高大、富有、帅气的男人。"高富帅"和"白富美"现已成为日常生活里的热门词语。

中国式

"中国式"的说法最初源自王海鸰的小说《中国式离婚》，改编成电视剧后曾火热一时，衍生出"中国式XX"等说法。

压力山大

意思是压力像山一样大。这个词是由中国男女老少最为熟悉的外国人名"亚历山大"，通过谐音、暗喻演变过来的。前半部分谐音，后半部分暗喻。

赞

先在网络上流行，然后打入传统媒体，有动词、形容词两种用法。作动词的"赞"可以替代许多双音词：赞美、赞赏、赞叹、赞同、赞许，以及称赞、夸赞等。

最美

"最美丽"的简称，新兴的用法"最美+身份"的组合作为一种对人物的美称在2012年已成为感动中国的新力量。这种组合的流行始于"最美妈妈"。2011年，一个2岁女童从10楼坠落，正在楼下的吴菊萍冲过去用左臂接住了孩子。小女孩得救了，而吴菊萍左臂粉碎性骨折，人们称赞吴菊萍为"最美妈妈"。此后各种"最美"称号不断涌现，如最美教师张丽莉、最美司机吴斌、最美战士高铁成、最美女法官后莉……

接地气

本义是"接土地之气"，民间常说的"水土不服"就是不接（当地的）土地之气（泛指自然环境和气候）。流行语"接地气"中的"地"用的是比喻义，指老百姓的生活。"接地气"就是"贴近老百姓真实生活的实际""反映百姓真实生活情感"。

十年，给历史留下什么

（代后记）

因为工作较为繁忙的原因，《大陆这十年》这本书，我利用业余时间陆陆续续写了近一年时间。在这近一年的写作过程中，我时常沉浸在喜悦、振奋和自豪的情绪中。

回首十年，深知十年之不易。十年，在历史的长河中，只是短暂的瞬间，然而对于一个人、一个家庭，十年已不算短暂。在这十年里，我们有幸见证了一个大国走向复兴的艰辛与不易。从抗击自然灾害到楼市调控，从稳定物价到深化改革，从执政考验、改革开放考验、市场经济考验、外部环境考验，到精神懈怠的危险，能力不足的危险，脱离群众的危险，消极腐败的危险……我们的每一步，都迈得有些许的沉重。几千年的历史，13亿人口，960万平方公里的国土，我认为，中国的国情比任何一个国家都要复杂。因此，中国的崛起，比任何一个国家都付出了更多的努力！

同首十年，深知十年之辉煌。2002年，中国的GDP首次突破10万亿元，而到了十年之后的2011年，中国的GDP已达到47万亿元！2006年11月，中国外汇储备首次突破1万亿美元，居世界第一。2002年11月，中国共产党第十六次全国代表大会提出，要"全面建设小康社会"；到了2012年10月中国共产党第十八次全国代表大会时，已使用了全面"建成"小康社会。从"建设"到"建成"，一字之差，却反映出历史的沧桑巨变。从经济总量跃居世界第二，到"新农合"与"新农保"覆盖了全部农村人口；从"无与伦比"的北京奥运，到"上天下海"的科技进步……可以说，这十年，年年有大喜事，年年有大跨越！写作《大陆这十年》，我越来越深刻地体会到：这十年，是中华民族走向伟大复兴的关键十年，是承前启后接力实现中国梦的辉煌十年！

回首十年，深知十年之宝贵。大陆这十年，给老百姓留下些什么？给历史留下些什么？我常常在思考。对于个人来说，十年给了我们作为中国人的尊严、自豪，给了我们更多的实惠和机遇；对于家庭来说，十年给了每一个家庭可以感受到、触摸到的巨大变化；对于国家来说，十年给了进一步跨越发展的物质财富、精神财富和制度财富。制度是一笔财富。2004年，全国人大通过宪法修正案，明确"公民的合法的私有财产不受侵犯"。2006年1月，中国以条例的形式宣告《农业税条例》正式废止，9亿中国农民首次彻底告别了数千年来缴纳农业税的历史。2007年3月，全国人大通过《物权法》，进一步对公民财产权做出了规定。2008年5月，《政府信息公开条例》正式实行，政务公开成为十年执政的重要主题。十年来，中国还大力推进官员问责制度，推进政府职能转变，通过制定各种法规，先后取消和调整了数千项行政审批项目，占原有总数的近七成！这些，都是弥足珍贵的制度财富。制度，带有根本性、长远性，有了这些制度财富，中国的宏伟航船，一定会在新的世纪，驶向充满希望与光明的未来。

作为一个普通的老百姓，这就是我眼中的十年，这就是我眼中的家国。我有幸记录了这一段历史。在记录历史的过程中，我尽力做到使自己的笔触延伸到大陆的政治、经济、外交、社会、文化、民生、体育等各个领域。因为篇幅的原因，还有许多大事没有写进本书，是让我非常遗憾的。我还试图去寻找和概括事件背后的历史意义和价值，尽量用简洁明快的构思，通俗易懂的语言，来还原历史的图景。至于做得够不够好，就要靠读者朋友的评判了。好在我要说的是，朋友，我已尽力了。

不管怎样，我一直坚信，中国的未来会更加精彩：中国共产党要团结带领人民，到中国共产党成立100年时，建成惠及十几亿人口的更高水平的小康社会，到新中国成立100年时，建成富强民主文明和谐的社会主义现代化国家！希望十年之后，我能够再一次提起我的笔，记录更加光彩夺目的沧桑巨变。

期待下一个十年更加精彩！

刘笑伟

2014年6月写毕于北京

图书在版编目（CIP）数据

大陆这十年：百姓眼中的家国：2002～2012/刘
笑伟著. --福州：海风出版社，2015.8
ISBN978-7-5512-0190-2

Ⅰ.①大… Ⅱ.①刘… Ⅲ.①社会主义建设成就—中
国—2002～2012Ⅳ.①D619

中国版本图书馆CIP数据核字（2015）第186608号

大陆这十年——百姓眼中的家国（2002～2012）

刘笑伟 著

责任编辑：狄大伟

出版发行：海风出版社

（福州市鼓东路187号邮编：350001）

印刷：福州德安彩色印刷有限公司

开本：787×1092毫米　1/16

印张：24.25印张

千字：300千字

印数：1-2000册

版次：2015年9月第1版

印次：2015年9月第1次印刷

书号：ISBN978-7-5512-0190-2

定价：39.00元